JULIA NIEHÜSER

FASZINIERENDE DRACHENWELT

Das große Zeichen- & Wissensbuch III

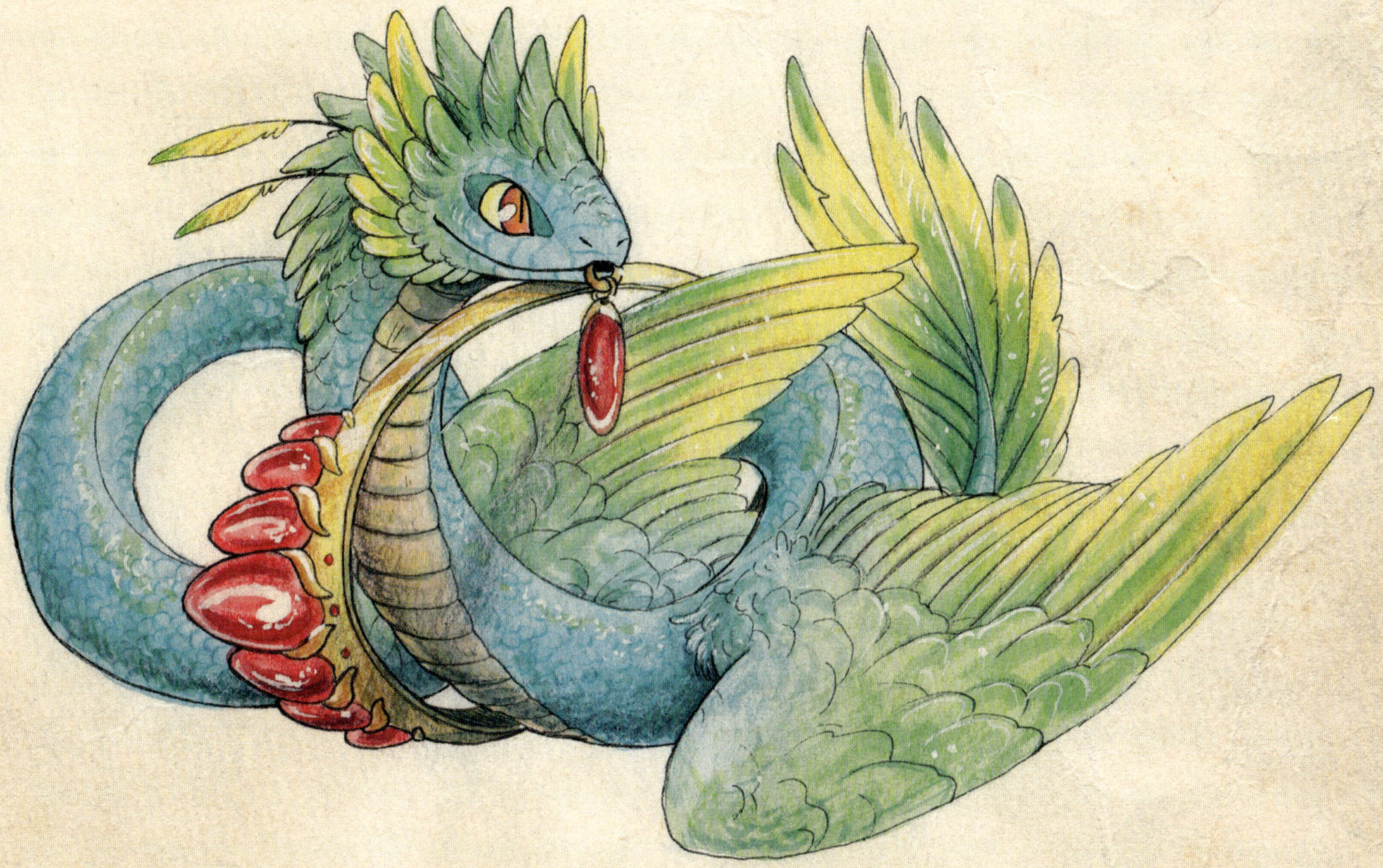

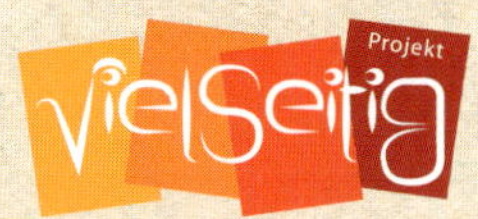

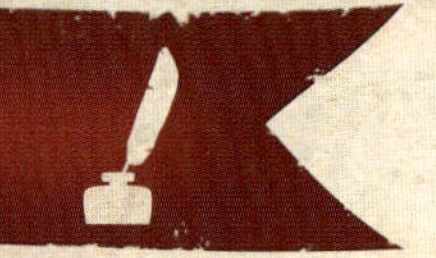

Julia Niehüser

Schon seit dem Kindergartenalter liebt Julia das Zeichnen und die damit verbundene Freiheit, all ihren Ideen eine Form geben zu können. Ihre Kreativität lebt sie jedoch nicht nur auf Papier im Bereich Fantasy und Drachen aus, sondern auch beim Cosplay, dem sie mit großer Leidenschaft nachgeht. Derzeit lebt und arbeitet die 1993 in Rheda-Wiedenbrück geborene Künstlerin und Autorin in Hamburg.

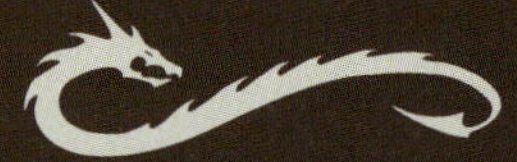

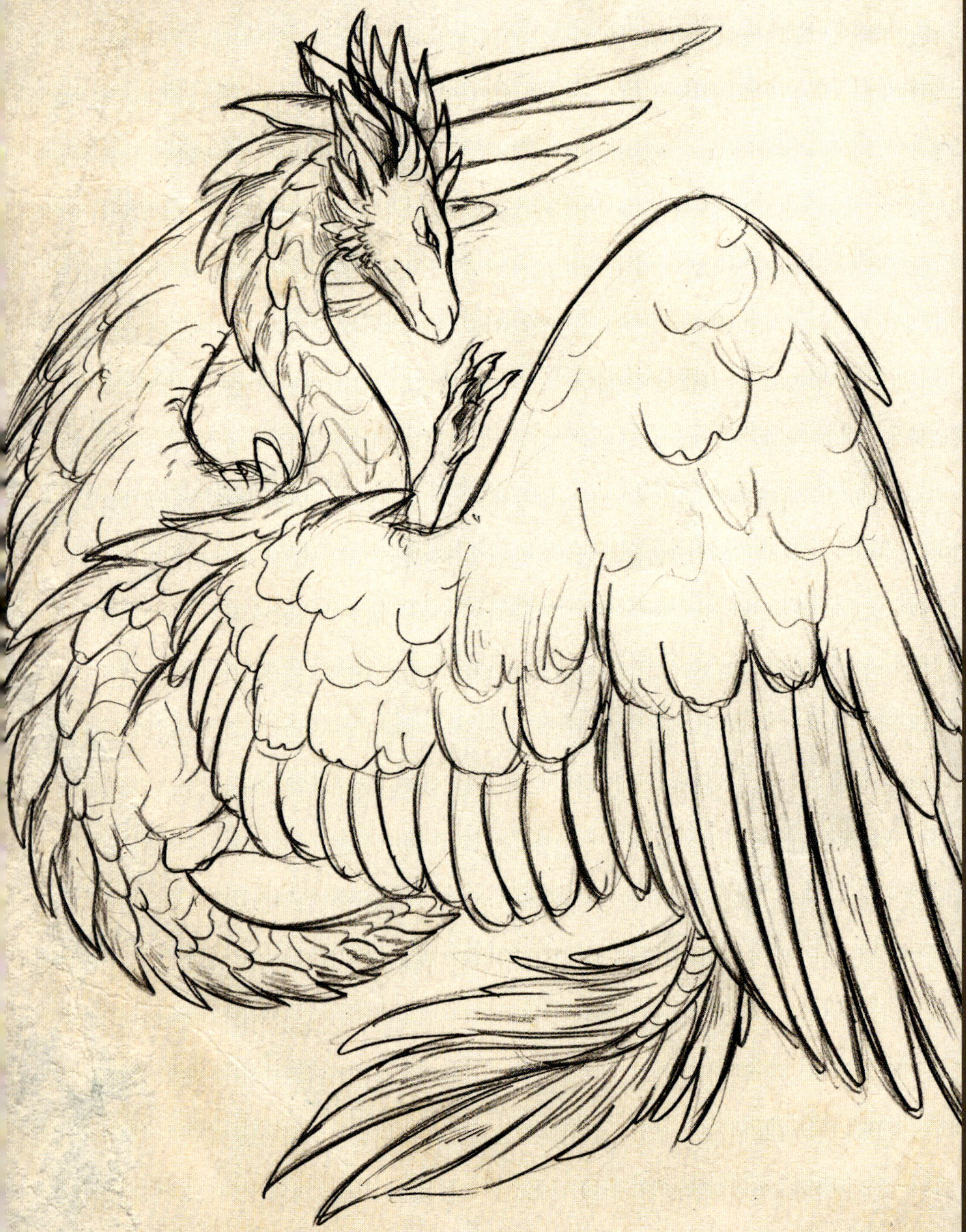

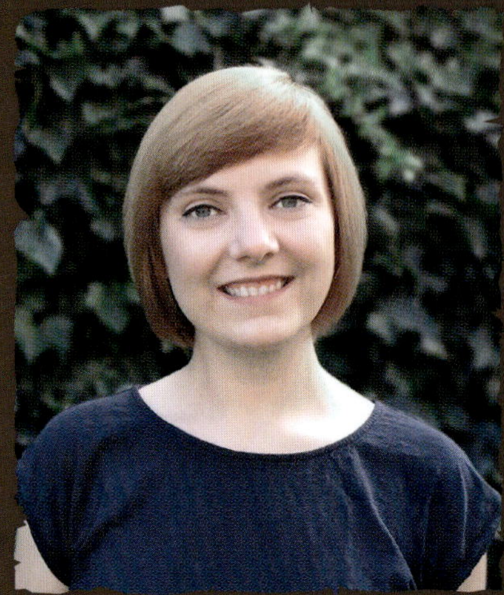

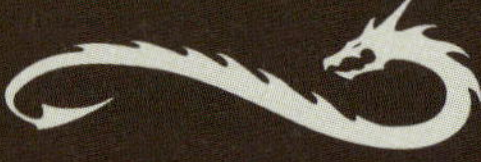

Impressum

Verlag / Herausgeber:

Projekt VielSeitig
Sieger GbR
Grund 3
42653 Solingen
Michael Sieger (verantwortlich)
Telefon: 0212/2535421-5
E-Mail: info@projekt-vielseitig.de
www.projekt-vielseitig.de

Redaktion und Text:

Julia Niehüser, Katharina Zwilling

Grafik:

SiMa Design - Michael Sieger
Grund 3, 42653 Solingen
Michael Sieger, Lea Dzionsko
info@simadesign.de
www.simadesign.de

Druck:

STANDARTŲ SPAUSTUVĖ
Dariaus ir Girėno Str. 39
02189 Vilnius, Litauen

1. Auflage, ET 4. Quartal 2020

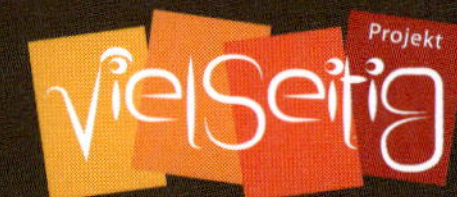

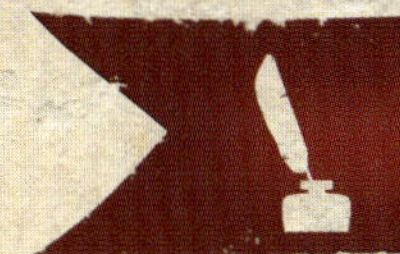

Vorwort

Weiter geht die Reise durch die „Faszinierende Drachenwelt"! Auch auf diesem Kontinent gibt es für Künstler und die, die es noch werden wollen wieder einiges zu entdecken.

Dieser dritte Band der Serie ist eine Fortsetzung der in Band II begonnenen kreativen Forschungsexpedition durch das Reich der Drachen.

Zunächst geht es hinab in die dunkle Tiefsee, in der geheimnisvolle Wesen in einer Welt ohne Licht zuhause sind. Anschließend führt der Weg in die Wüste, wo mystische Kreaturen verborgen unter dem Sand lauern. Auch in der Steppe und dem umliegenden Grasland mit den fliegenden Inseln lassen sich einige besondere Bewohner der Drachenwelt beobachten. Im Dschungel schließlich wartet eine Begegnung mit einem recht ungewöhnlichen und eitlen Geschöpf, das einigen aufmerksamen Lesern bereits aus Band I bekannt sein wird!

Geübte Anfänger und Fortgeschrittene finden hier wieder eine Fülle an Anleitungen und Informationen, um die eigene Zeichenpraxis auszubauen und weiterzuentwickeln. Koloriert wurden die Illustrationen in diesem Buch mit Aquarellfarben – alle gezeigten Techniken lassen sich jedoch auch mit anderen Medien sowohl analog als auch digital umsetzen.

Viel Spaß auf der Fortsetzung der spannenden Reise wünschen euch

Julia Niehüser & das Team von 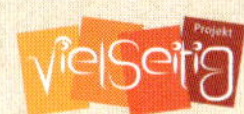

Diese Wappen erklären durch das Buch begleitend, anhand der Systematik der Schmincke® Horadam Aquarellfarben, welche Farben bei der Erstellung der jeweiligen Motive verwendet wurden.

225
525
649
650
781

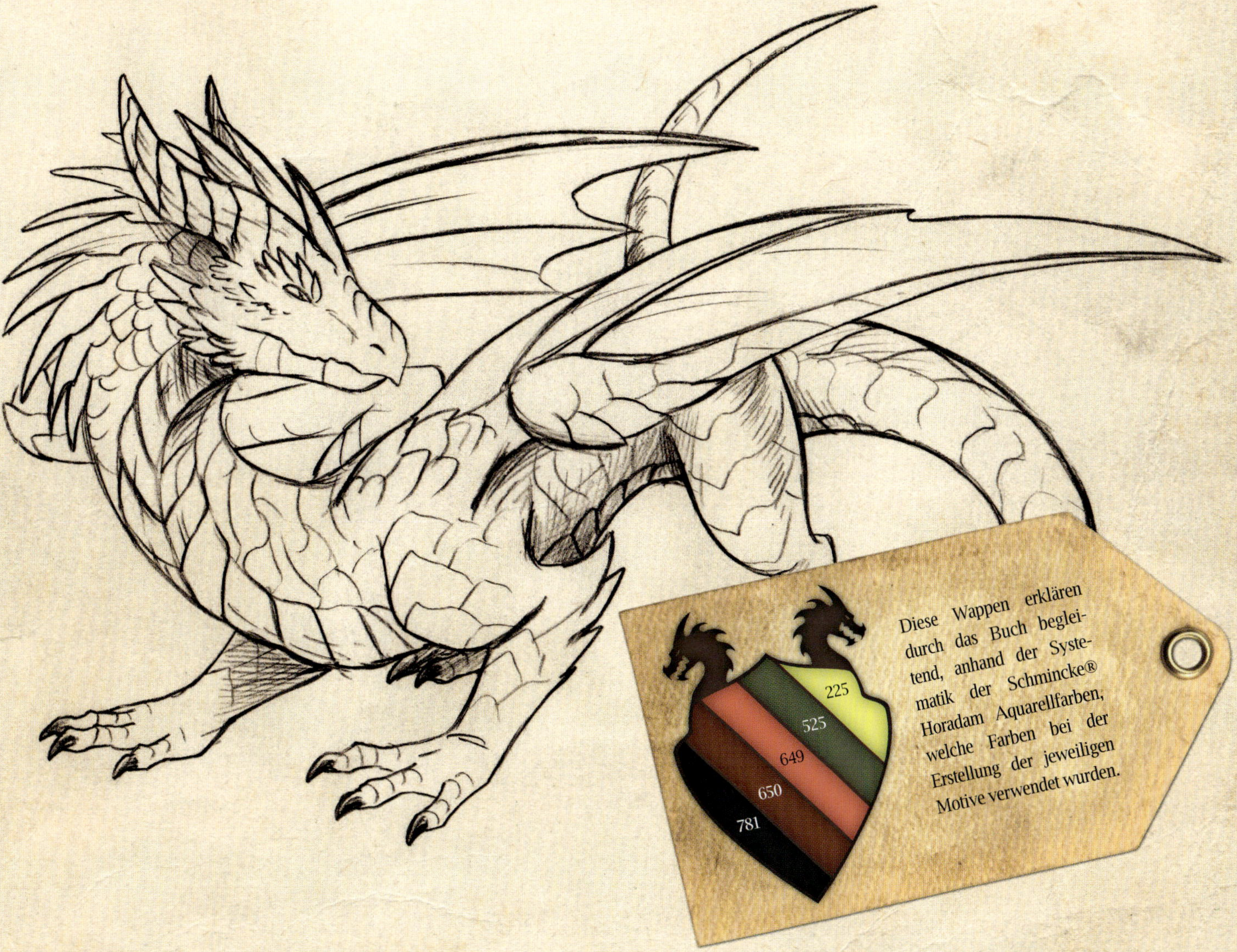

Der Drachenkontinent

Egal ob dunkle Tiefsee, weite Graslandschaft, heiße Wüste, dichter Dschungel oder fliegende Inseln: Der in diesem Band vorgestellte Kontinent bietet vielen Drachen abwechslungsreiche Lebensräume, die sie zu ihrer Heimat gemacht haben. Von riesigen Tiefseedrachen bis hin zu eitlen Amphiteren lassen sich hier allerhand einzigartige Spezies entdecken.

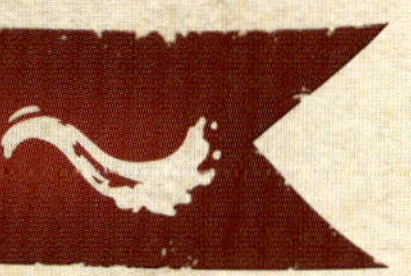

I. Tiefsee

Viele Drachenarten bevorzugen die flachen Gewässer in der Nähe des Festlands. Einige Spezies jedoch lieben die kalte Dunkelheit und haben sich die geheimnisvolle Tiefsee zu ihrer Heimat gemacht.

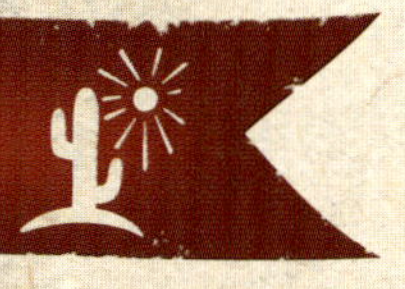

II. Wüste

Weite Flächen der Wüste sind mit hellen Sanddünen bedeckt, zwischen denen sich hier und da kleine Felsformationen emporheben. In dieser vermeintlich lebensfeindlichen Umgebung gibt es Drachen, die sich perfekt an die extremen Bedingungen angepasst haben.

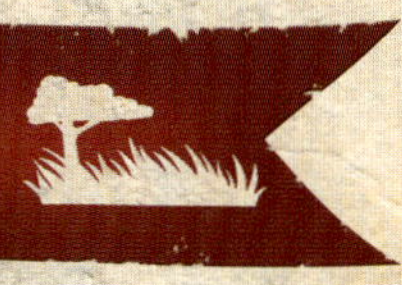

III. Grasland und Steppe

Üppiges Grasland und weitläufige Steppen bedecken den Nordosten des Kontinents. Diese Flächen scheinen auf den ersten Blick kaum Schutz zu bieten, doch die dort lebenden Drachen nutzen diese Bedingungen zu ihrem Vorteil.

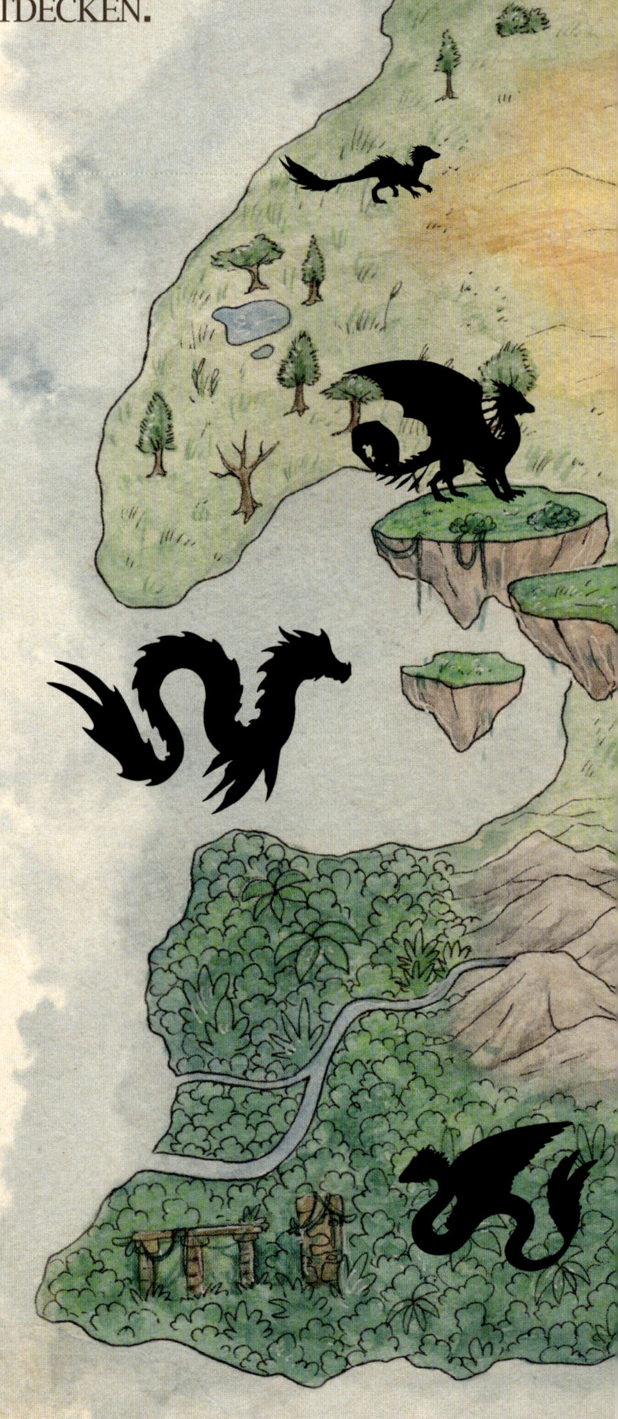

IV. Fliegende Inseln

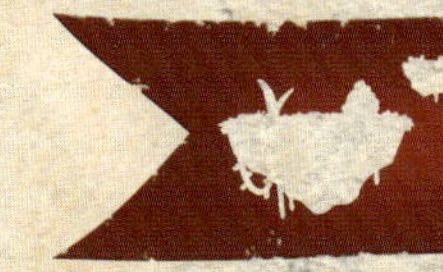

Über der Bucht im Westen lässt sich ein ungewöhnliches Phänomen beobachten: Große und kleine Inseln schweben dort, von der Schwerkraft unberührt, in der Luft. Es scheint, als wären sie vor vielen Jahren Teil des darunterliegenden Festlands gewesen und hätten sich eines Tages davon losgelöst.

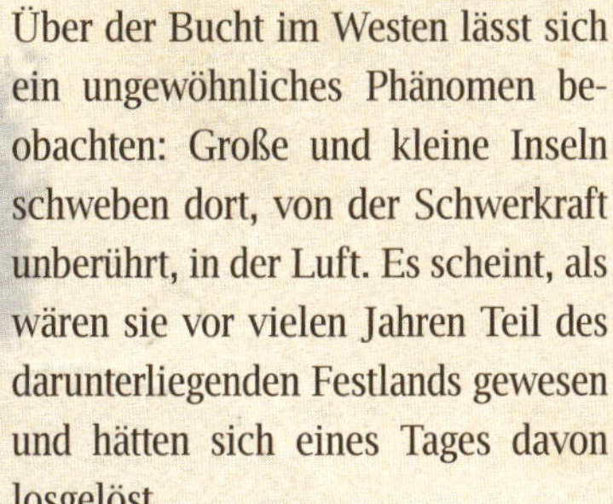

V. Dschungel

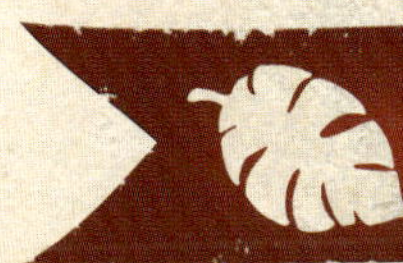

Dicke, hohe Bäume stehen mit knorrigen Wurzeln dicht an dicht und allerlei Farne, Sträucher und Gewächse breiten sich auf dem weichen Boden aus. Der Dschungel scheint undurchdringlich und hält Außenseiter davon ab, zu tief hineinzuwandern. Doch in seinem Innern verbergen sich wahre Schätze.

VI. Eine eigene Drachenspezies entwickeln

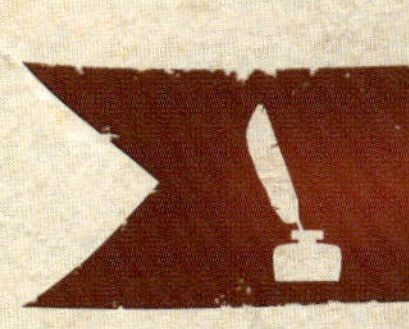

Drachen sind vielfältige Wesen, die an den unterschiedlichsten Orten leben können. Was das Aussehen betrifft, gibt es beim Entwerfen eigener Drachen keine Grenzen und die Fantasie hat freien Lauf. Inspirationen lassen sich dabei fast überall finden.

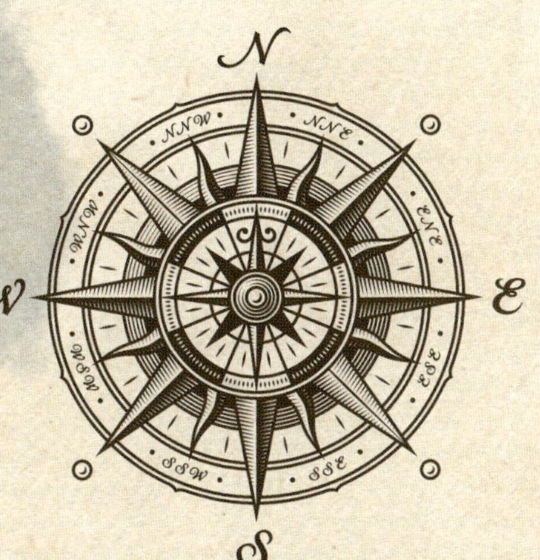

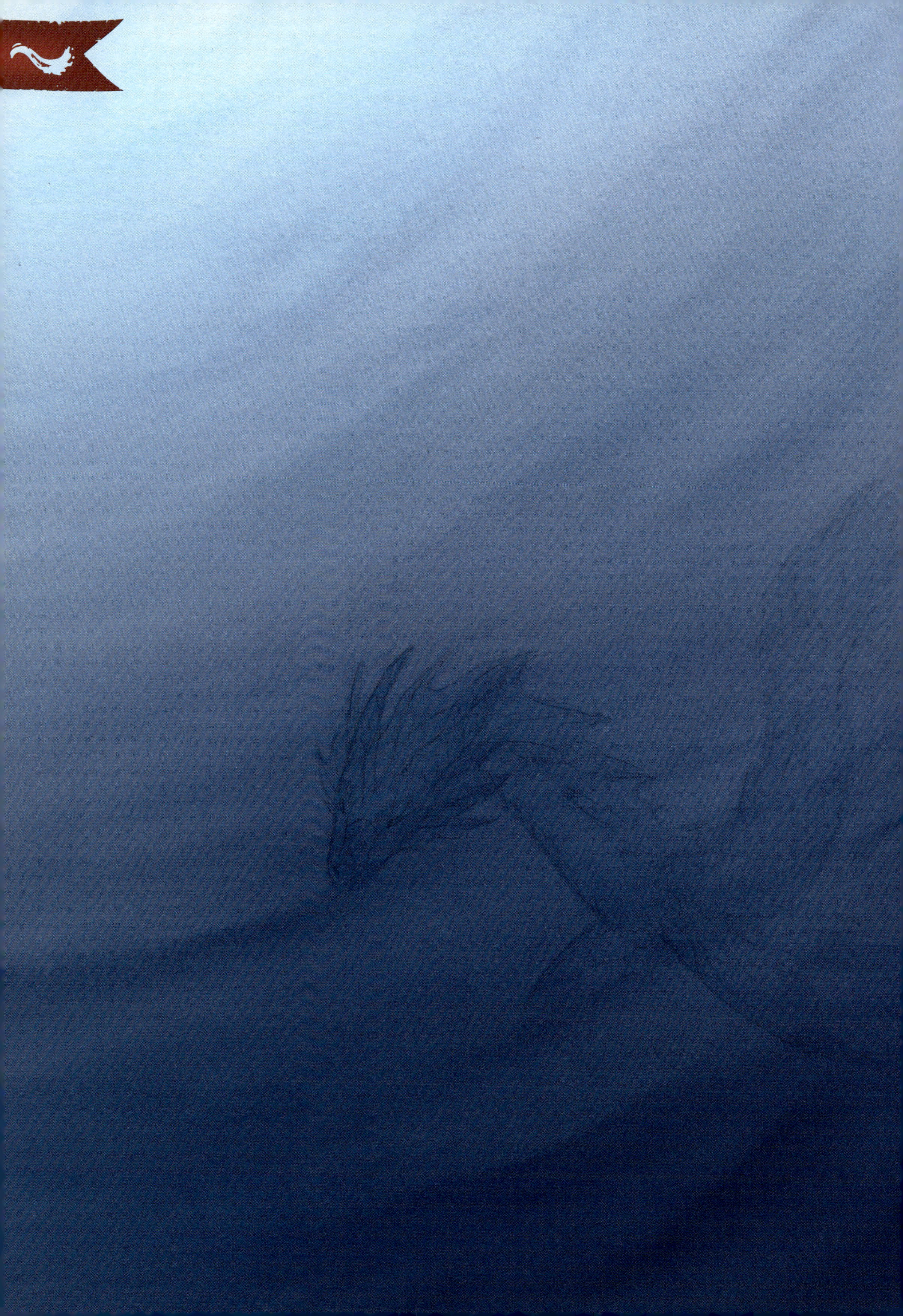

Tiefsee

Der schier endlos erscheinende Ozean, der zwischen den Kontinenten liegt, bietet ebenso vielen Drachenarten einen Lebensraum wie das Land. Während einige Drachen es bevorzugen, in flacherem Gewässer und in der Nähe von Landmassen zu verweilen, gibt es ein paar wenige Spezies, die die kalte Dunkelheit der Tiefsee zu ihrer Heimat gemacht haben.

367
481
485
510
650

Weit unten im Meer, in Tiefen, die kein Lichtstrahl mehr erreicht, herrschen für viele Lebewesen gefährliche Bedingungen. Ohne Licht müssen die Bewohner der Tiefsee lernen, sich in der Dunkelheit zurechtzufinden. Auch die Nahrungssuche wird schwieriger. Die Temperaturen sinken rapide mit jedem Tiefenmeter, wohingegen der Wasserdruck stetig zunimmt. Doch auch in dieser unheimlichen, leer wirkenden Umgebung haben viele Tiere es geschafft, sich an die Bedingungen anzupassen, darunter auch einige Drachen wie die Seeschlange, die sich nur während heftiger Stürme an der Oberfläche zeigt, sowie der Tiefseedrache, der sich in den tiefsten Höhlen und Schluchten des Meeres zu Hause fühlt.

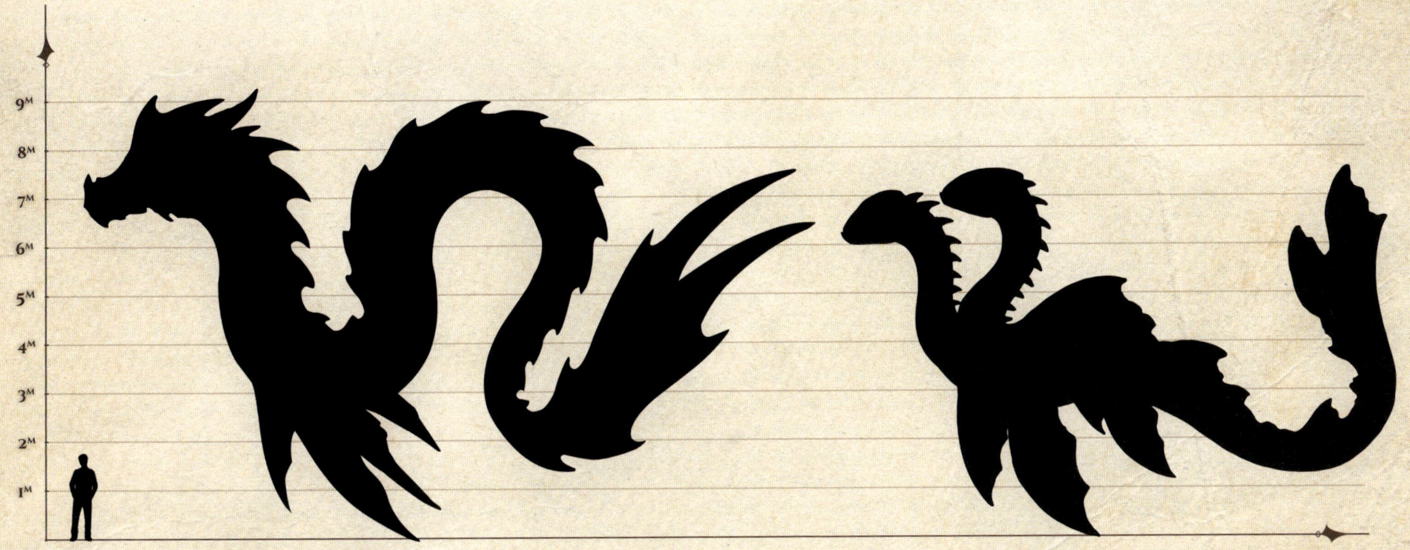

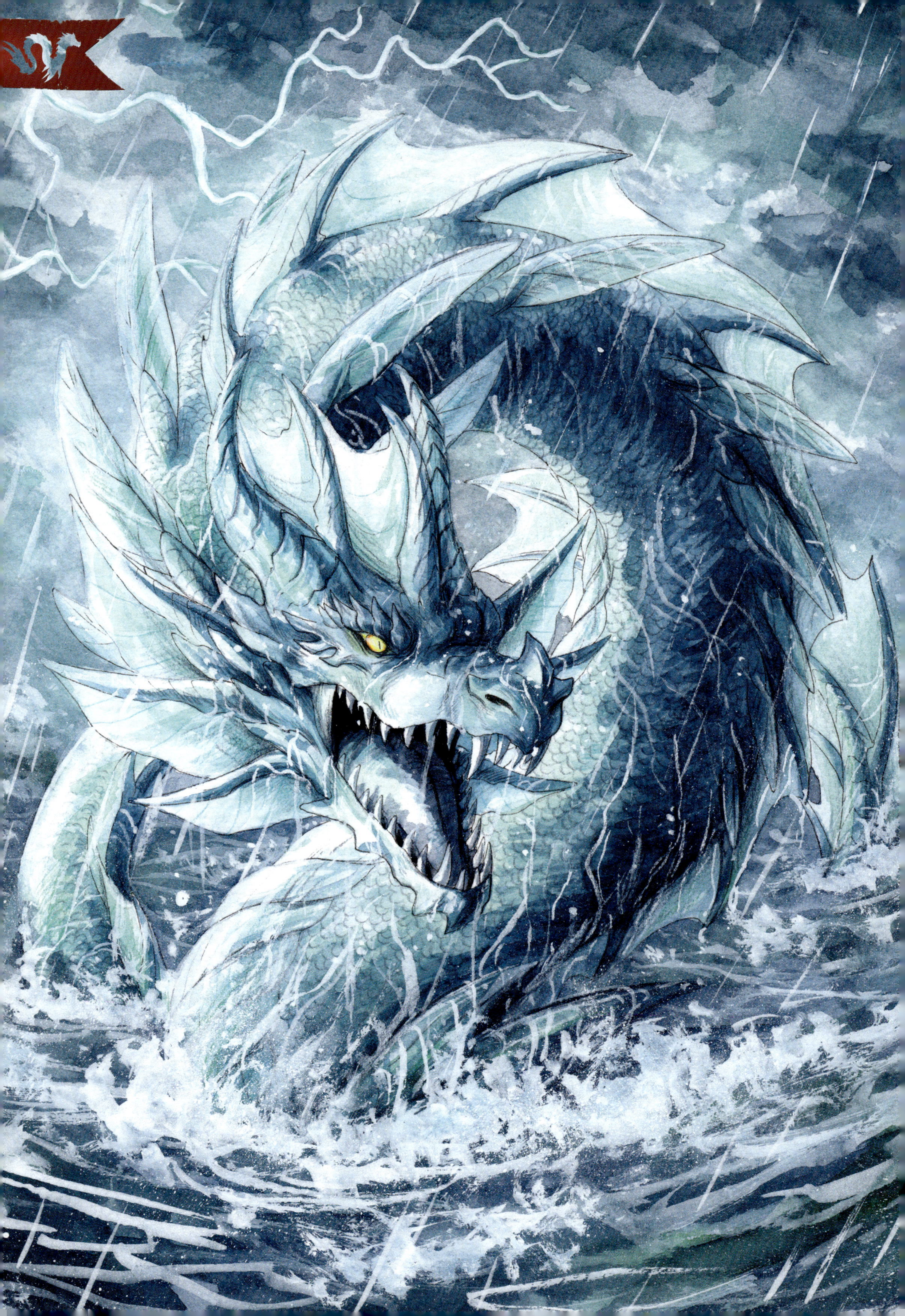

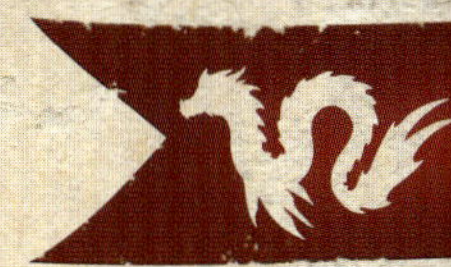

Seeschlange

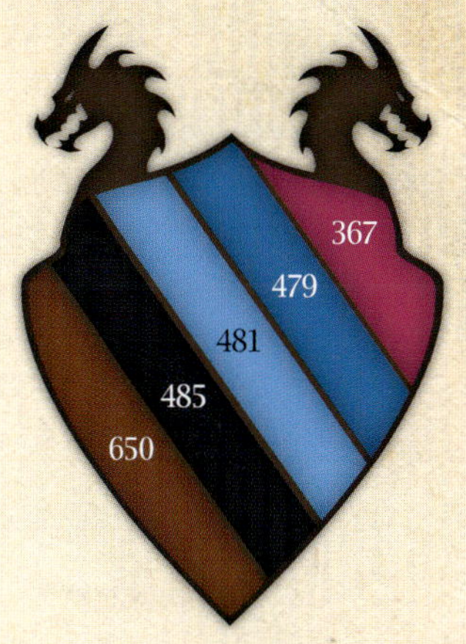

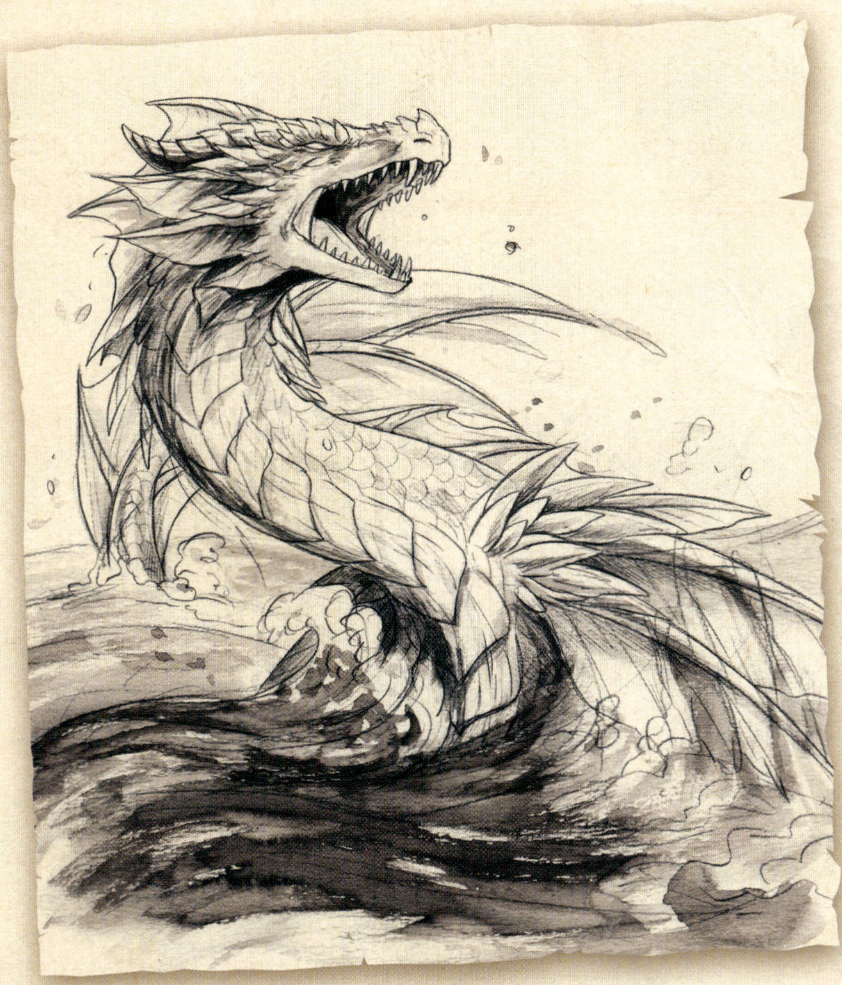

Tief unten im Meer lebt die Seeschlange, die viele Seefahrermythen und Legenden inspiriert hat. Sie lebt knapp unterhalb der Lichtgrenze und jagt alles, was ihr in die Quere kommt: Fische, Haie, manchmal auch Wale. Wenn sie nicht jagen muss, schwimmt die Seeschlange allerdings die meiste Zeit entspannt umher und lässt sich von der Strömung treiben. Wirklich aktiv wird sie, sobald sich Stürme über dem Meer zusammenbrauen. Wenn die Wellen höherschlagen, die Gischt schäumt und Blitze am Himmel zucken, taucht die Seeschlange an die Oberfläche. Warum sie das tut, ist bisher nicht bekannt, es wird aber angenommen, dass sie ganz einfach Spaß daran hat, in der vom Sturm aufgepeitschten See zu spielen. Eine willkommene Abwechslung zu ihrem sonst eher ruhigen Lebensraum.

„Ein großer, länglicher Schatten im Wasser, kaum sichtbar unter den aufgepeitschten Wellen des Meeres. Ein Riese aus der Tiefe, der, angelockt von den am Himmel zuckenden Blitzen, kraftvoll aus dem schäumenden Wasser auftaucht: Der Alptraum aller Seefahrer."

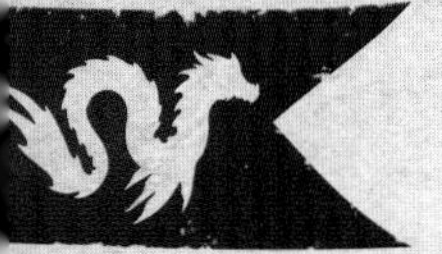

Aussehen

Die Seeschlange ist ein langer, schlangenartiger Drache mit einer breiten Schwanzflosse und vielen kleineren Flossen und Schwimmhäuten an ihrem Körper. Mit ihren stechenden gelben Augen kann die Seeschlange auch in großen Tiefen sehr gut sehen. Seitlich am Kopf und entlang der vorderen Körperhälfte besitzt sie Flossen, die sich aufstellen lassen, um Gegner einzuschüchtern oder ihnen zu drohen. Die größeren Flossen am Rumpf dienen zum Antrieb und zum Steuern im Wasser. Der Körper der Seeschlange ist mit kleinen glatten, aber sehr harten Schuppen bedeckt. Da die Seeschlange aufgrund ihrer Bauchschuppen und der Hörner einigen an Land lebenden Drachenarten sehr ähnlich sieht, wird vermutet, dass sie ursprünglich ebenfalls ein Landbewohner war.

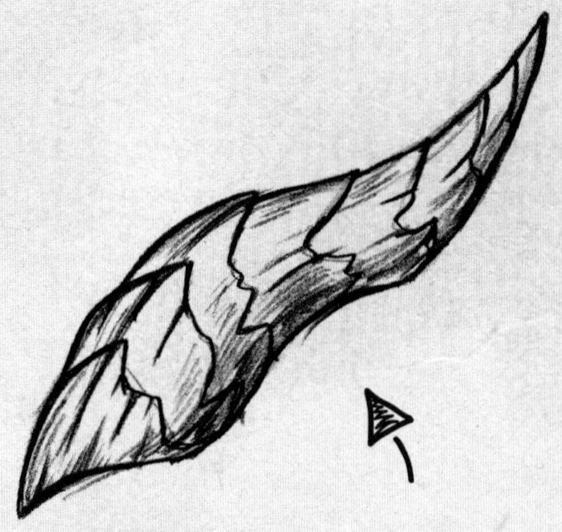

HÖRNER

Die Hörner sind elegant gebogen und laufen spitz zu. Sie sind mit einer groben Struktur bedeckt.

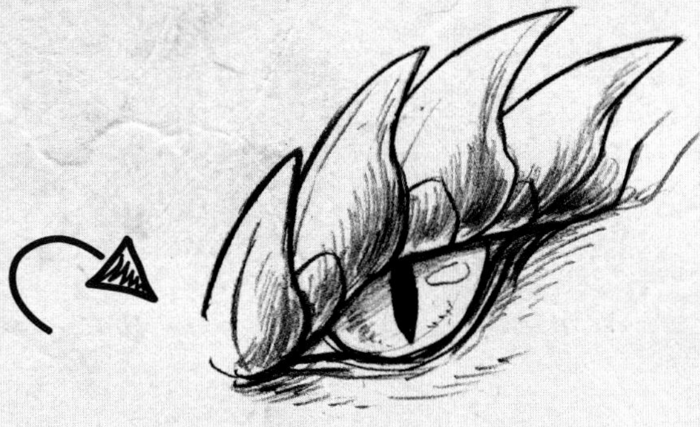

AUGEN

Die Augen der Seeschlange sind perfekt an die schlechten Sichtverhältnisse im tiefen Wasser angepasst. In der Dunkelheit leuchten sie sogar ein wenig.

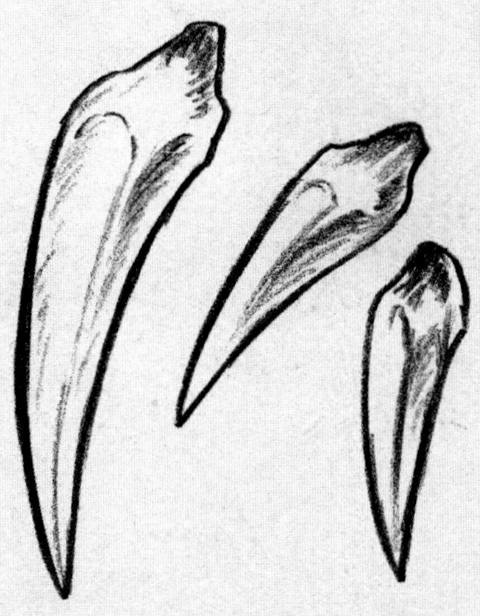

ZÄHNE

Die Zähne sind messerscharf und sehr spitz – sie können selbst härteste Schuppen oder Panzer durchdringen.

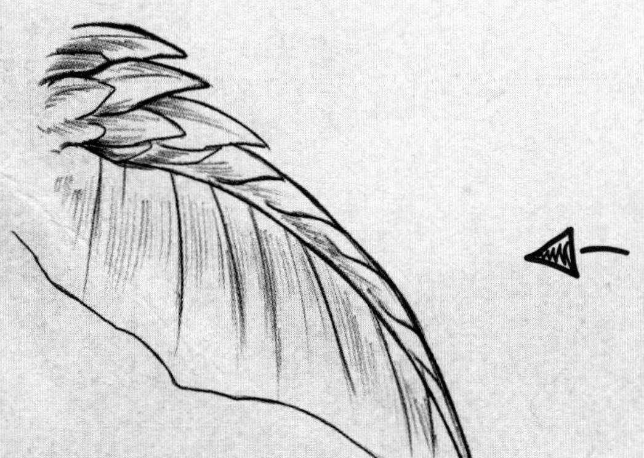

ARMFLOSSEN

Mit den kräftigen Flossen an den Seiten kann die Seeschlange im Wasser selbst schwierige Manöver durchführen. Mit genügend Geschwindigkeit kann sie so auch aus dem Wasser hervorspringen.

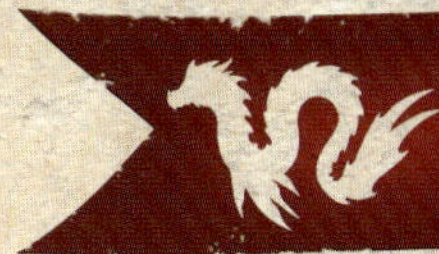

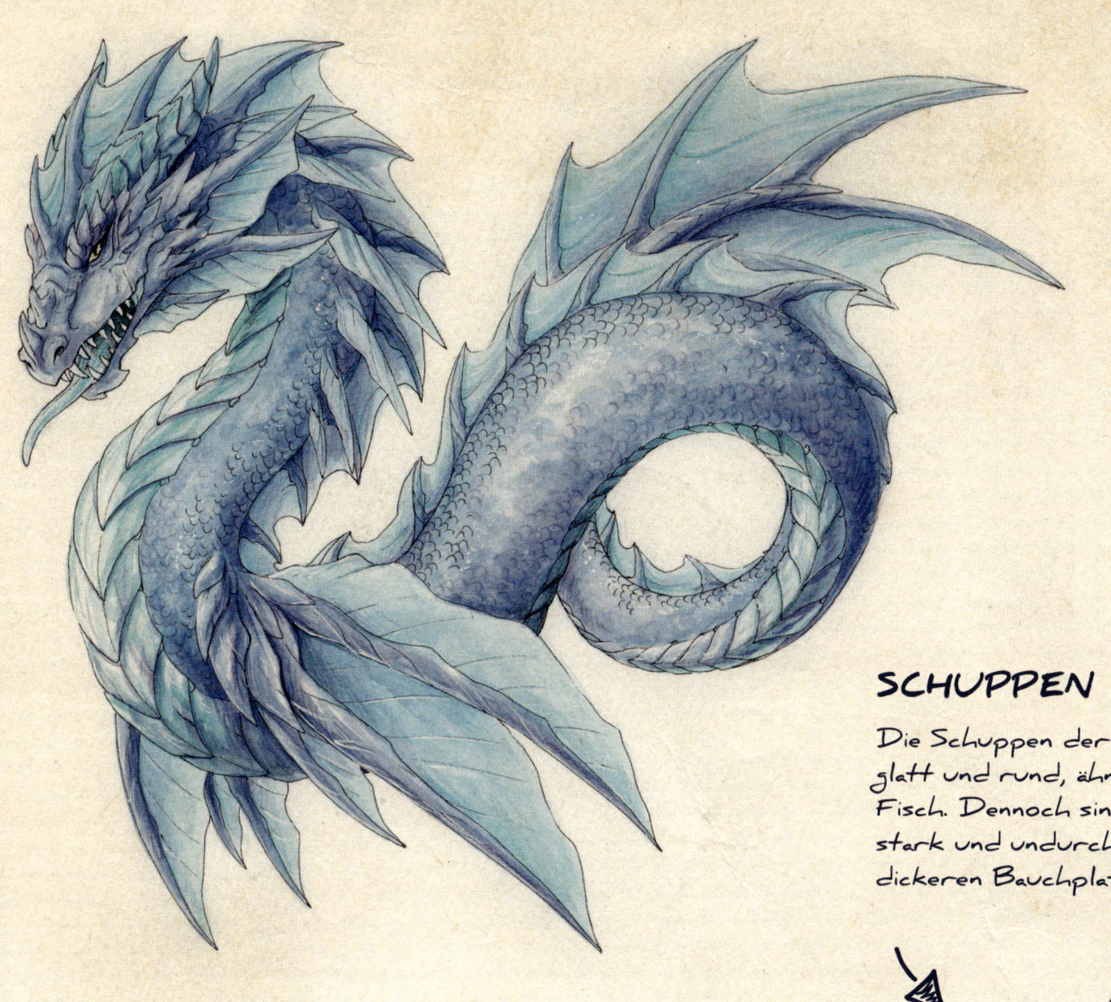

SCHUPPEN

Die Schuppen der Seeschlange sind glatt und rund, ähnlich wie bei einem Fisch. Dennoch sind sie fast genauso stark und undurchdringlich wie die dickeren Bauchplatten.

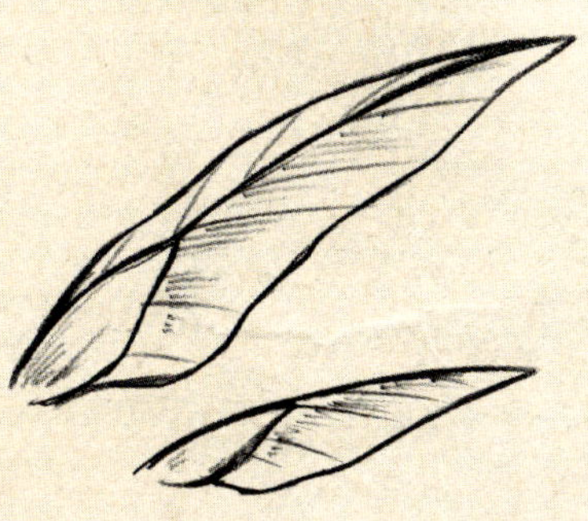

KLEINE HALSFLOSSEN

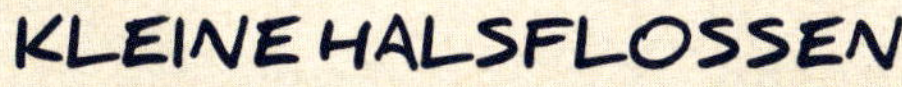

Die kleinen Flossen am Hals sind fast wie ein Sinnesorgan. Mit ihnen spürt die Seeschlange die Strömung und Wassertemperatur und kann sich schnell an Veränderungen anpassen, zum Beispiel wenn ein Sturm aufzieht.

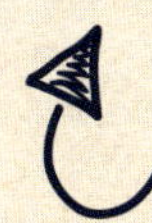

SCHWANZFLOSSE

Die Schwanzflosse sorgt für den Antrieb beim Schwimmen, deshalb ist sie groß und breit aufgefächert. Die Seeschlange ist in der Lage, mit hohen Geschwindigkeiten durchs Wasser zu gleiten.

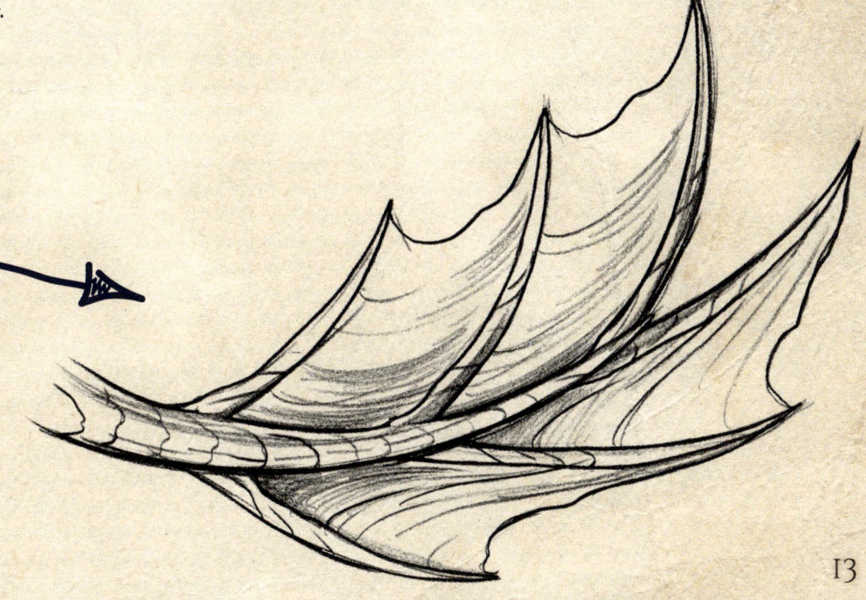

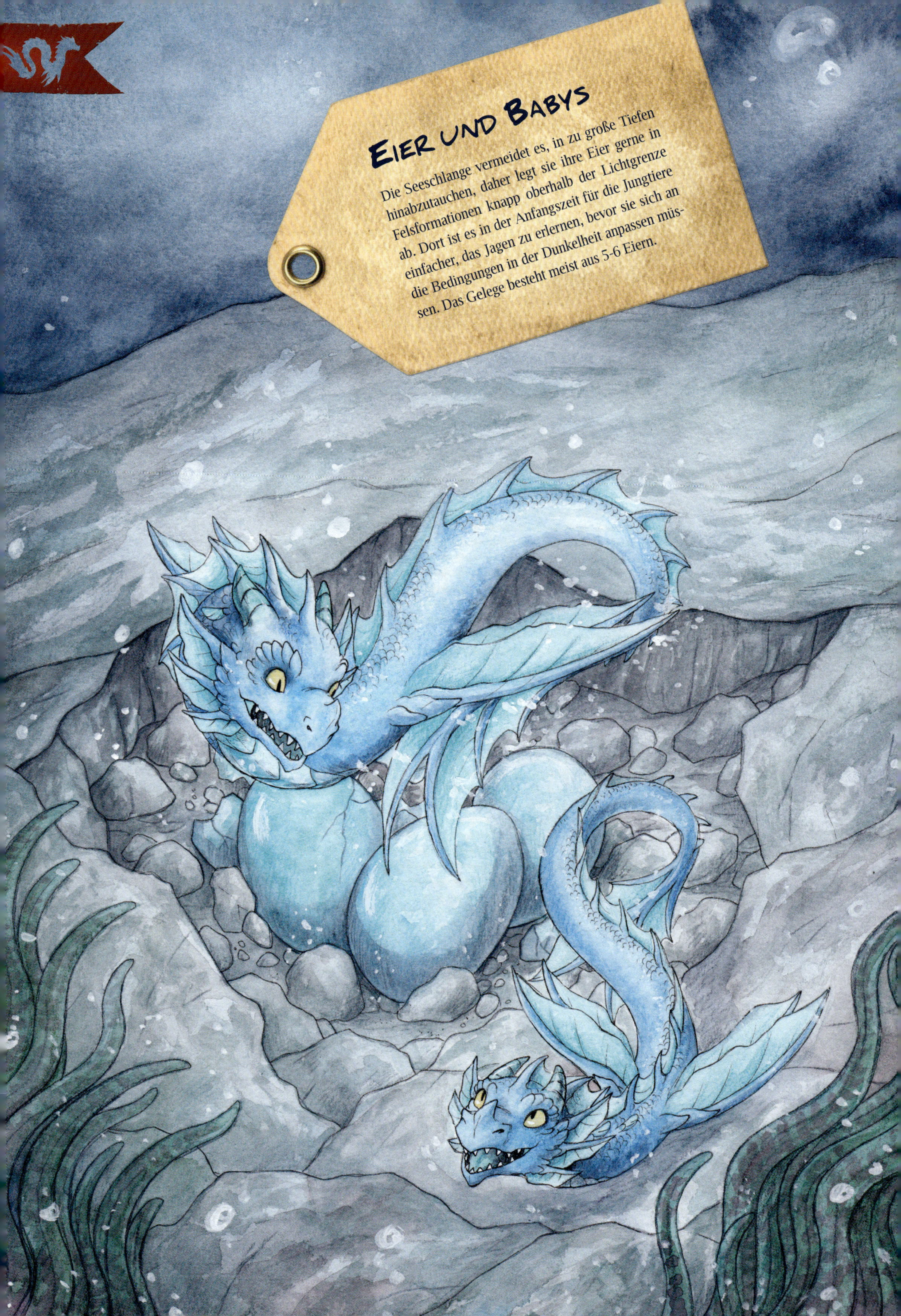

Eier und Babys

Die Seeschlange vermeidet es, in zu große Tiefen hinabzutauchen, daher legt sie ihre Eier gerne in Felsformationen knapp oberhalb der Lichtgrenze ab. Dort ist es in der Anfangszeit für die Jungtiere einfacher, das Jagen zu erlernen, bevor sie sich an die Bedingungen in der Dunkelheit anpassen müssen. Das Gelege besteht meist aus 5-6 Eiern.

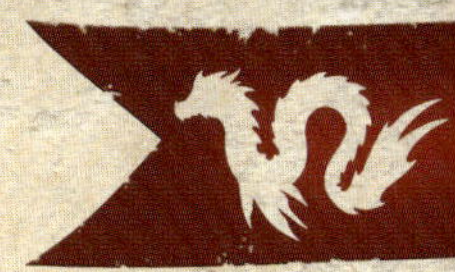

Köpfe und offenes Maul von vorn und von der Seite zeichnen

Damit Bilder dynamischer und natürlicher aussehen, kann es nützlich sein, verschiedene Perspektiven und Ansichten eines Motivs oder einer Figur anzulegen. Ein Drache von der Seite ist beispielsweise einfacher zu zeichnen, als ein Drache von schräg vorne oder von ganz vorn.

In dem nachfolgenden Tutorial auf der nächsten Seite wird Schritt für Schritt gezeigt, wie zwei Kopfansichten (schräg vorn und frontal) gezeichnet werden – sowohl mit geschlossenem als auch mit geöffnetem Maul.

Wie eure fertigen Zeichnungen aussehen könnten, zeigen euch diese Beispiele:

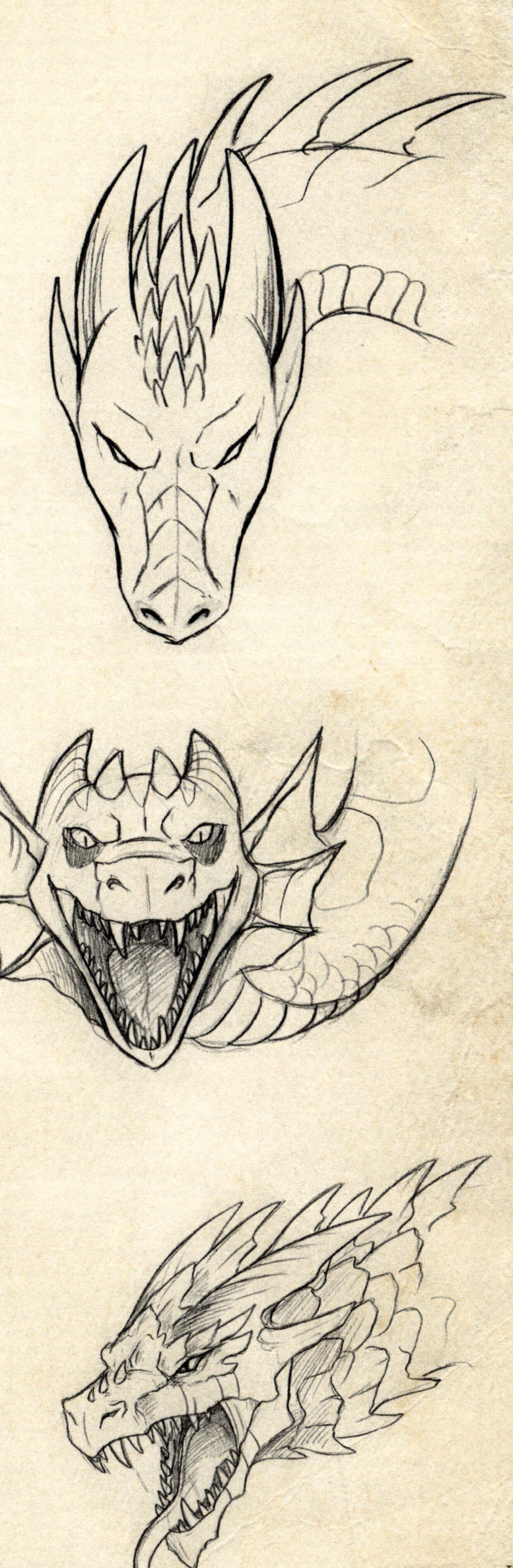

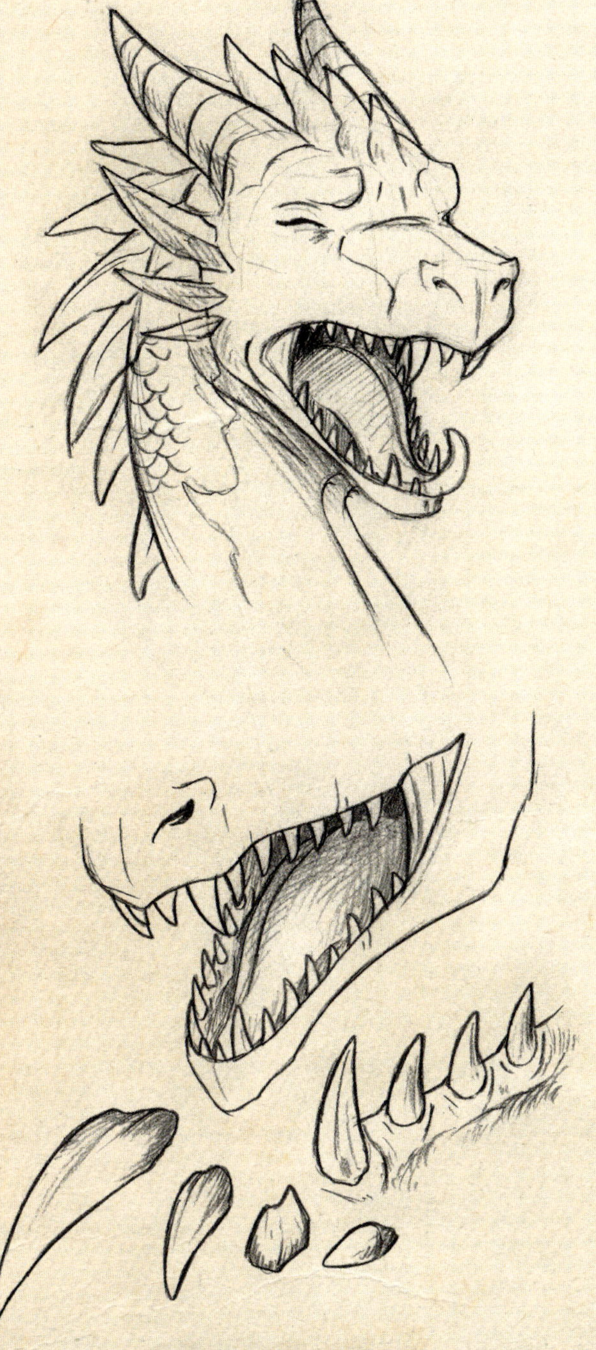

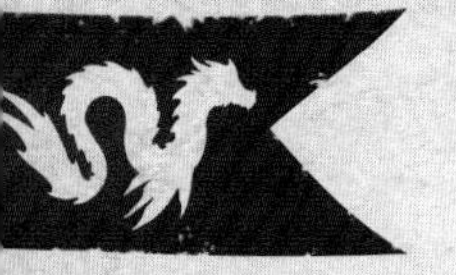

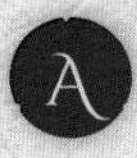

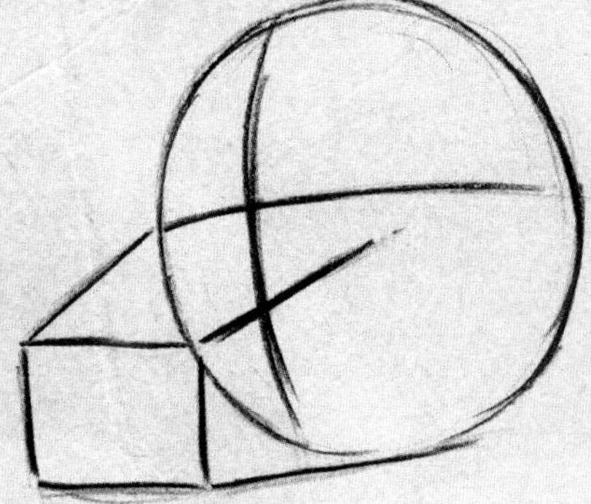

Schritt I

Begonnen wird mit dem Grundgerüst des Kopfes, bestehend aus einem Kreis mit einem Kreuz und einem Rechteck. Letzteres deutet die Schnauze an. Diese vereinfachte Darstellung hilft, die Blickrichtung und die Position des Kopfes festzulegen (siehe „Grundlagen des Drachenzeichnens“ in „Faszinierende Drachenwelt“ Band 1, S. 18).

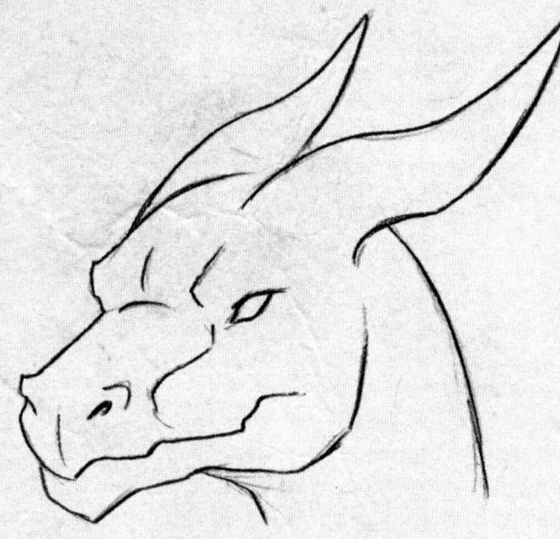

Schritt II

Auf diesem Grundgerüst lässt sich nun der Kopf aufbauen. Details wie Augen, Maul und Hörner können hinzugefügt werden. Der Kreis bildet die Schädelbasis, die Augen liegen auf der horizontalen Linie des Kreuzes.

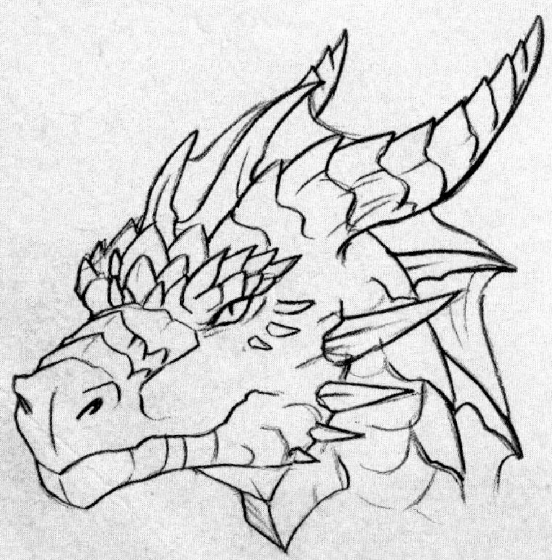

Schritt III

Ist man zufrieden mit dem grundlegenden Aufbau, können beliebig viele Details ergänzt werden, zum Beispiel Schuppen, Strukturen und Stacheln.

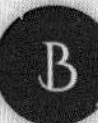

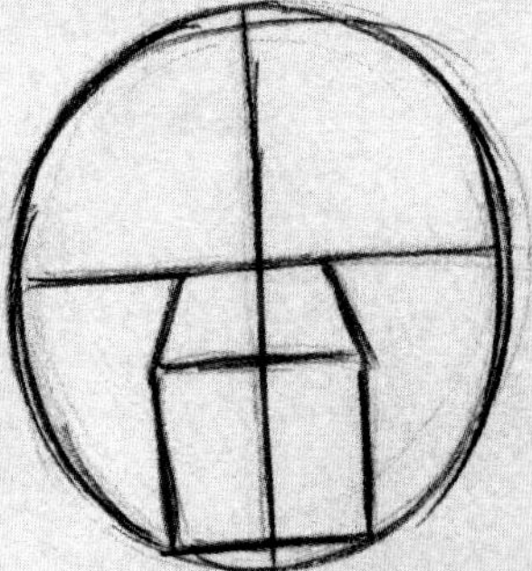

Schritt I

Ist der Kopf des Drachen mit Blickrichtung zum Betrachter gedreht, kommt mehr Perspektive ins Spiel. Von vorn wird die Schnauze zu einem Rechteck, das unten in einem Kreis platziert ist. Der Nasenrücken verläuft bis hoch zur Augenlinie und kann, je nach Aussehen des Drachen, schmaler oder breiter werden.

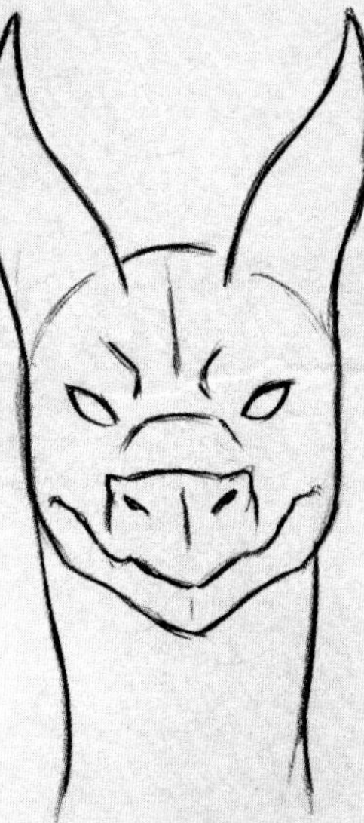

Schritt II

Auch hier kommen wieder mehr Details dazu und die Hilfslinien verschwinden. Die Mundlinie verläuft von der vorderen Mitte schräg nach oben und endet in etwa parallel zum äußeren Rand der Augen. Sie teilt das Rechteck, das die Schnauze andeutet.

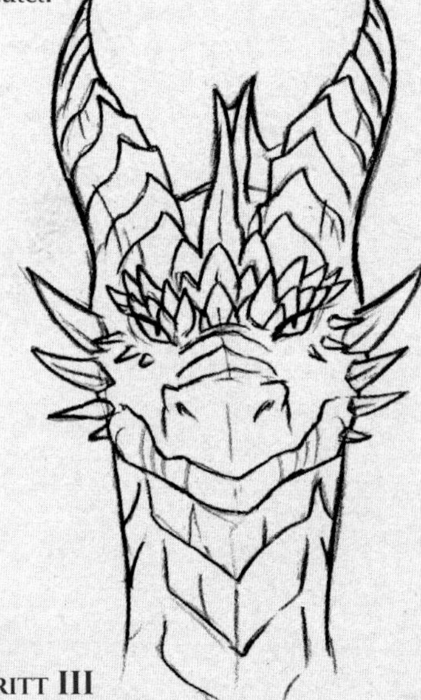

Schritt III

Jetzt kommen die letzten Feinheiten dazu. Es ist nicht schlimm, wenn die Frontalansicht des Gesichts nicht absolut symmetrisch ist, denn auch bei realen Menschen und Tieren sind Gesichter niemals wie gespiegelt. Abweichungen wirken hier stets sehr natürlich.

C

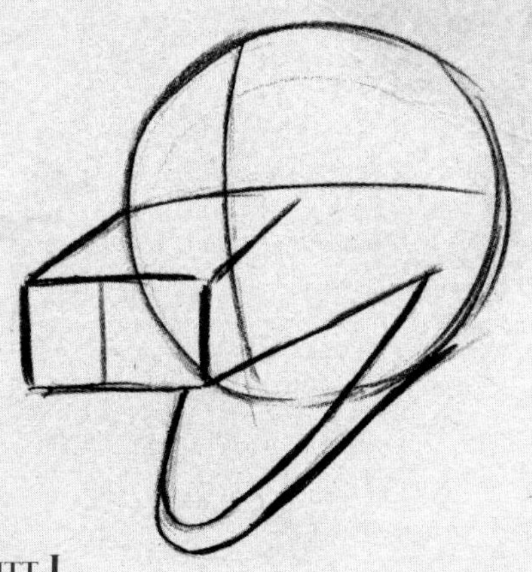

Schritt I

Bei diesem Schritt ist das Vorgehen nahezu dasselbe wie in **Beispiel A**, allerdings kommt hier das geöffnete Maul dazu. Dazu nimmt man das untere Viertel des vorderen Rechtecks weg, das die Schnauze kennzeichnet, und führt die Mundlinie schräg nach oben in den Kreis. Von dort wird mit einer Rundung der Unterkiefer gezeichnet, der (je nach Breite des Kiefers) im vorderen Rechteck endet. Die unterste Linie des Unterkiefers läuft auf den Kreis zu.

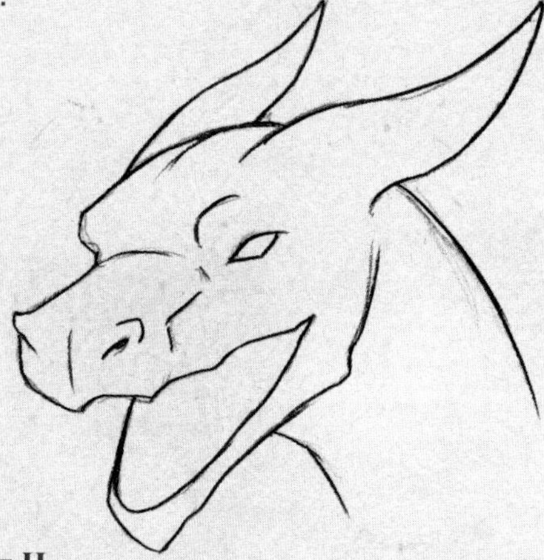

Schritt II

Wie in **Beispiel A** kommen nun die Details hinzu. Die wichtigsten Elemente am offenen Maul fehlen allerdings noch: Zunge und Zähne!

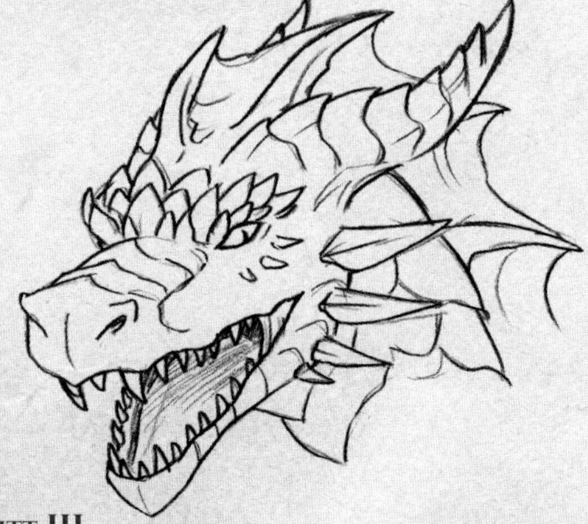

Schritt III

Neben Schuppen und Stacheln werden in diesem Schritt die Zähne und die Zunge ergänzt. Die Zähne auf der vom Betrachter linken Seite des Unterkiefers überlappen sich ein wenig, da sie perspektivisch von den Zähnen des Oberkiefers verdeckt werden. Die Zunge verläuft in etwa parallel zum Rand des Unterkiefers und wird ein Stück darunter eingezeichnet. Mit einem leichten Strich wird die Mitte der Zunge gekennzeichnet.

D

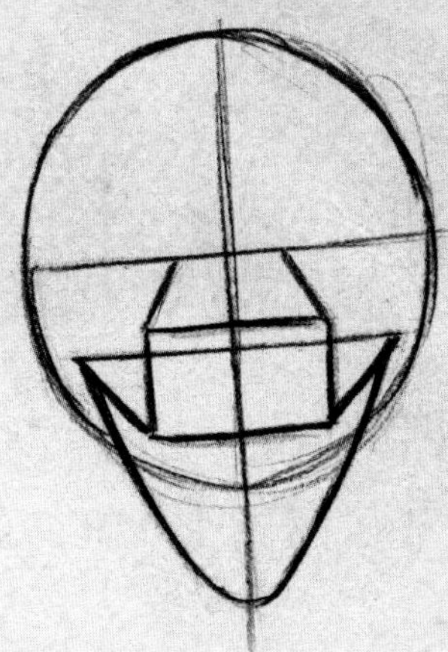

Schritt I

Der Grundaufbau ähnelt **Beispiel B**. Hier wird wieder das untere Viertel des Rechtecks abgeteilt. Die Mundlinien verlaufen leicht nach oben zu den Rändern des Kreises. Ihre Endpunkte werden mit einem stark gebogenen V verbunden. Je länger das V gestreckt ist, desto weiter ist das Maul geöffnet.

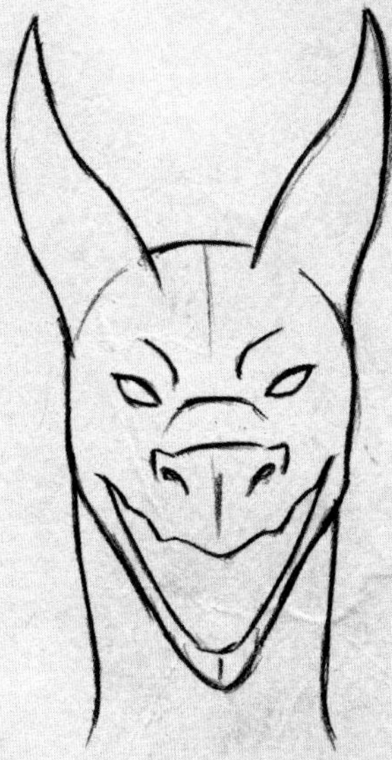

Schritt II

Es folgen wieder die Details. Der Unterkiefer in diesem Beispiel ist relativ schmal, er kann aber auch, je nach Drachenart, deutlich breiter gezeichnet werden.

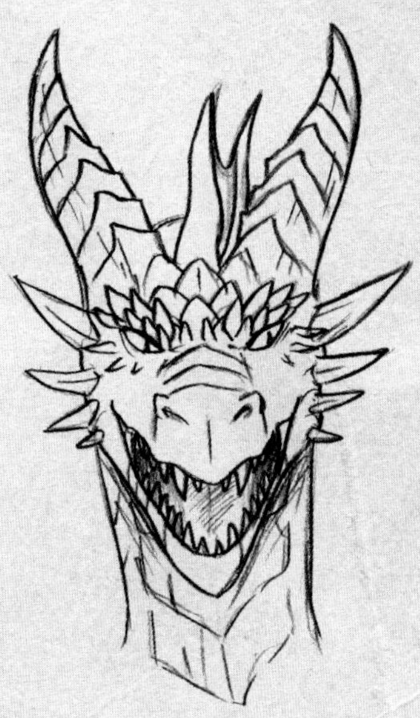

Schritt III

Die Zähne überlappen sich auf beiden Seiten nach hinten verlaufend wieder ein wenig, ähnlich wie auf der linken Seite in **Beispiel C**. Nun wird noch die Zunge ergänzt – fertig!

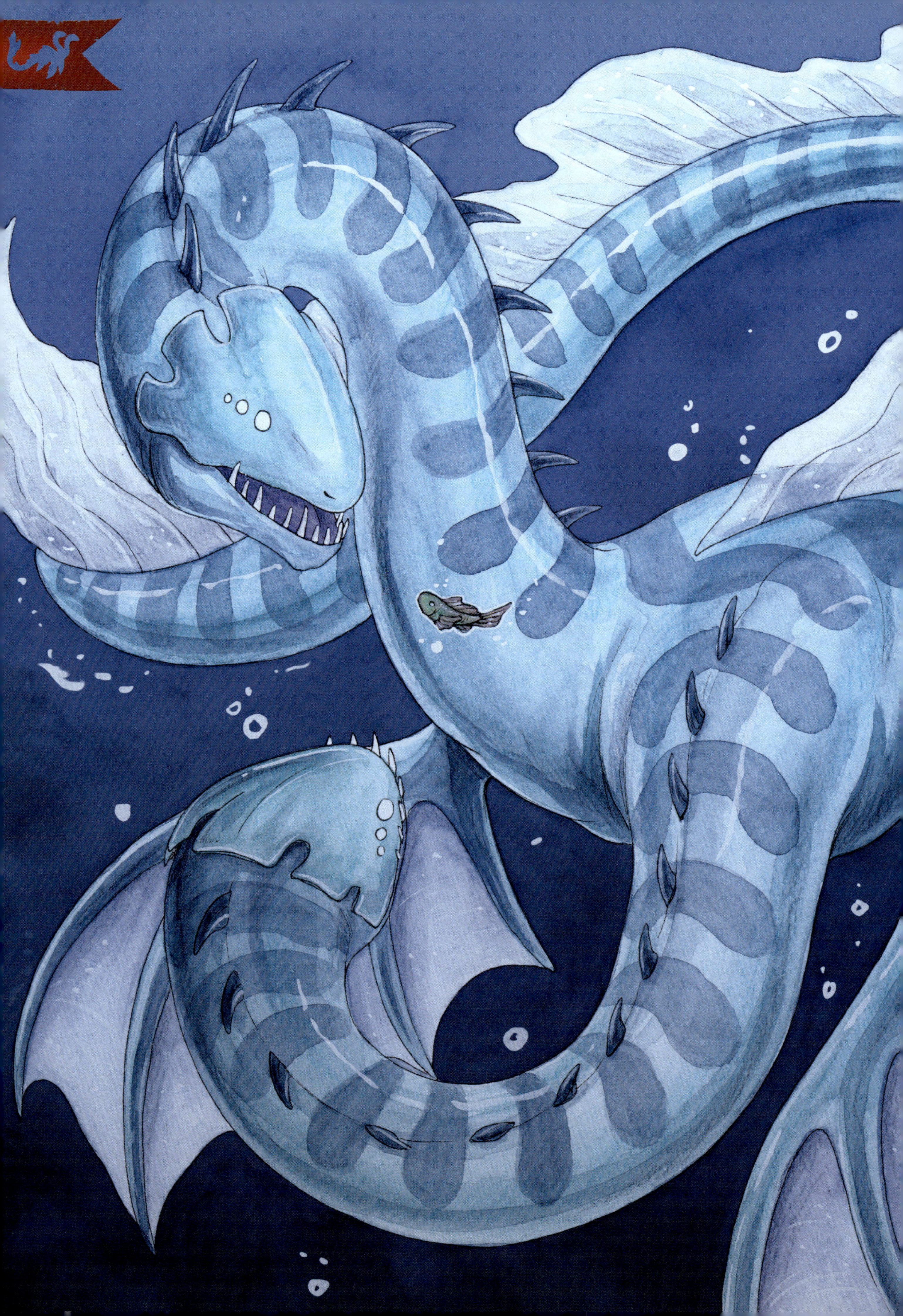

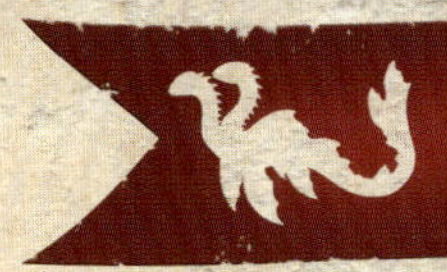

Tiefseedrache

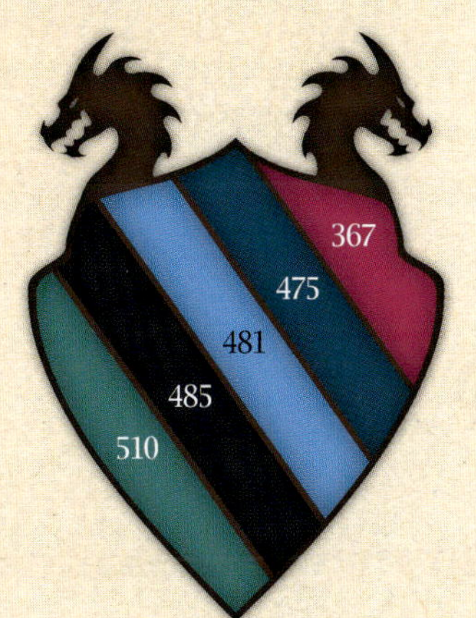

Tief unten im Meer, dort, wo fast kein Lichtstrahl mehr ankommt, lebt ein gemächlicher Riese. Wie ein Schatten gleitet er durchs Wasser – unbemerkt und lautlos nähert er sich seiner Beute.

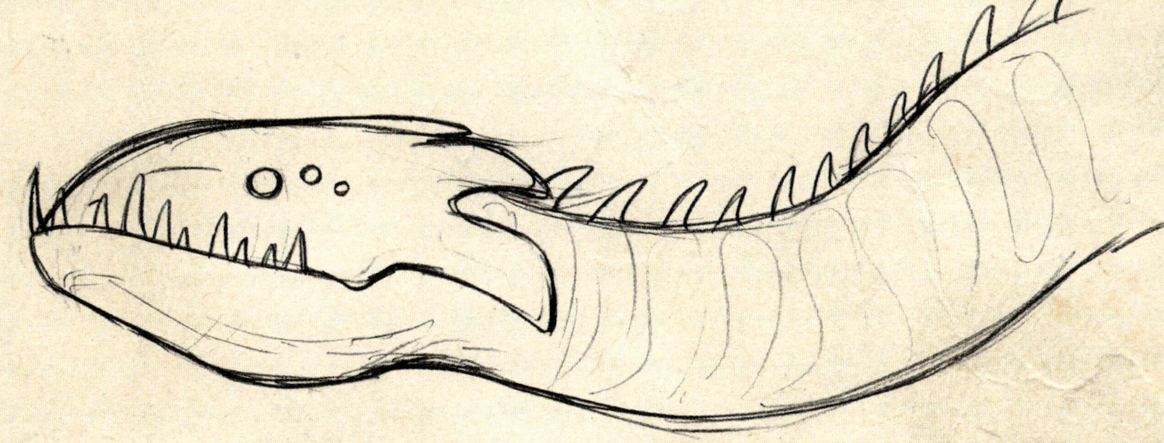

Die Tiefen der See sind dunkel und unergründet und bergen viele Geheimnisse – nicht zuletzt auch nahezu unbekannte Wesen. Da es hier wenig bis gar kein Licht gibt und der Wasserdruck sehr hoch ist, wurde lange Zeit angenommen, dass es nur wenige Lebewesen dort aushalten. Tatsächlich findet man tief unten im Meer eine Drachenart, die sich nur sehr selten blicken lässt.

Der Tiefseedrache ist ein zweiköpfiger sanfter Riese, der oft gemächlich durch das dunkle Wasser gleitet und sich so wenig wie möglich bewegt. Er hat ein simples Gemüt und interessiert sich meist nur für Futter. Im Gegensatz zu anderen Meeresdrachen, wie zum Beispiel der Seeschlange, mag der Tiefseedrache fast schon apathisch wirken, doch das ist vermutlich auch das Geheimnis seines Überlebens in der großen Tiefe. Er ist ein stiller und lautloser Jäger, der es schafft, in der Dunkelheit seine Präsenz fast vollständig zu verbergen, bis es für seine Beute zu spät ist. Da er mit dieser Taktik sehr erfolgreich ist, jagt er präzise und ohne große Anstrengung. Wenn es darauf ankommt, reagiert er blitzschnell und schlägt zu.

Übrigens

Der Tiefseedrache wird auch als Faultier des Ozeans bezeichnet, weil seine energiesparende, gemächliche Lebensweise ihn im Gegensatz zu anderen Drachen träge wirken lässt. Er eignet sich kein Revier an, sondern schwimmt dorthin, wohin es ihn verschlägt.

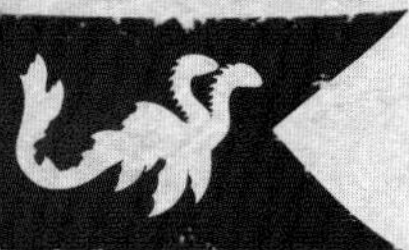

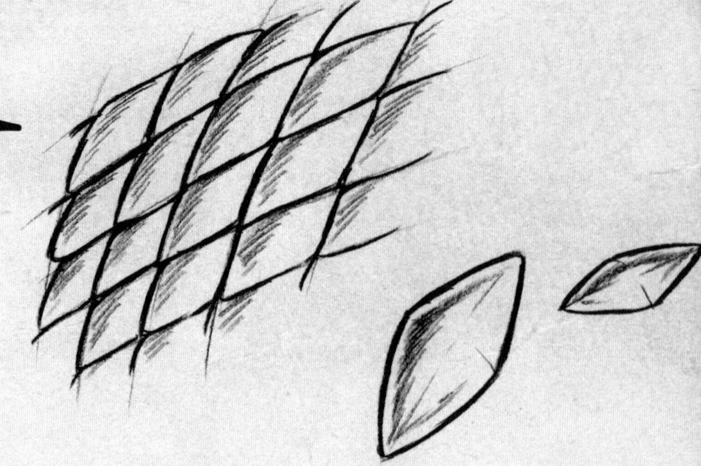

SCHUPPEN

Die rautenförmigen, glatten Schuppen sind sehr fein und eng aneinandergereiht. Aus der Ferne sind sie kaum zu erkennen, sodass die Haut des Drachen glatt aussieht. Die Schuppen sind sehr weich und bieten kaum Schutz vor Angriffen.

KOPF

Der Kopf des Tiefseedrachen hat eine rundliche Form und mehrere hornartige Auswüchse am hinteren Ende des Schädels. Um große Beutetiere zu verschlingen, kann der Drache seinen Unterkiefer aushängen.

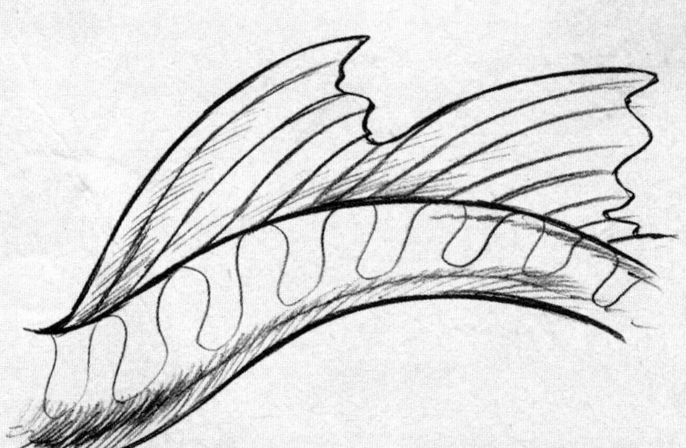

SCHWANZFLOSSE

Die Schwanzflosse wird zum Ende hin flacher und dünner und dient als Antriebsmittel. Durch die großen Flossen auf dem Kamm braucht es nur wenig Bewegung, um vorwärts zu kommen.

KAMMFLOSSEN

Die hohen Kammflossen, die sich den Rücken bis zur Schwanzspitze entlangziehen, dienen als zusätzliches Ruder beim Schwimmen.

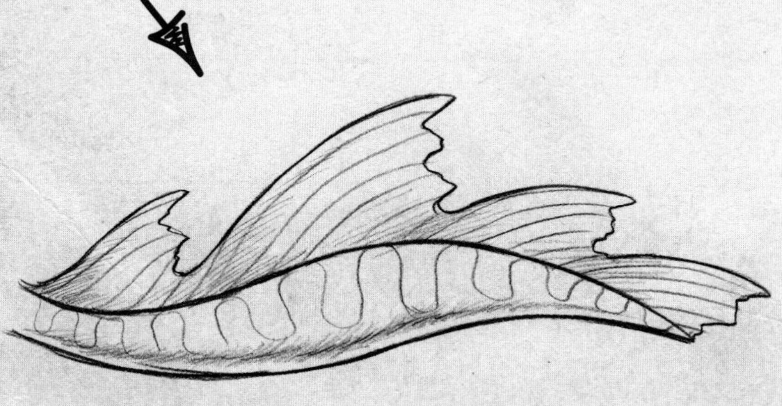

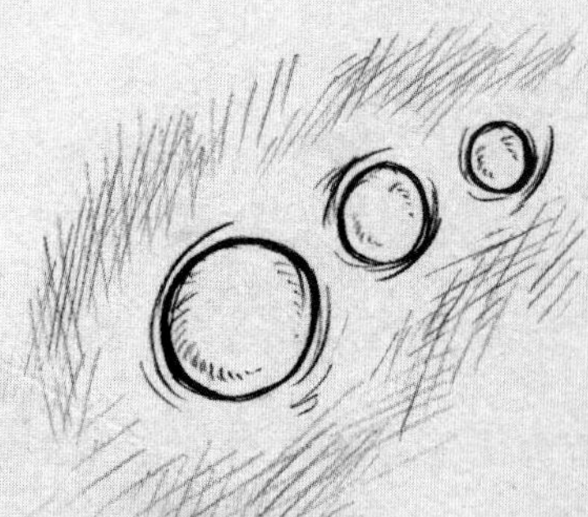

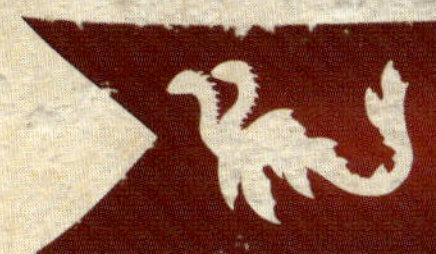

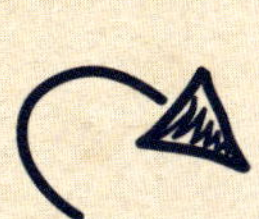

ZÄHNE

Die spitzen, nadelartigen Zähne wachsen in unterschiedlichen Längen aus dem Unterkiefer empor. Mit ihnen kann der Tiefseedrache selbst härteste Schuppen und Panzer durchstoßen und seine Beute regelrecht aufspießen. Die Zähne im Oberkiefer hingegen sind alle gleich lang.

AUSSEHEN

Tiefseedrachen zeichnen sich vor allem durch ihre zwei Köpfe aus. Deren Unterkiefer stehen ein Stück hervor und sind deutlich breiter als die Oberkiefer, sodass die spitzen Zähne nach oben hervorragen. Diese Drachenart besitzt sechs weiße Augen, die auf den ersten Blick tot und leer wirken, das geringe Licht der Umgebung jedoch hervorragend einfangen. Auf seine Augen muss der Tiefseedrache sich jedoch nicht zwingend verlassen, denn mit Hilfe seiner feinen Sinnesorgane in Kopf, Hals und Brust kann er sich gefahrlos in der Dunkelheit orientieren. Sein Körper ist lang und schlangenartig, wobei der Schwanz zum Ende hin flacher und breiter wird. Durchsichtige Flossen zieren den Rückenkamm. Während die Schwanzflosse hauptsächlich als Antrieb genutzt wird, dienen die vier großen Flossen als Steuer.

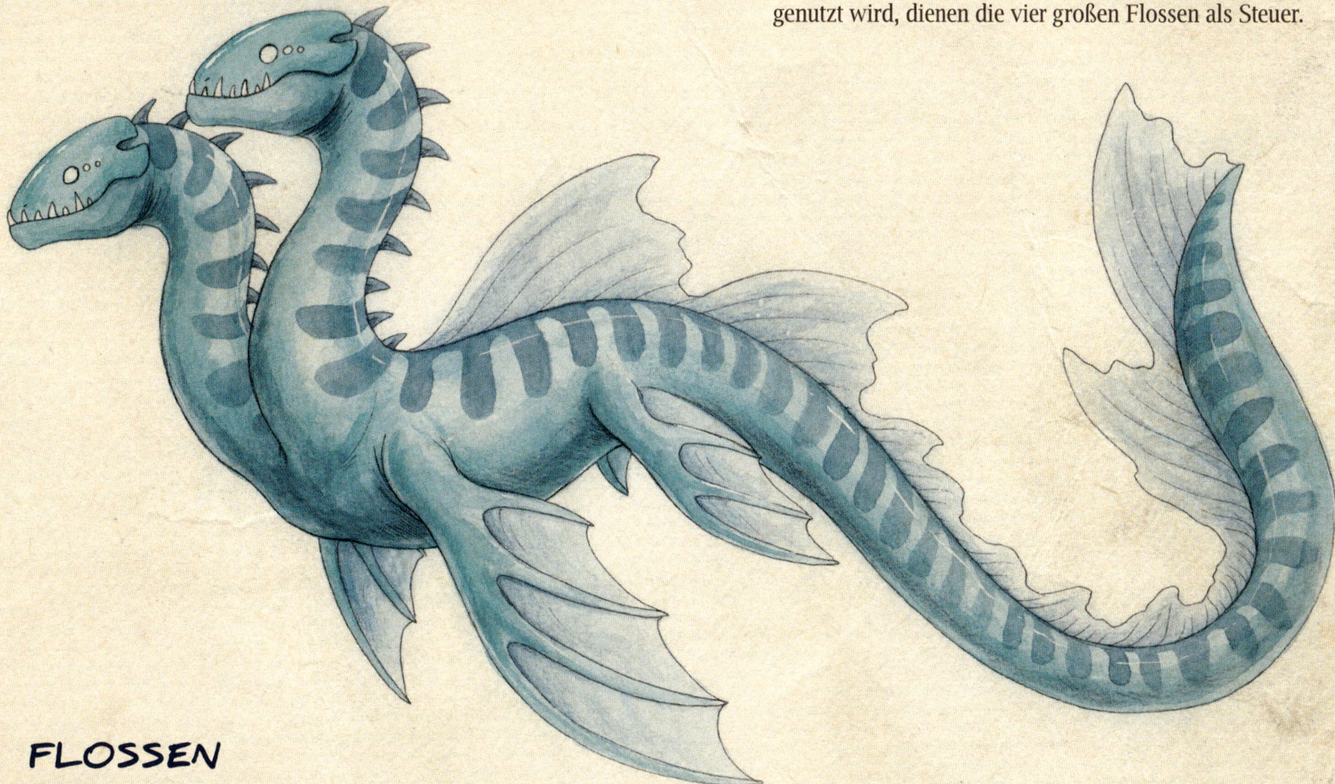

FLOSSEN

Tiefseedrachen haben zwei große Vorderflossen und zwei kleinere Hinterflossen, mit denen sie beim Schwimmen steuern können. Auch ohne viel Bewegung sind mit ihnen komplizierte Manöver möglich.

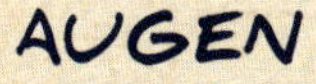

AUGEN

Der Tiefseedrache ist nicht auf seine Augen angewiesen, doch gerade in helleren Umgebungen dienen sie als zusätzliche Orientierungshilfe.

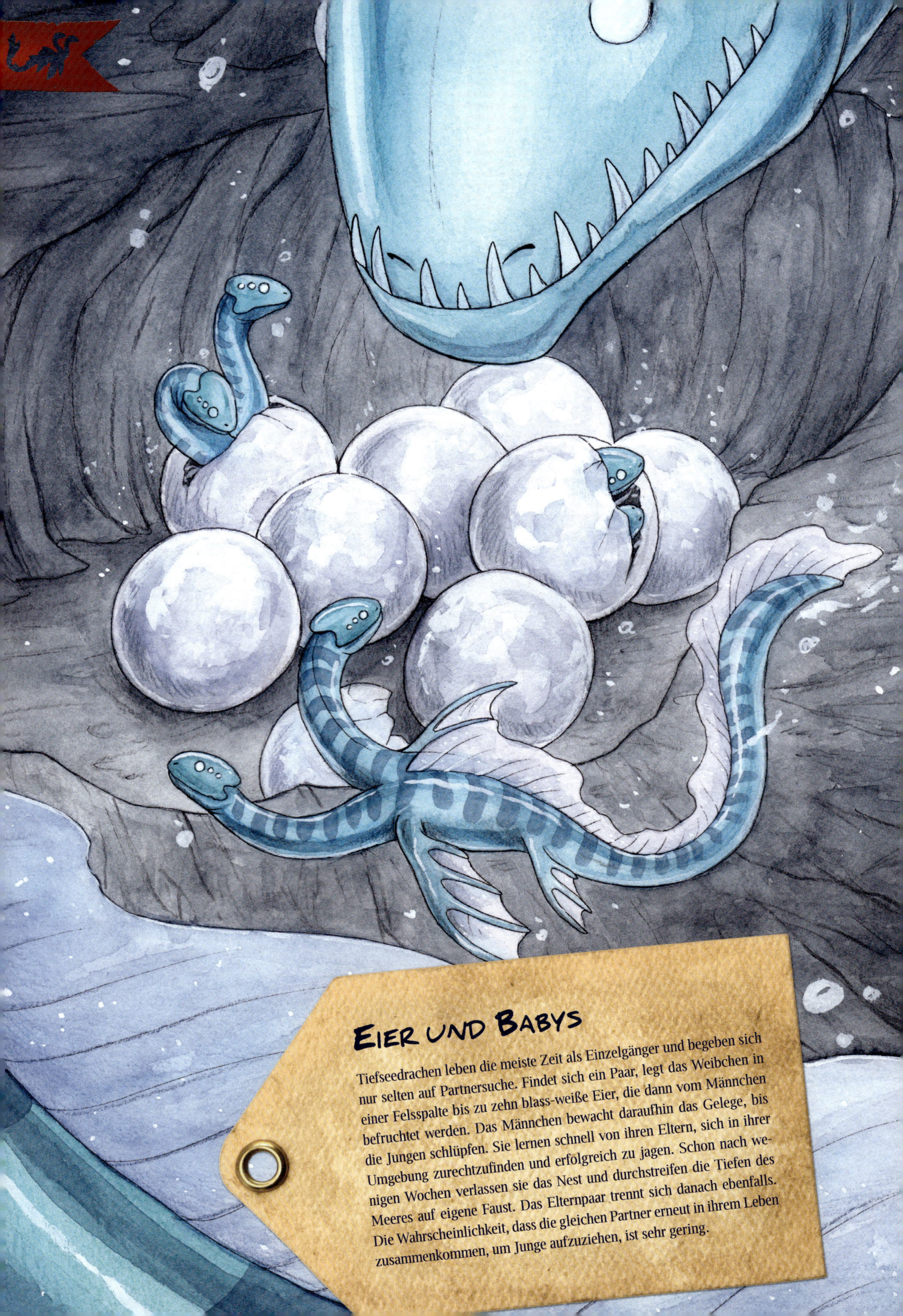

Eier und Babys

Tiefseedrachen leben die meiste Zeit als Einzelgänger und begeben sich nur selten auf Partnersuche. Findet sich ein Paar, legt das Weibchen in einer Felsspalte bis zu zehn blass-weiße Eier, die dann vom Männchen befruchtet werden. Das Männchen bewacht daraufhin das Gelege, bis die Jungen schlüpfen. Sie lernen schnell von ihren Eltern, sich in ihrer Umgebung zurechtzufinden und erfolgreich zu jagen. Schon nach wenigen Wochen verlassen sie das Nest und durchstreifen die Tiefen des Meeres auf eigene Faust. Das Elternpaar trennt sich danach ebenfalls. Die Wahrscheinlichkeit, dass die gleichen Partner erneut in ihrem Leben zusammenkommen, um Junge aufzuziehen, ist sehr gering.

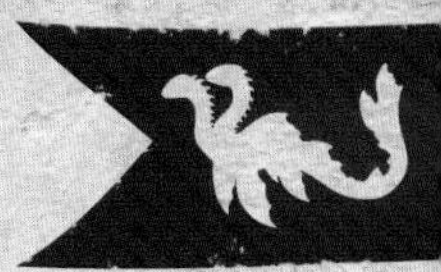

Perspektive zeichnen

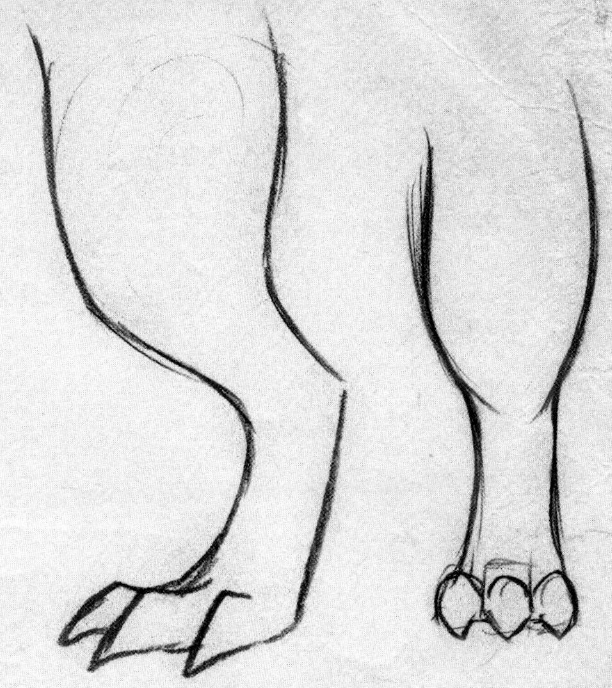

Perspektivisch zu zeichnen ist etwas anspruchsvoller und erfordert Übung. Der erste wichtige Schritt ist, zu verstehen, wie sich ein Objekt in einem Raum verhält. Wie sind die Ansichten von oben, von der Seite oder von unten? Wird ein Objekt aus anderen Winkeln und mit anderen Abständen betrachtet, fällt auf, dass es je nach Ansicht größer, kleiner, länger oder kürzer wirkt.

Perspektivische Verkürzung

Die perspektivische Verkürzung ist eine Illusion, bei der ein Objekt, das auf den Betrachter gerichtet ist, kürzer erscheint als zum Beispiel von der Seite. Am einfachsten lässt sich das an einem ausgestreckten Arm zeigen: Stellt man sich vor den Spiegel und streckt den Arm zur Seite aus, sieht man ihn in seiner gesamten Länge. Hält man den Arm nach vorn in Richtung Spiegel, scheint er kürzer. Mit Hilfe einer sehr einfachen Form, wie beispielsweise einem Zylinder, lässt sich dieser Effekt veranschaulichen. Es wird deutlich, dass sich die „Ebenen" des Objekts in der Verkürzung überlappen.

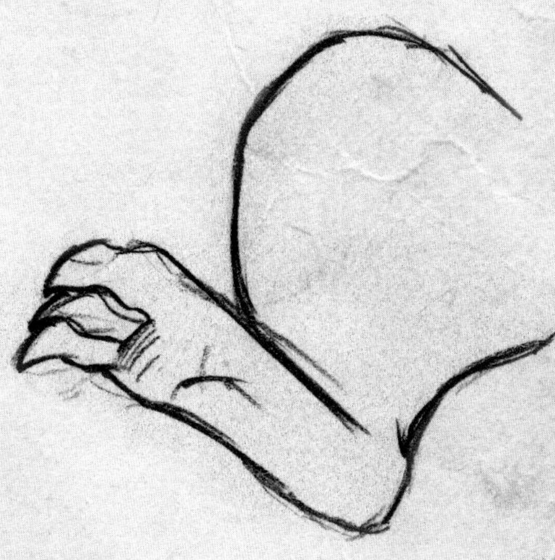

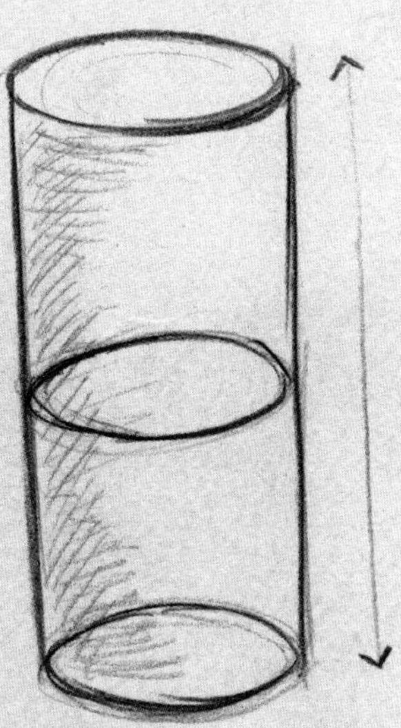

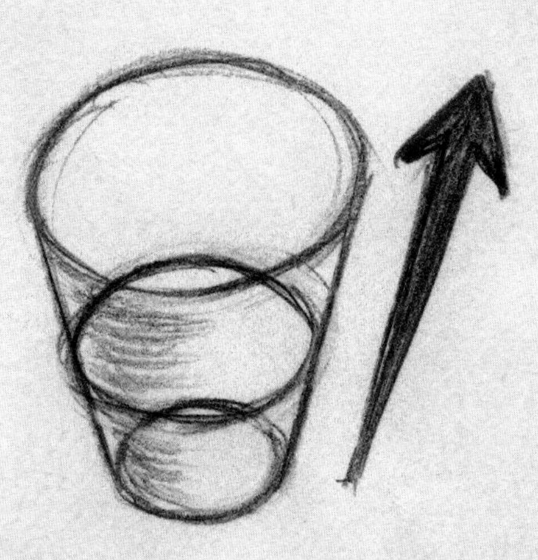

Um etwas perspektivisch zu zeichnen, muss man zunächst verstehen, wie die Proportionen eines Objekts im Verhältnis zum Raum stehen. Besonders wenn es um komplexe Figuren oder Objekte geht, verschafft das Skizzieren des Aufbaus einer Figur ein leichteres Verständnis.

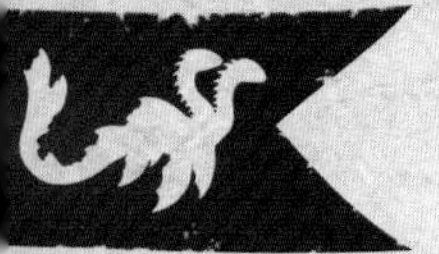

Wie funktioniert das Verkürzen?

Je weiter ein Objekt vom Betrachter entfernt ist, desto kleiner wird es. Um herauszufinden, wie klein das entfernte Ende des Objekt gezeichnet wird, muss die Entfernung aus der tatsächlichen Größe bzw. Länge abgeleitet werden.

Je komplizierter die Form oder Figur, desto mehr Erfahrung ist von Vorteil, vor allem wenn es darum geht, viele Details unterzubringen! Um zu verstehen, wie sich Figuren im Raum verhalten, ist es hilfreich, vorher mit Referenzen zu üben. Das können Modellfiguren sein, die man aus verschiedenen Ansichten abzeichnet, Fotos von Figuren, Tieren oder Bilder von anderen Künstlern. Es ist auch möglich, sich selbst zu fotografieren, um zu sehen, wie Perspektive und Verkürzung bei einer bestimmten Pose funktionieren.

Formen vereinfachen

Für den Anfang ist es hilfreich, kompliziertere Figuren mit vielen Details auf einfache Formen herunterzubrechen und auf die wichtigsten Merkmale zu reduzieren. Dieses Prinzip funktioniert ähnlich wie bei Künstlerpuppen aus Holz, die sich in eine bestimmte Pose biegen lassen, um sie anschließend abzuzeichnen. Ein Drachenkörper könnte dabei so aussehen, wie im nebenstehenden Beispiel.

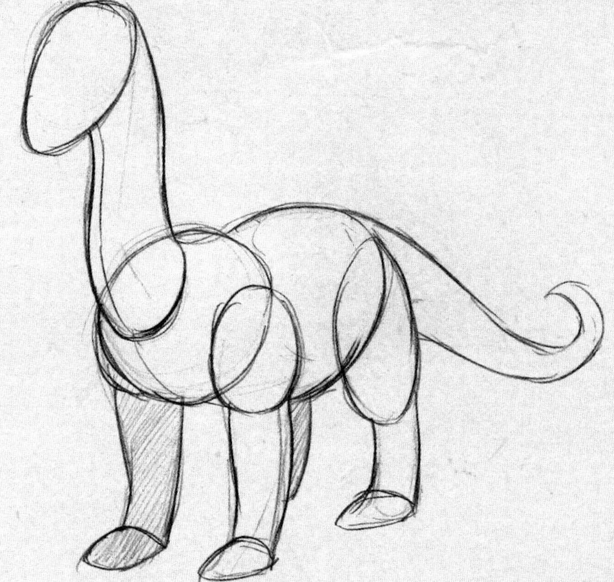

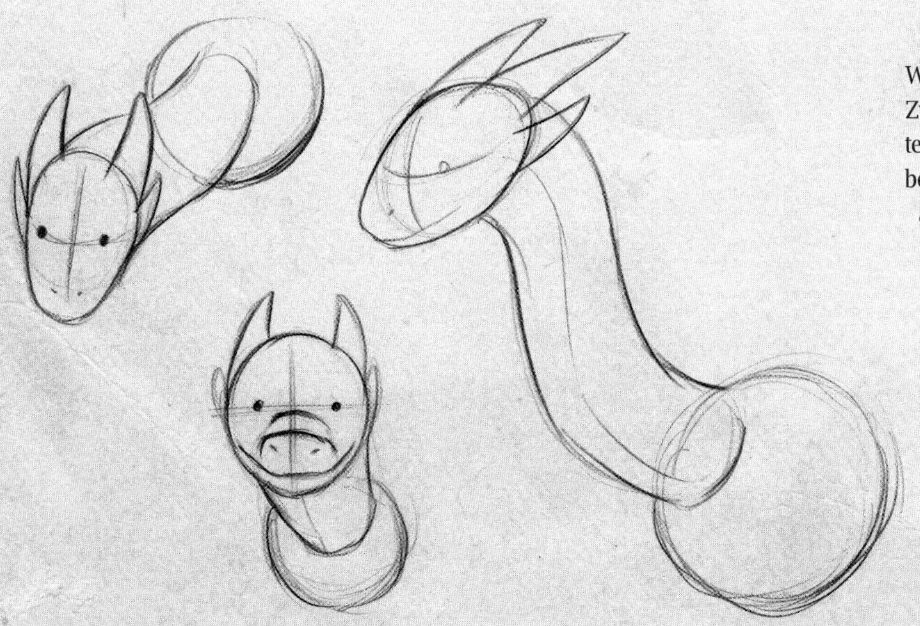

Wie schon bei dem Beispiel mit dem Zylinder, überlappen sich die Elemente der Figur, sobald sie sich im Raum bewegt. Teile verschwinden hintereinander, andere Teile wirken nach vorn gerichtet sehr kurz, wie der Hals des Drachen in den Abbildungen links. Der Kopf verdeckt in der Vorderansicht Teile des Halses, zusätzlich scheint der Hals kürzer zu sein als von der Seite. Er wird auch, je weiter er sich vom Betrachter entfernt, schmaler.

Ähnlich wie beim Hals verhält es sich auch hier beim Arm und den Krallen.

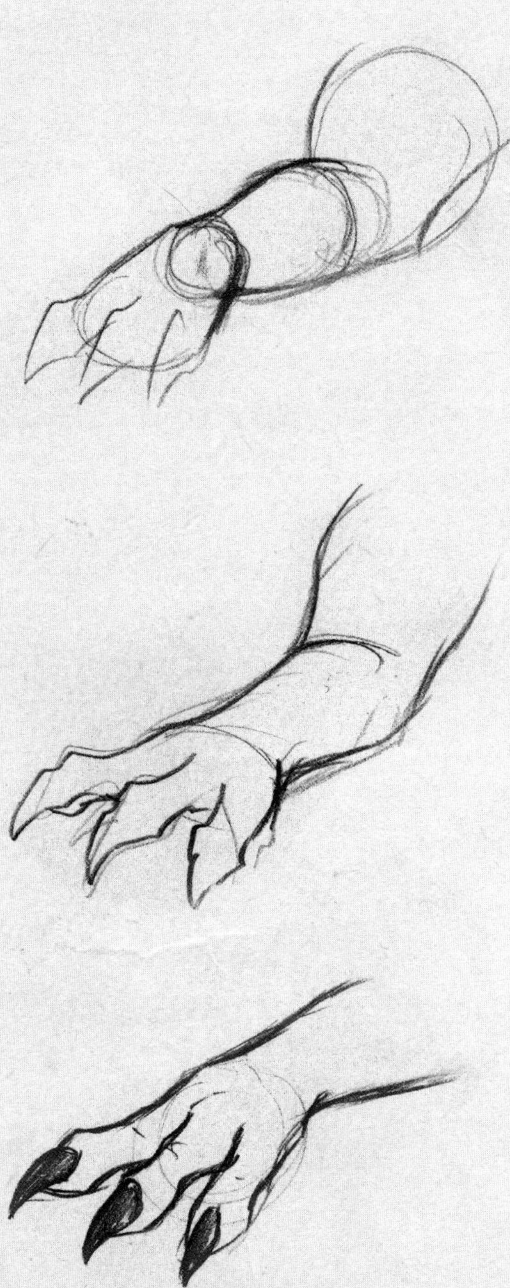

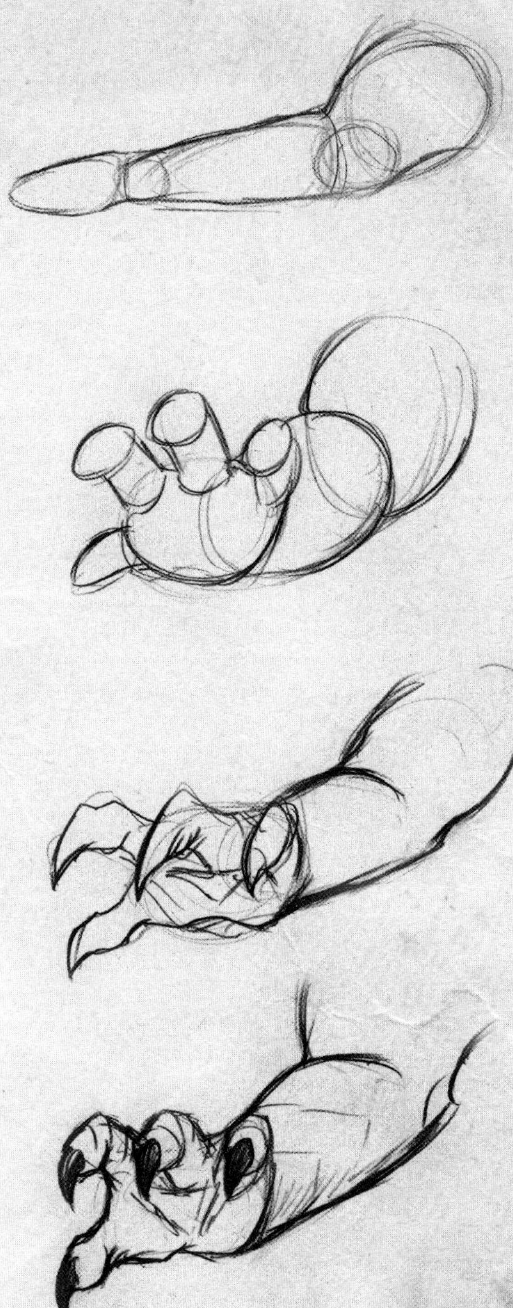

Ausprobieren und üben!

Oft muss man sich einfach trauen, gewisse Dinge anders oder überspitzt zu zeichnen, auch wenn es ungewohnt ist und anfangs vielleicht frustriert. Manchmal, wenn keine Vorlage zur Hand ist, bleibt schlichtweg nur zu raten, wie die Verkürzung aussehen könnte. Das kann natürlich auch schiefgehen, aber davon sollte man sich nicht entmutigen lassen. Übung macht den Meister!

Info

Wie man Perspektive und vereinfachte Formen nutzen kann, um eindrucksvolle Posen zu zeichnen, wird genauer im Kapitel „Dynamische Posen zeichnen" (S. 33) erklärt!

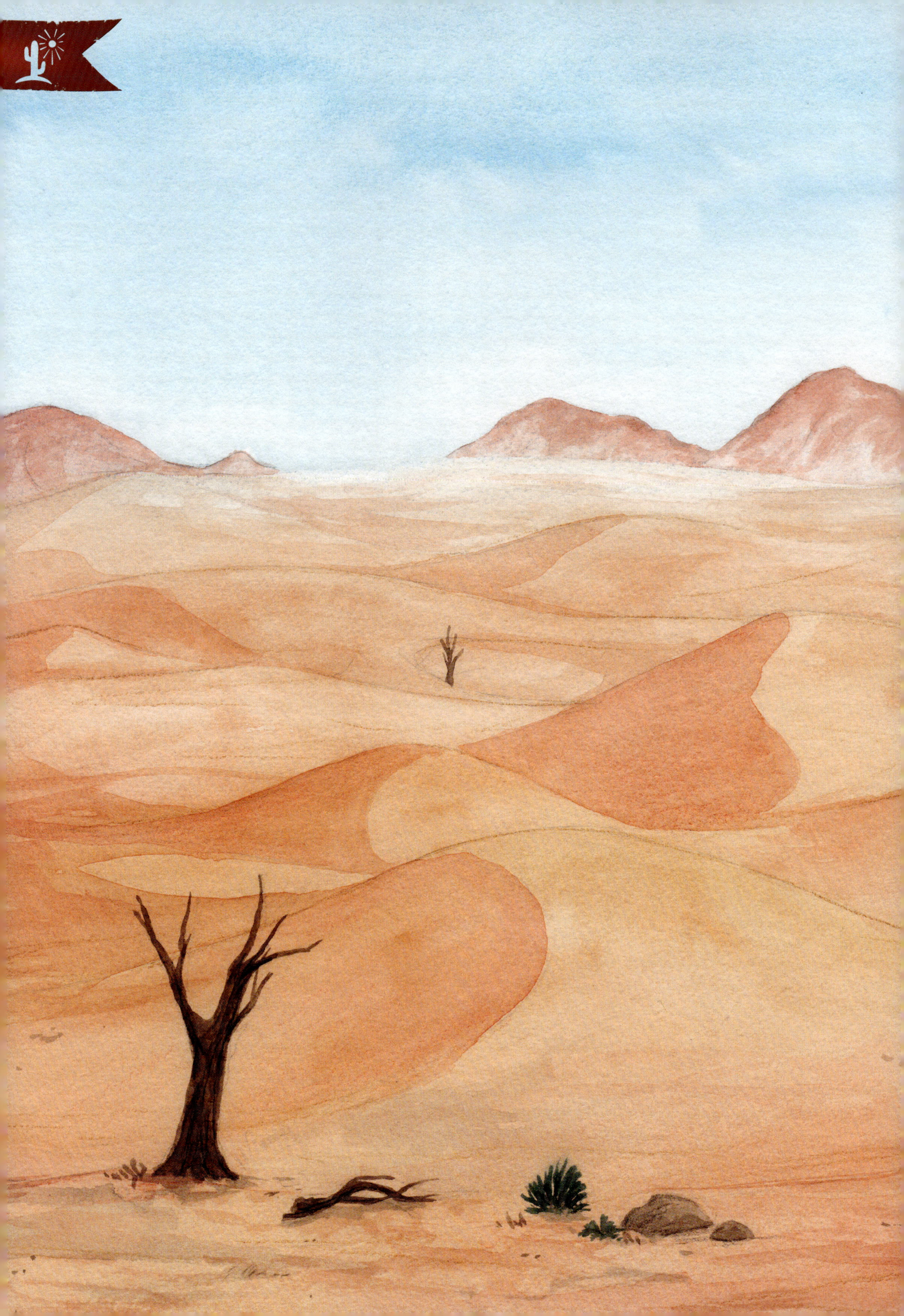

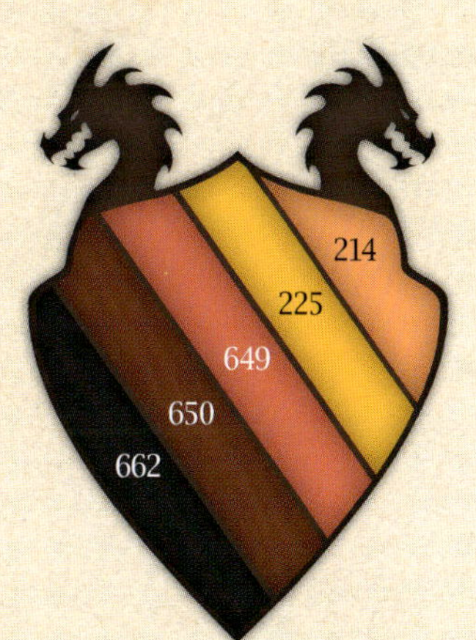

Wüste

Der Nordosten des Kontinents wird von einer scheinbar lebensfeindlichen, kahlen Wüstenlandschaft geprägt. Doch auch hier gibt es widerstandsfähige Tierarten und auch Drachen, die sich an die Bedingungen angepasst haben.

Weite Flächen der Wüste sind mit hellen Sanddünen bedeckt, zwischen denen sich hier und da kleine Felsformationen emporheben. Nur selten sind vertrocknete Überreste von Bäumen und Pflanzen zu finden, die aus einer Zeit stammen, in der es häufiger Regenfälle gab. Die einzigen Gewächse, die nun noch in der Einöde aus Sand gedeihen, sind kleine dornige Büsche und Kakteen. Ganz selten taucht eine Oase inmitten der Dünen auf, wo es eine Quelle mit frischem Wasser gibt, um die sich in einem gewissen Umkreis schattenspendende Palmen und Gräser ansiedeln.
Zusätzlich zur Wasserknappheit und der unerträglichen sengenden Hitze am Tag, erschwert die Eiseskälte bei Nacht das Leben der Wüstenbewohner. Während sich der Sand tagsüber durch die Sonne aufheizt, kühlt er sehr schnell ab, sobald diese untergegangen ist. Je nach Gebiet führt dies zu extremen Temperaturschwankungen zwischen Tag und Nacht.
Die Drachen, die in dieser Region leben, sind zäh und haben ihre eigenen Methoden gefunden, um die Beschaffenheit der Wüstenumgebung für sich zu nutzen. Die gewieften Sandsegler graben sich tagsüber im lockeren Sand ein und verbringen so die Zeit bis zur Dämmerung, in der ihre Beutetiere am aktivsten sind. Die Wüstendämonen hingegen haben sich an die Kälte der Nacht angepasst und kommen erst aus ihren Höhlen, wenn das letzte Licht der Sonne erloschen ist. Über sie ist bisher wenig bekannt, da sie sich nur äußerst selten zeigen.

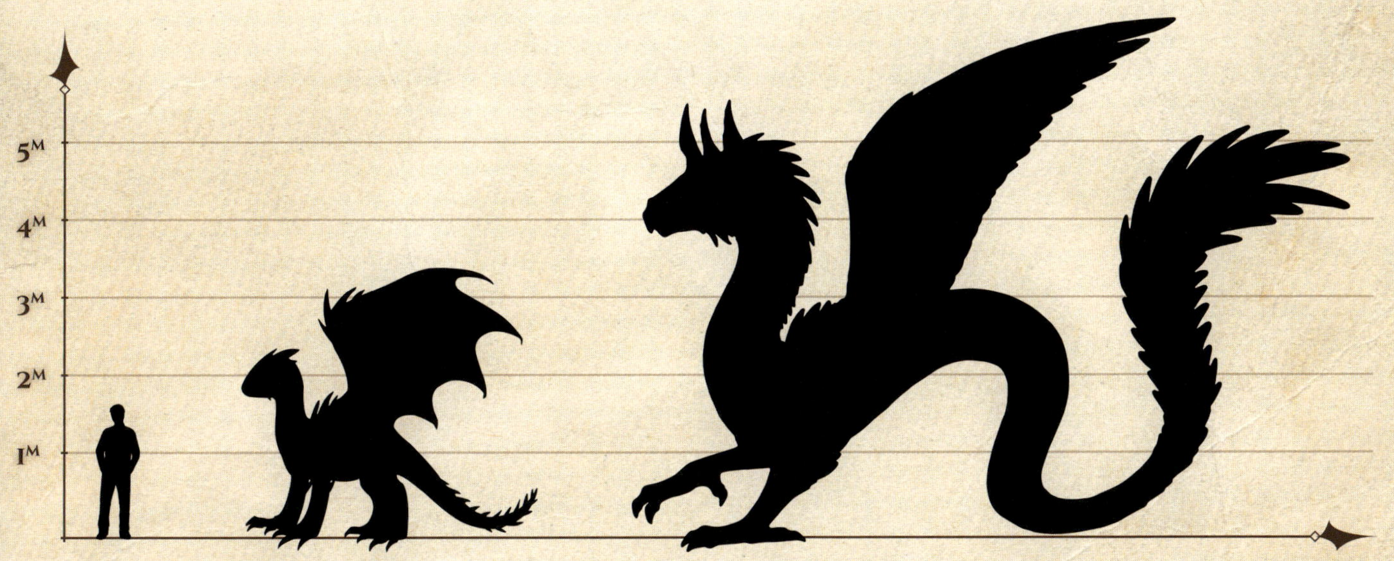

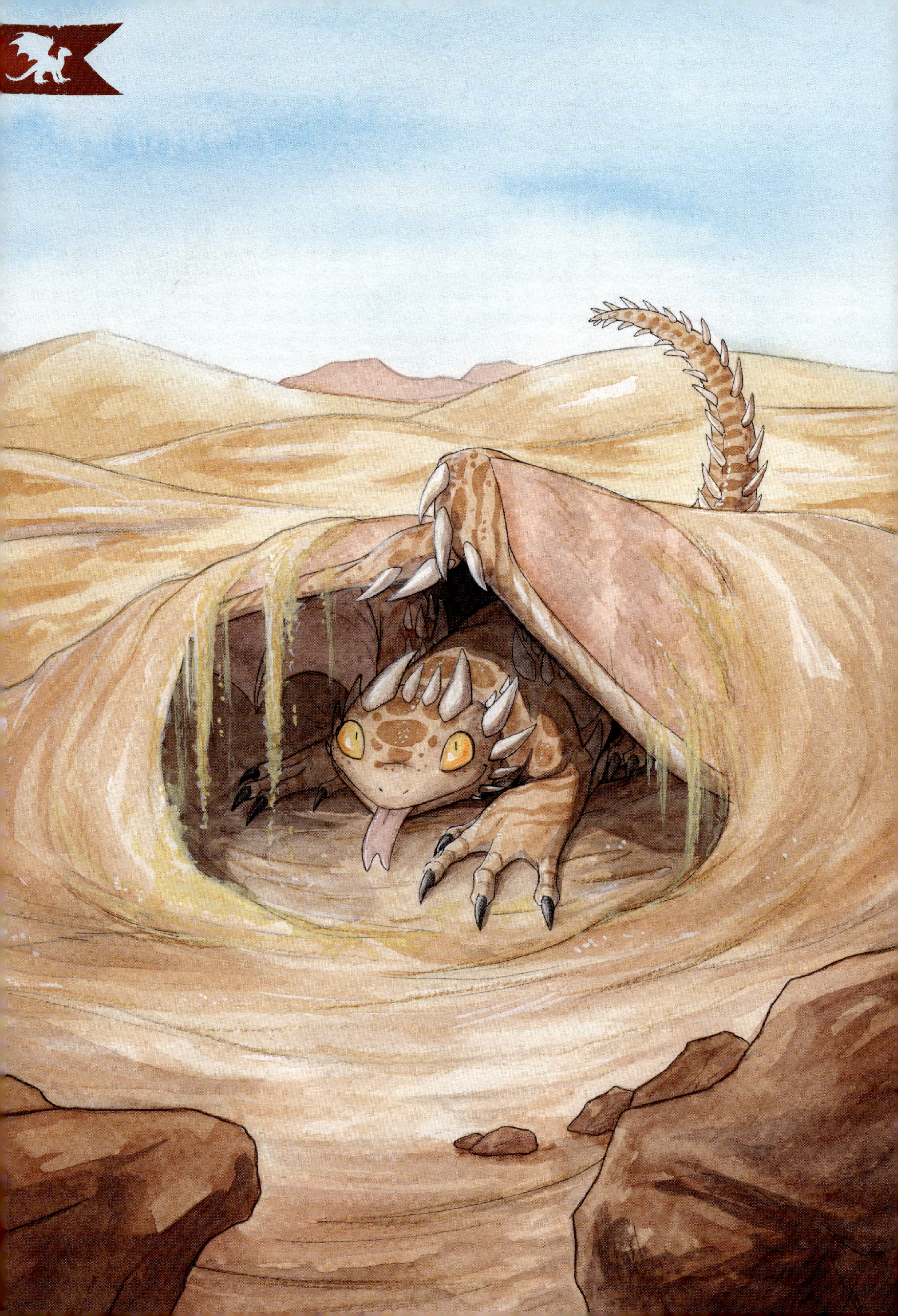

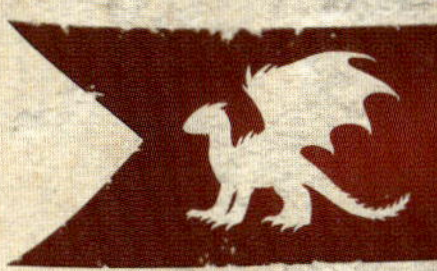

Sandsegler

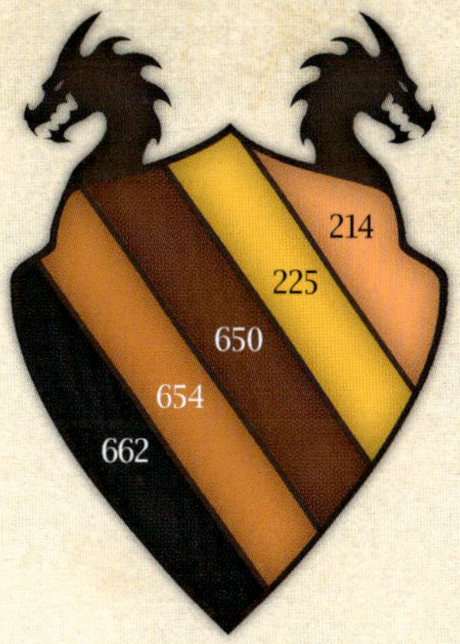

214 225 650 654 662

Erst auf den zweiten Blick erkennt man sie: Nur noch sichtbar als kleine Hügel lauern sie, eingegraben im Sand, ihrer Beute auf. In der Dunkelheit sind meist nur ihre gelb leuchtenden Augen zu erkennen.

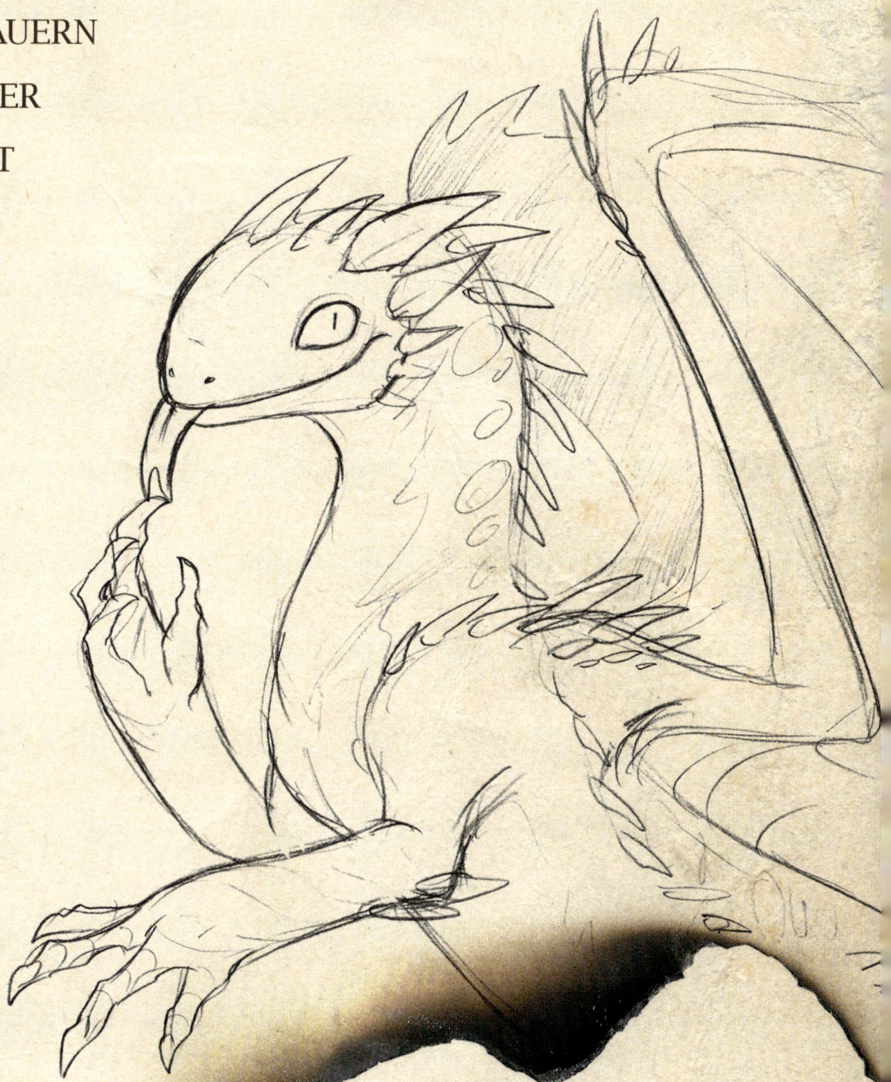

In der Wüste sind nicht nur die extremen Temperaturen, die heftigen Sandstürme oder das mangelnde Wasser eine Gefahr für die dortigen Bewohner. Wer nicht aufpasst, dem kann es schnell passieren, dass er auf einen Sandsegler trifft – und dann sollte schleunigst das Weite gesucht werden, denn Sandsegler sind was ihre Beute angeht nicht besonders wählerisch!

Sandsegler sind bevorzugt in der Dämmerung aktiv. Während der größten Hitze am Tag verstecken sie sich im Schatten von Felsen oder graben sich tief in den Sand ein. Zwar hat diese Drachenart wenig Probleme mit starker Hitze, doch hält sie sich nur ungern lange in der prallen Sonne auf.

Sandsegler sind keine aktiven Jäger, stattdessen lauern sie ihrer Beute auf. Dafür graben sie sich gerade so tief in den Sand ein, dass ihre Körper vollständig bedeckt sind, lassen vorn am Kopf eine Öffnung frei, sodass sie vorbeikommende Beute erspähen können. Kommt ein Tier zu nah an die Öffnung, schnellt der Sandsegler daraus hervor!

Übrigens

Ihren Namen verdanken die Sandsegler ihren großen, segelartigen Flügeln, die sie beim Eingraben wie ein Zelt schützend über sich legen. Fliegen können diese Drachen zwar auch, fühlen sich am Boden jedoch meist wohler.

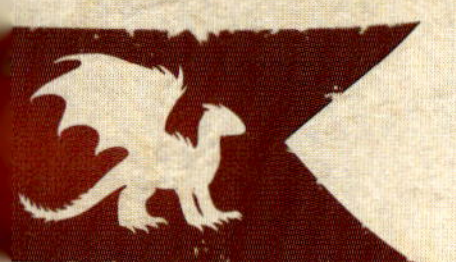

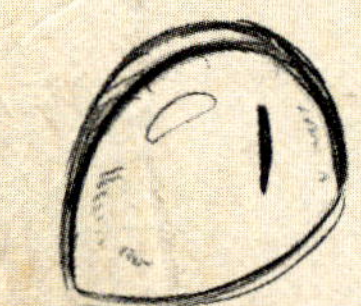

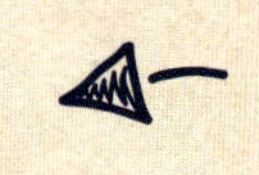

AUGEN

Die Augen können sich sowohl an sehr helle als auch sehr dunkle Lichtverhältnisse anpassen. Für diesen Wechsel braucht es allerdings etwas Zeit – wenn ein Sandsegler aus seiner dunklen Deckung hervorschnellt, um seine Beute zu packen, ist er für einen Moment geblendet. Daher muss jeder Angriff präzise ausgeführt werden.

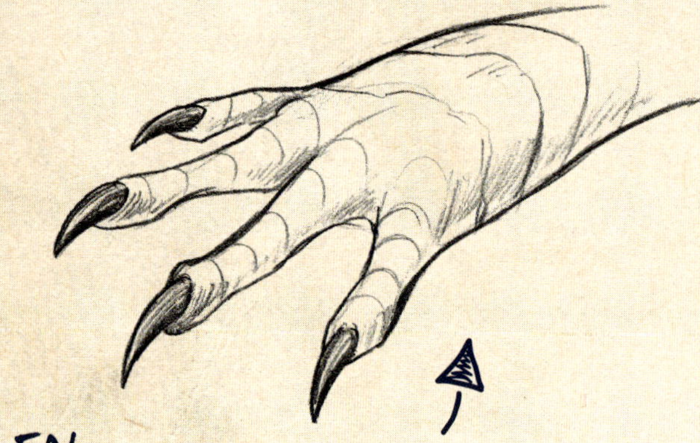

KRALLEN

Die Krallen sind lang und spitz und eignen sich zum Klettern oder zum Angriff. Die Pfoten selbst sind sehr breit, damit die Drachen sich besser eingraben können.

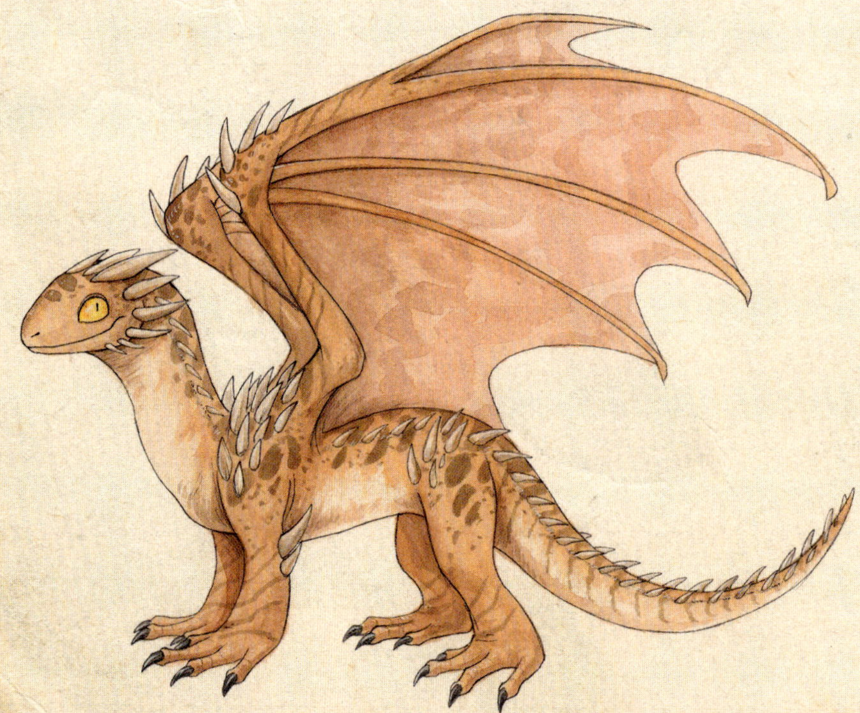

STACHELN

Überall am Körper des Sandseglers finden sich Stacheln in allen Längen und Breiten.

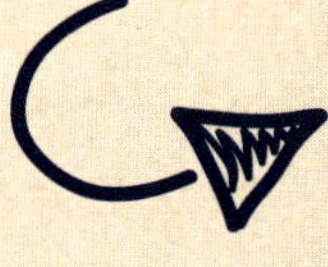

Aussehen

Sandsegler haben einen flachen Körper und sehr breite Füße, mit denen sie sich sehr gut auf dem Sand der Wüste fortbewegen können. Ihr bräunlicher Körper ist mit vielen Stacheln besetzt. Die Schuppen des Sandseglers sind relativ klein, dafür aber extrem hart und rau.

Mit seinen sehr beweglichen Flügeln und den breiten Klauen kann der Sandsegler sich innerhalb weniger Sekunden vollständig im Sand eingraben und darunter verschwinden. Wenn er sich einwühlt, legt er die Flügel über seinen Körper und schafft sich so unter der Sandschicht eine kleine Höhle.

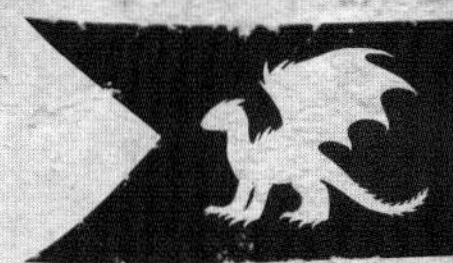

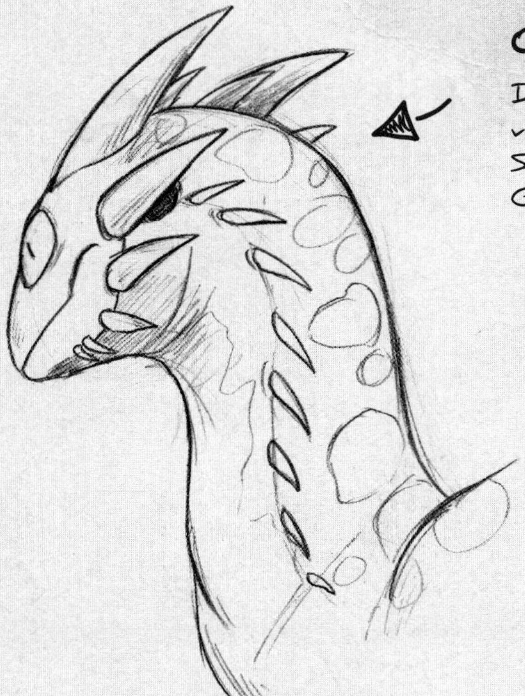

OHREN

Die Ohren sind gut hinter den Kopfstacheln versteckt und können verschlossen werden, wenn der Sandsegler sich eingräbt. So gelangt kein Sand in die Gehörgänge.

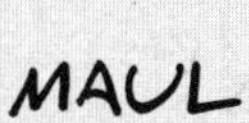

MAUL

Das Maul des Drachen ist gleichmäßig mit pfeilförmigen spitzen Zähnen ausgestattet; größere Reißzähne gibt es nicht. Die Zunge ist vorn gespalten.

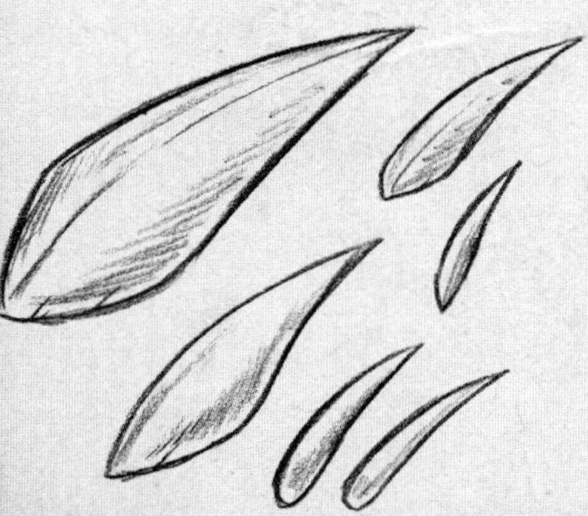

FLECKEN

Die verschieden großen Flecken auf dem sandfarbenen Schuppenkleid dieser Drachenart sorgen für einen besseren Tarneffekt in felsigeren Gebieten.

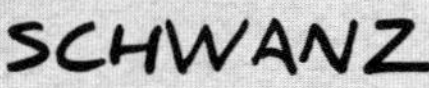

SCHWANZ

Der Schwanz ist sowohl am Kamm als auch an den Seiten mit spitzen Stacheln bedeckt. Im Kampf kann der Drache damit zuschlagen und seinen Gegner abwehren.

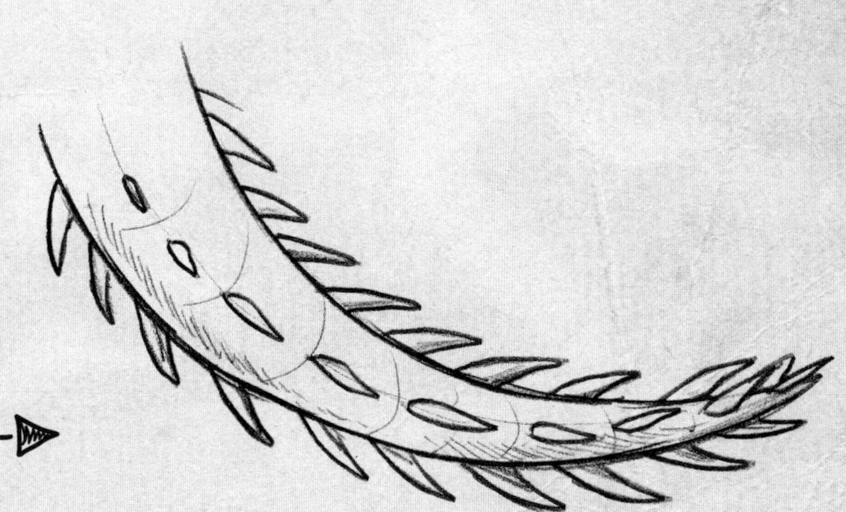

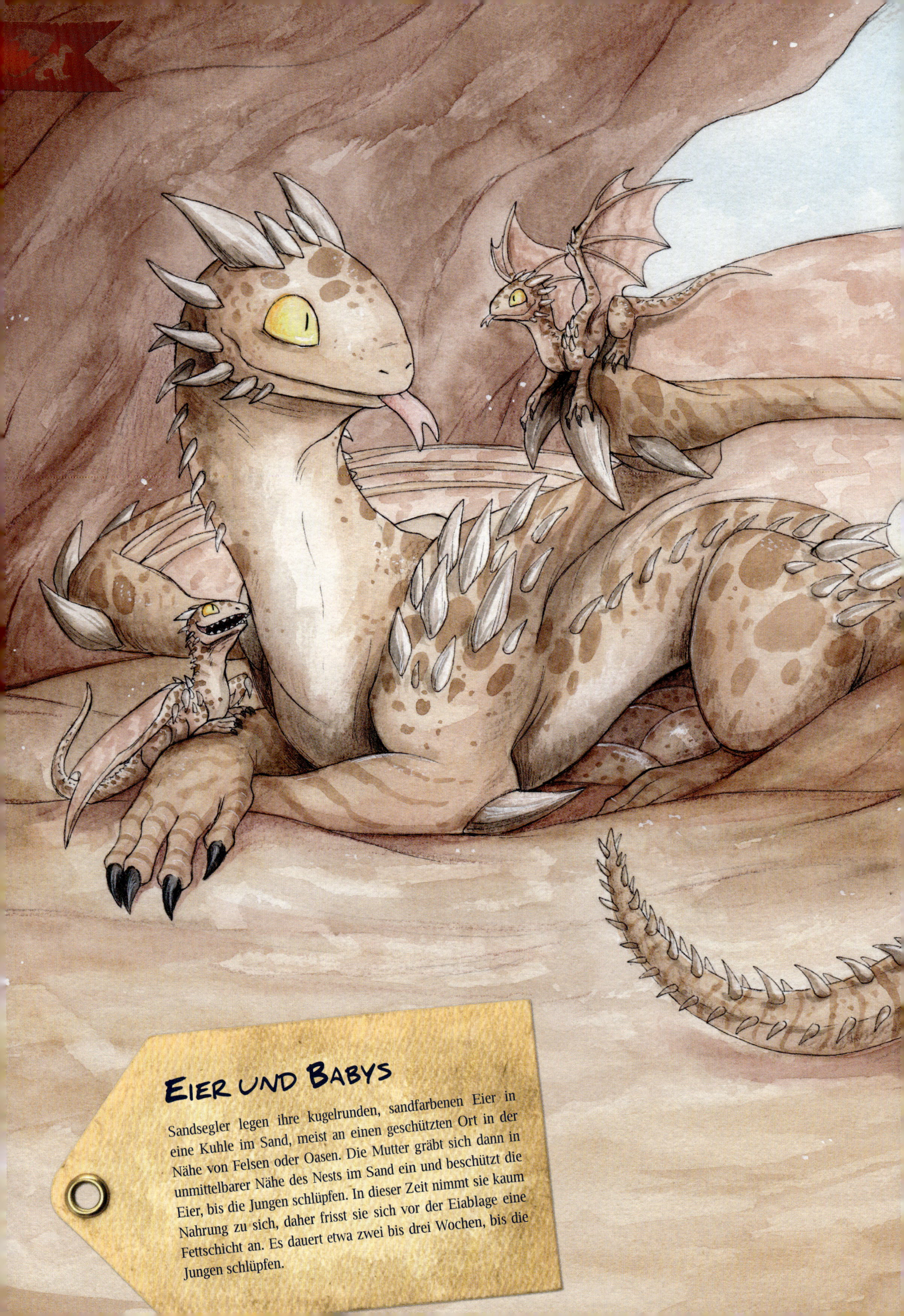

Eier und Babys

Sandsegler legen ihre kugelrunden, sandfarbenen Eier in eine Kuhle im Sand, meist an einen geschützten Ort in der Nähe von Felsen oder Oasen. Die Mutter gräbt sich dann in unmittelbarer Nähe des Nests im Sand ein und beschützt die Eier, bis die Jungen schlüpfen. In dieser Zeit nimmt sie kaum Nahrung zu sich, daher frisst sie sich vor der Eiablage eine Fettschicht an. Es dauert etwa zwei bis drei Wochen, bis die Jungen schlüpfen.

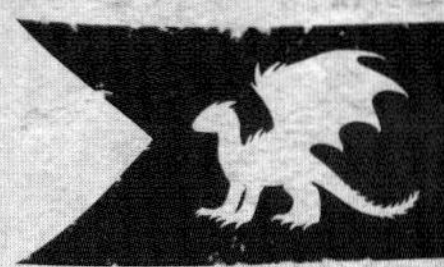

Dynamische Posen zeichnen

Soll ein gezeichneter Drache lebendig wirken, egal ob im Flug, auf der Jagd oder beim Angriff eines Feindes, gibt es Posen, mit denen sich dies besonders dynamisch umsetzen lässt. Mit ihrer Hilfe kann der der Drache lebendig erscheinen und sieht nicht bloß wie eine starre Figur aus. Der Bildfluss, also wie das Auge des Betrachters über das Bild gelenkt wird, sowie die Komposition spielen neben der Pose ebenfalls eine große Rolle (Hierzu mehr ab Seite 51).

Um dynamische Posen zu erzielen ist es wichtig, den grundlegenden Körperaufbau und die Wirkung der Perspektive verstanden zu haben (Seite 23-25), um sich diese Grundlagen zunutze machen zu können.

Mit etwas Übung versteht man, wie Figuren sich bewegen und verhalten, welche Bewegungen möglich sind und welche eher unnatürlich wirken.

Die vereinfachten Formen, mit denen schon im Perspektiv-Tutorial gearbeitet wurde, helfen dabei, verschiedene Posen aufzubauen und auszuprobieren, wie der Drache sich bewegen soll. Perspektive mit einzubringen ist ebenfalls von Vorteil, denn so kann im Bild eine gewisse Tiefe erzeugt werden, die für mehr Natürlichkeit sorgt. Mit den vereinfachten Formen können die Posen vorskizziert werden, bevor es an die Ausarbeitung der Details geht. Es ist ebenfalls hilfreich, sich an Fotos von Tieren in Bewegung zu orientieren oder sich von diesen inspirieren zu lassen: Sei es eine Katze im Sprung, eine Fledermaus im Flug oder ein Hund beim Laufen. Anhand dieser Motive lässt sich verstehen, wie Lebewesen sich bewegen können und wie sich ihr Körper in Aktion verhält.

Auf den folgenden Seiten gibt es Beispiele für verschiedene dynamische Posen, dargestellt in den vereinfachten Formen. Eine Schritt-für-Schritt-Anleitung zeigt außerdem, wie sich eine solche Pose ganz einfach aufbauen lässt.

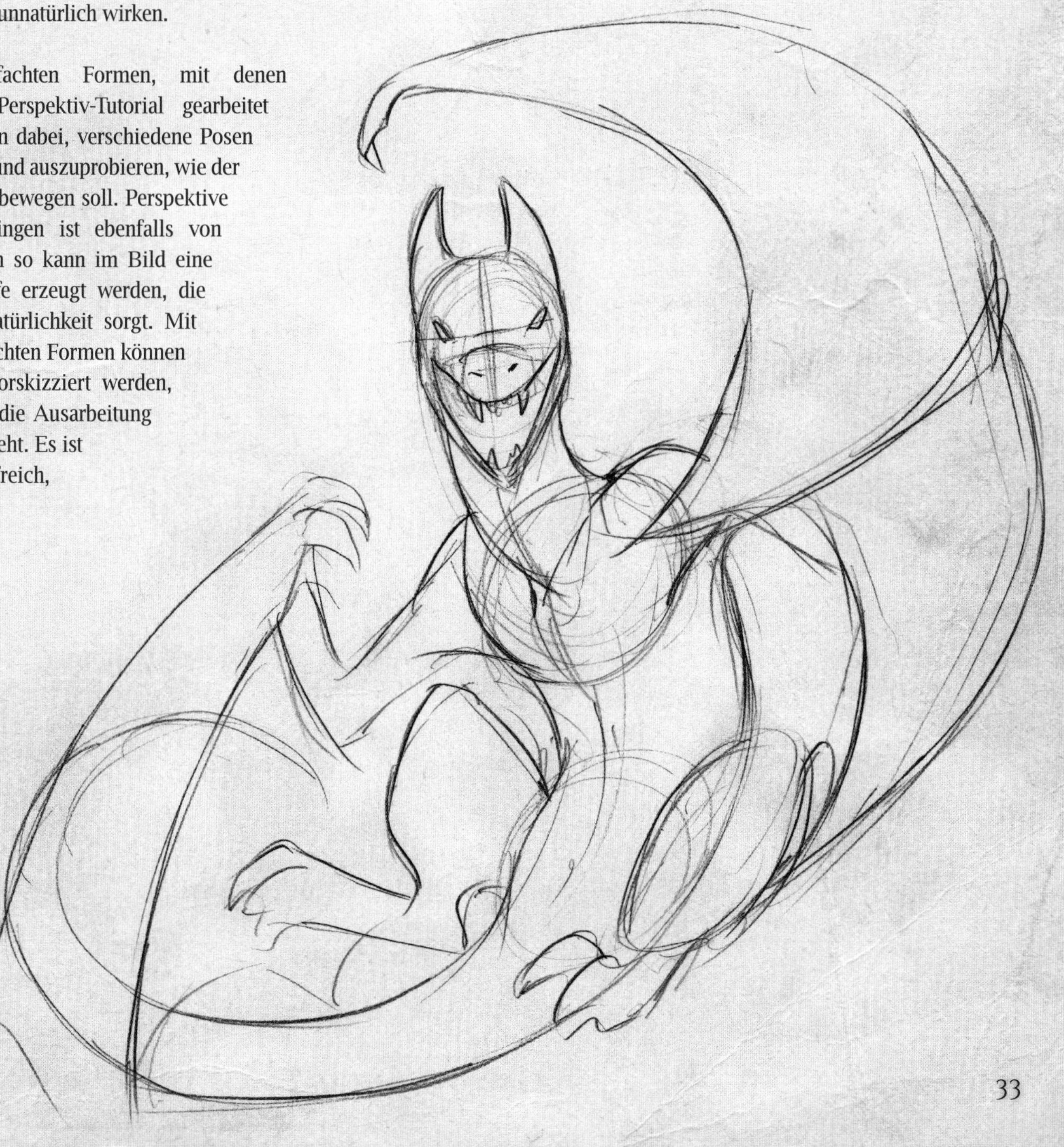

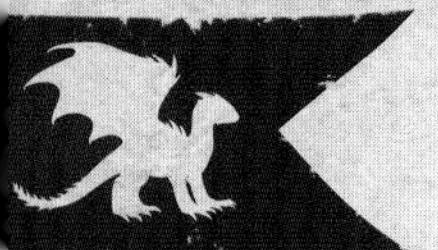

Mit dem Grundgerüst des Körpers, das bereits aus dem Kapitel „Perspektive zeichnen“ bekannt ist, lassen sich ganz einfach neue Posen zusammensetzen. Diese Schritt-für-Schritt-Anleitung zeigt einen Drachen bei der Landung.

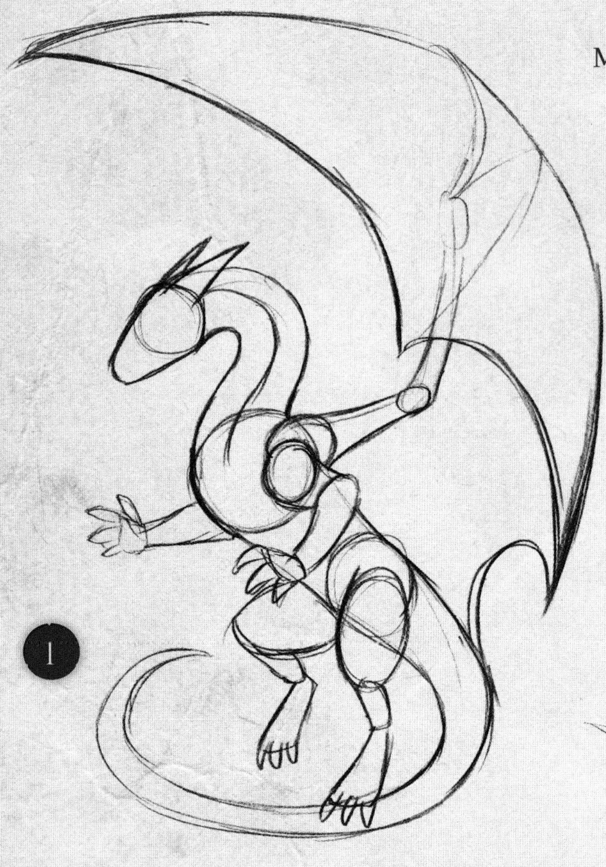

Schritt I

Der Körper wird mithilfe sehr einfacher Formen aufgebaut. Damit es so aussieht, als würde der Drache mit den Flügeln schlagen, überlappt die Flügelaußenseite Großteile der Innenseite und ist stark gewölbt. Auf dem Bild ist leicht angedeutet, wo das Flügelgelenk liegt und wie sich die Finger verhalten.

Schritt II

Die ersten Hilfslinien können ausradiert werden und der Körper nimmt allmählich Gestalt an. Der Flügel im Hintergrund wirkt durch die Ansicht von der Seite nicht so stark gewölbt wie der vordere. Durch das Gelenk, das hinter dem Hals hervorlugt, ist zu erkennen, dass der Flügel zur Seite abgespreizt ist. Da er dadurch mehr in den Hintergrund tritt, wird er auch ein bisschen kleiner.

II

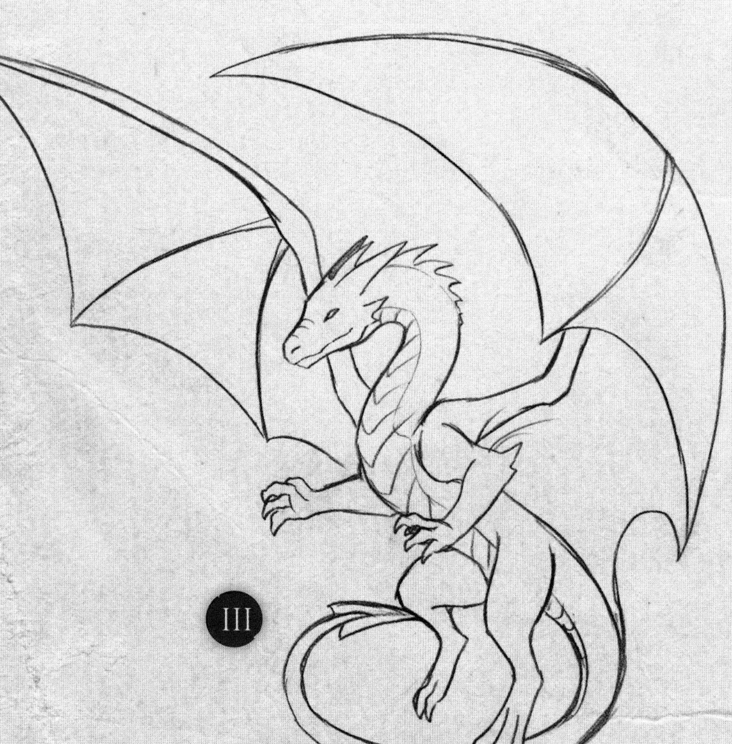

Schritt III

Sobald die Pose final feststeht, können Details hinzugefügt und die letzten Hilfslinien wegradiert werden. Dann lassen sich noch nach Belieben Schuppen, Stacheln und Muster ergänzen.

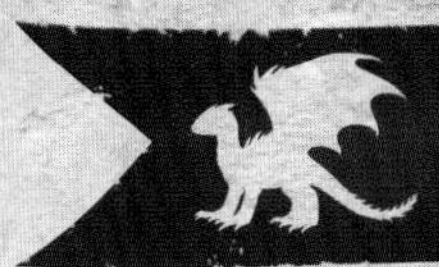

Weitere Beispiele für dynamische Posen...

Ein Wyvern, der sehr bedrohlich wirkt. Der nach hinten gerichtete Flügel hat einen verkürzten Arm und wirkt auch nicht so breit wie der vordere. Der Hals wird größtenteils vom Kopf verdeckt.

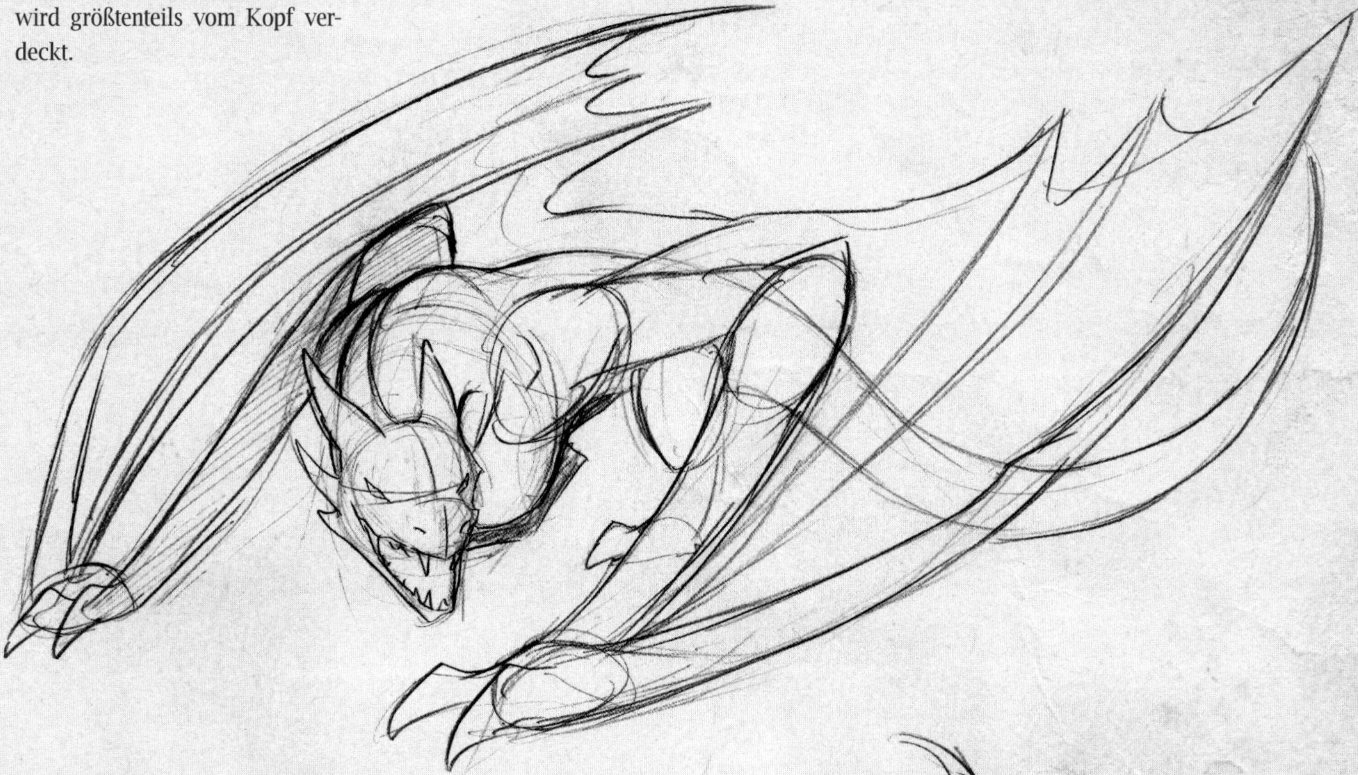

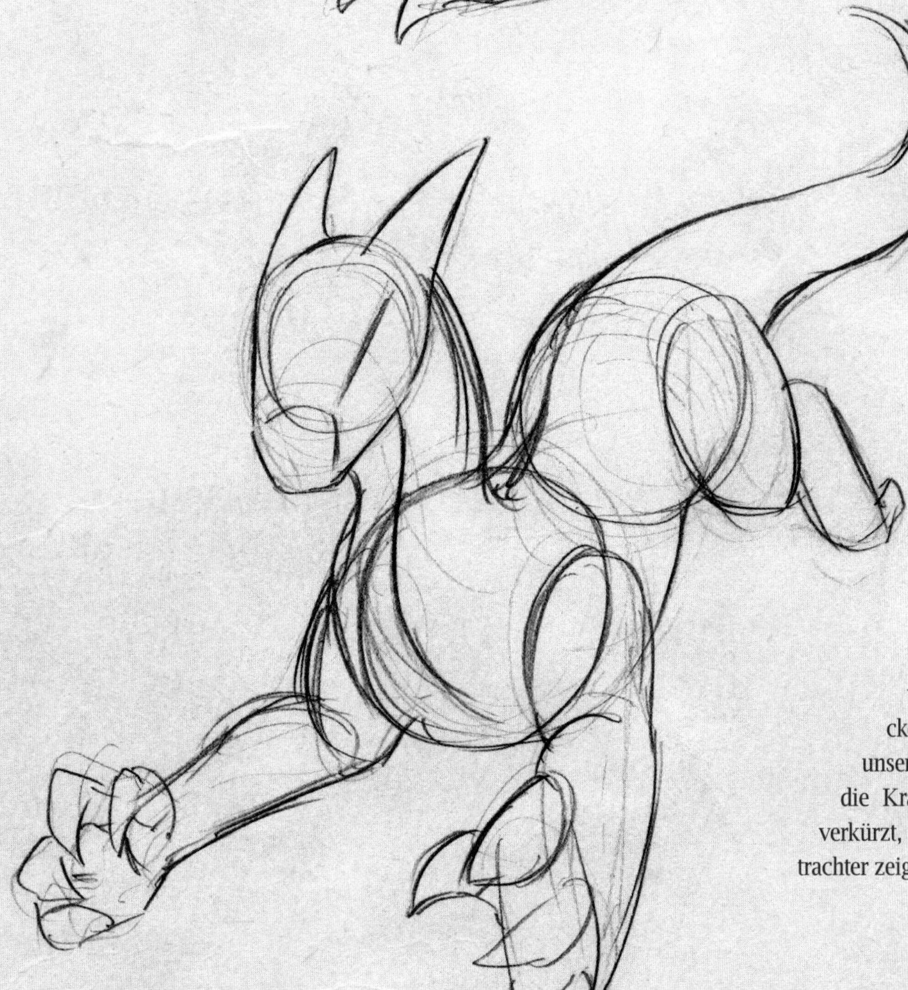

Ein Drache, der auf etwas zuspringt und zupacken will. Besonders der aus unserer Sicht rechte Arm und die Krallen sind perspektivisch verkürzt, da sie stärker zum Betrachter zeigen.

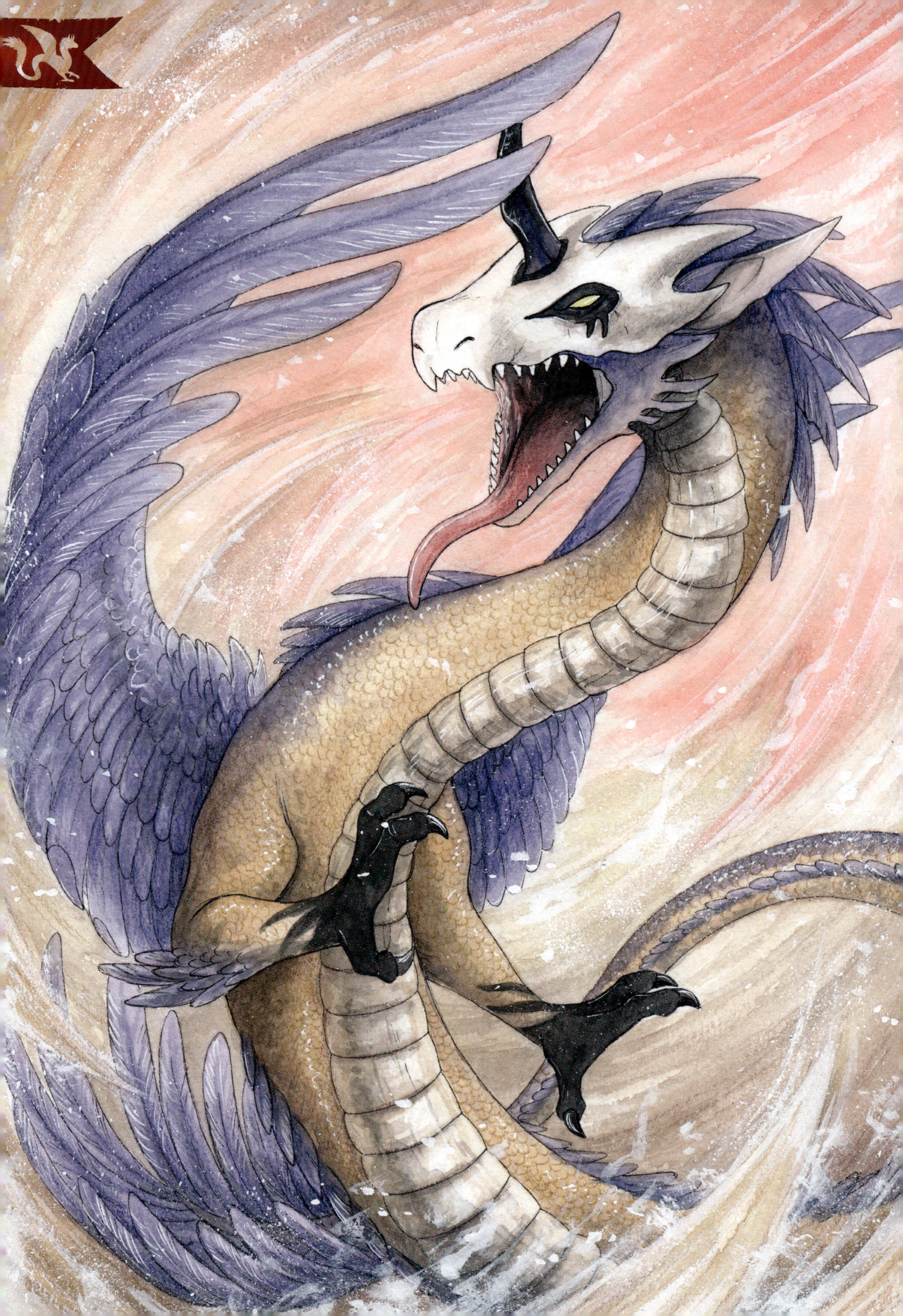

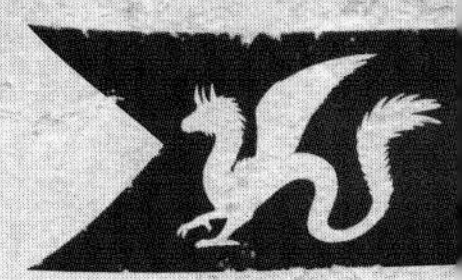

Wüstendämon

Seit Jahrhunderten erzählen sich Reisende und Nomaden von diesem grausamen Wesen. Oft werden die Geschichten über den Wüstendämon als Märchen oder Gruselgeschichte abgetan - dennoch haben viele Menschen Ehrfurcht vor der Wüste bei Nacht. Und das sollten sie auch.

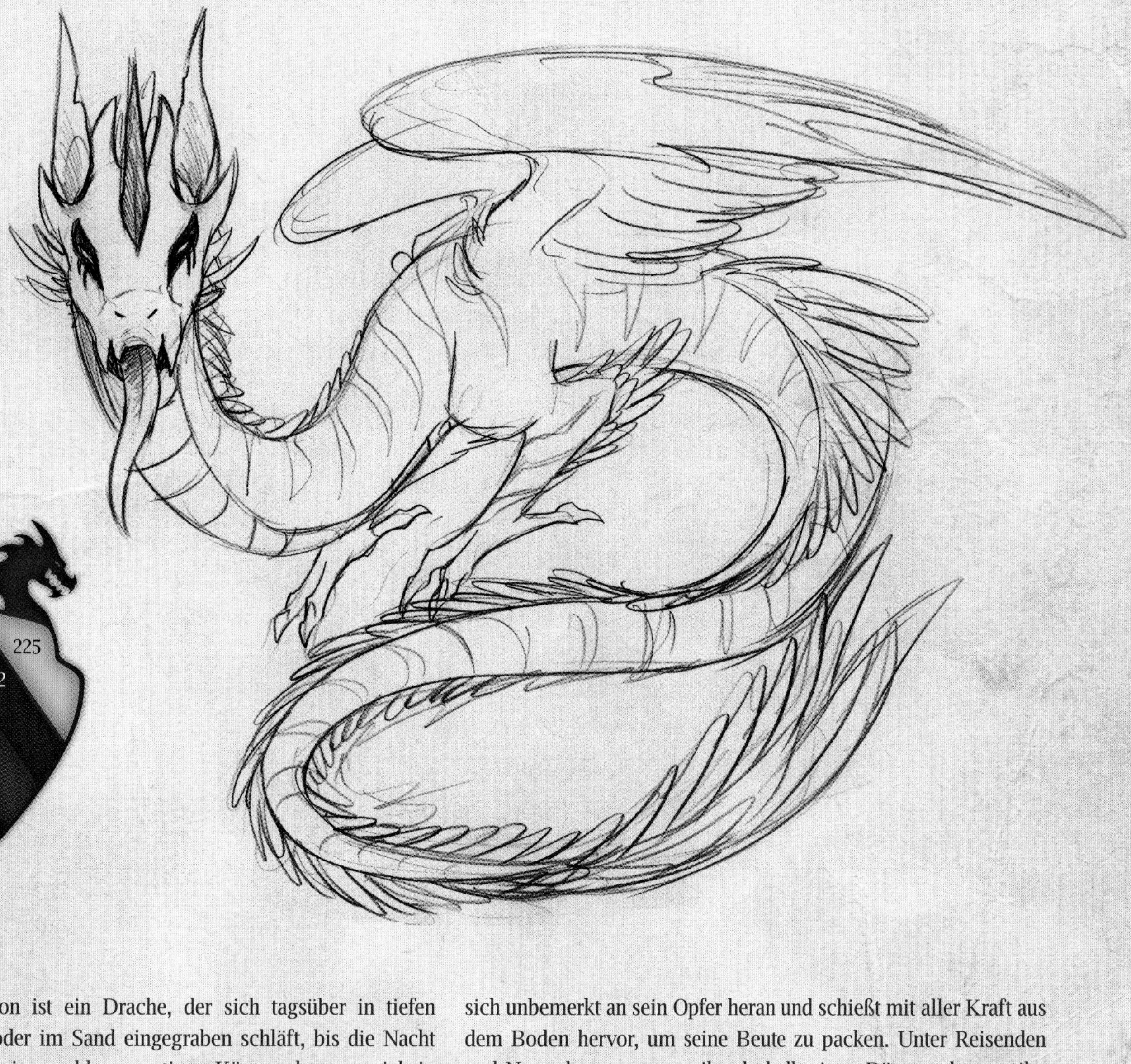

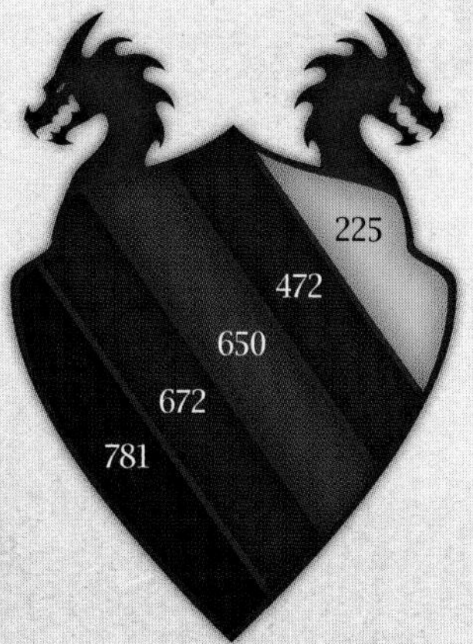

225
472
650
672
781

Der Wüstendämon ist ein Drache, der sich tagsüber in tiefen Höhlen aufhält oder im Sand eingegraben schläft, bis die Nacht anbricht. Dank seines schlangenartigen Körpers kann er sich in Sekundenschnelle in den lockeren Sand der Wüste eingraben und sich auch unterhalb der Oberfläche mit hoher Geschwindigkeit fortbewegen. Auf der Jagd lauert er unter dem Sand und spürt die Vibrationen an der Oberfläche, die Tiere oder Menschen verursachen, wenn sie über den Sand laufen. Der Wüstendämon schlängelt sich unbemerkt an sein Opfer heran und schießt mit aller Kraft aus dem Boden hervor, um seine Beute zu packen. Unter Reisenden und Nomaden nennt man ihn deshalb einen Dämon, da man ihn erst entdeckt, wenn es bereits zu spät ist – und selten eine Konfrontation überlebt.

Dieser Drache kann aus seinem Maul ein ätzendes Gift versprühen, das nach einiger Zeit sogar Knochen zersetzt. Er setzt diese Fähigkeit jedoch nur ein, wenn er sich bedroht fühlt.

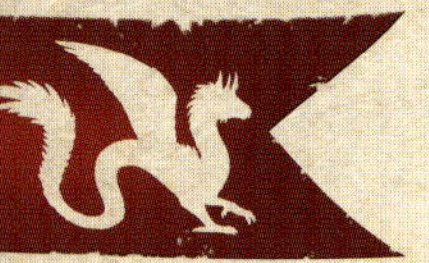

Aussehen

Wüstendämonen haben lange, schlangenartige Körper mit zwei kurzen Beinen, die vorn am Körper zu finden sind. Diese besitzen nur drei Krallen, zwei davon sind nach vorn, eine ist nach hinten gerichtet. Wie ein Greifvogel packen Wüstendämonen damit ihre Beute.
Die obere Hälfte des Kopfes dieser Drachenart ist von einer knöchernen Struktur bedeckt, die an eine Maske erinnert. Aus der Stirn ragt ein langes, dunkles Horn. Die Ohren sind lang und spitz zulaufend und können flexibel ausgerichtet werden. Dank seines guten Gehörs kann der Wüstendämon auch tief unten im Sand Bewegungen an der Oberfläche wahrnehmen.
Der Rückenkamm ist mit spitzen Federn bedeckt, die ebenfalls den Rücken bis zur Schwanzspitze säumen, wo sie sich breiter auffächern. Dank seiner wendigen Flügel, die in etwa oberhalb der kurzen Beine sitzen, kann der Wüstendämon auch kurze Strecken fliegen und auch aus der Luft angreifen. Die Flügel legt er eng an den Körper an, wenn er sich im Sand vergräbt.

SCHUPPEN

Die Schuppen sind klein und flach, die Oberfläche fühlt sich glatt an.

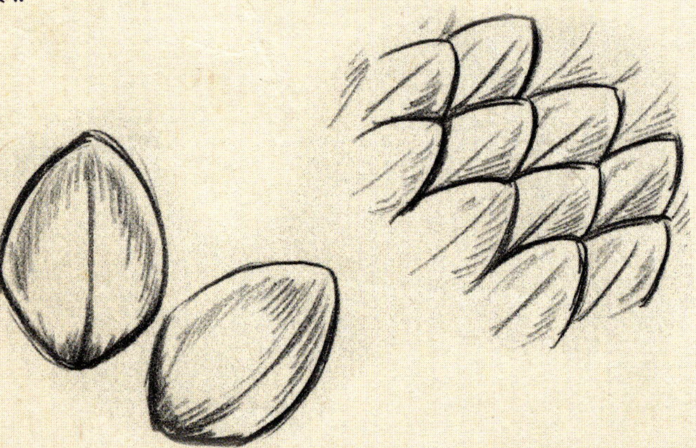

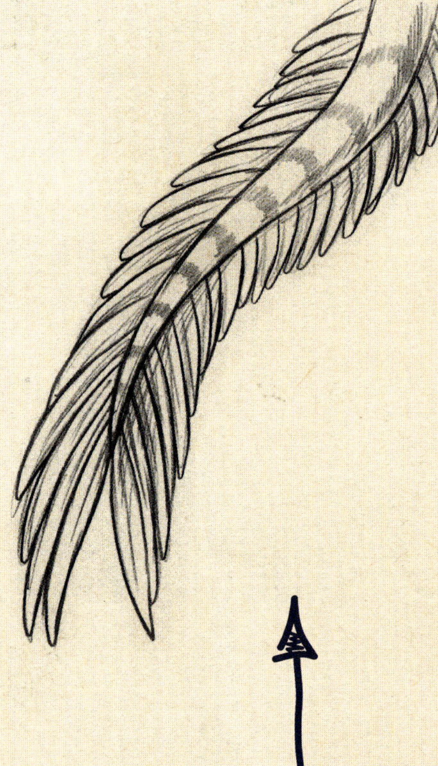

OHREN

Die Ohren sind das wichtigste Sinnesorgan des Drachen. Im Sand vergraben kann er selbst die kleinsten Geräusche und Vibrationen an der Oberfläche wahrnehmen und so seine Beute orten.

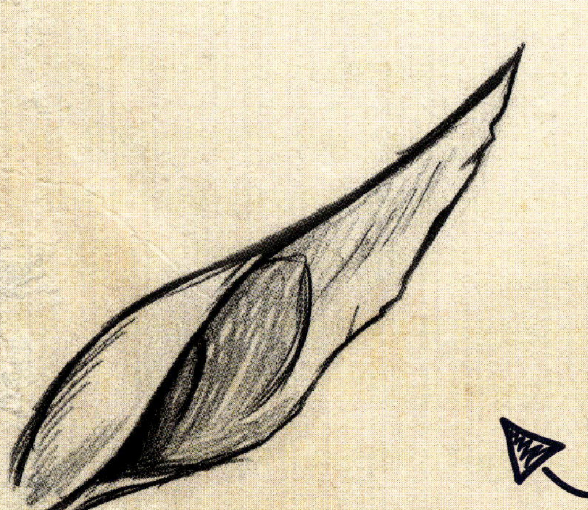

SCHWANZ

Die Federn am Schwanz verlaufen nicht auf dem oberen Kamm, sondern an den Seiten. Sie dienen im Flug als Steuer und können je nach Bedarf breit aufgefächert oder eng angelegt werden.

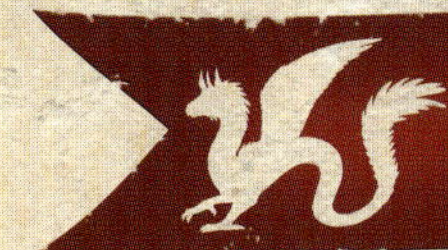

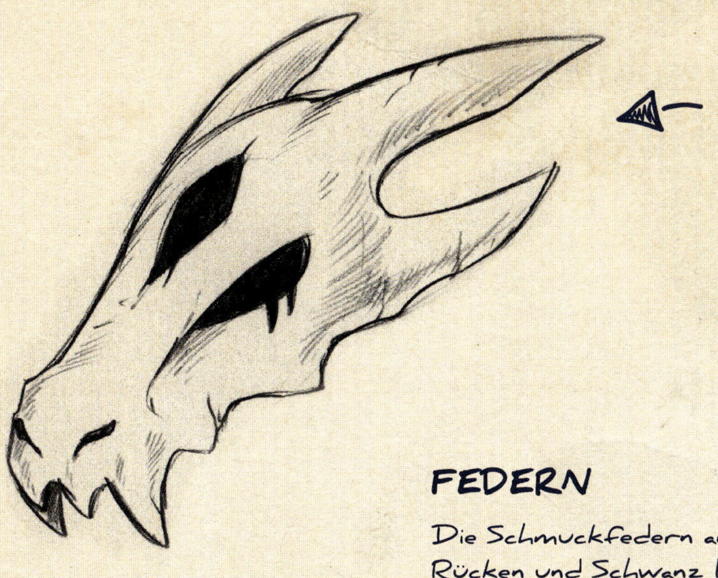

SCHÄDELMASKE

Diese knöcherne Struktur bedeckt den Schädel und den Oberkiefer des Wüstendämons. Aus ihr wachsen hinten hornartige Fortsätze heraus und vorn solche, die wie Reißzähne aussehen.

FEDERN

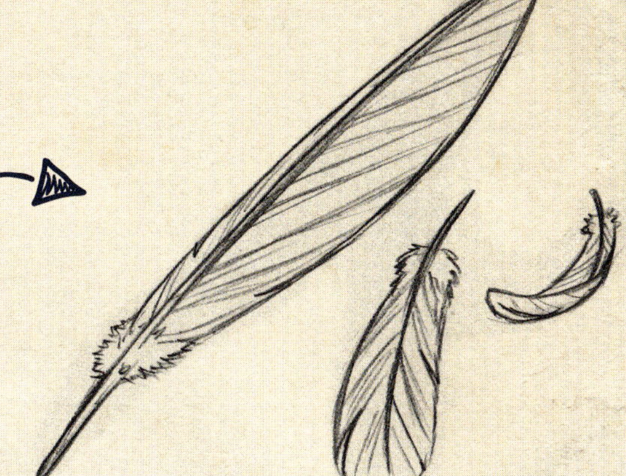

Die Schmuckfedern am Rücken und Schwanz laufen spitz zu, während einige Federn am Ellbogen oder auf den Flügeln etwas rundlicher und weicher sind.

HORN

Die Länge und Farbe des Horns verraten das Alter des Drachen. Je länger und dunkler, desto älter ist das Exemplar.

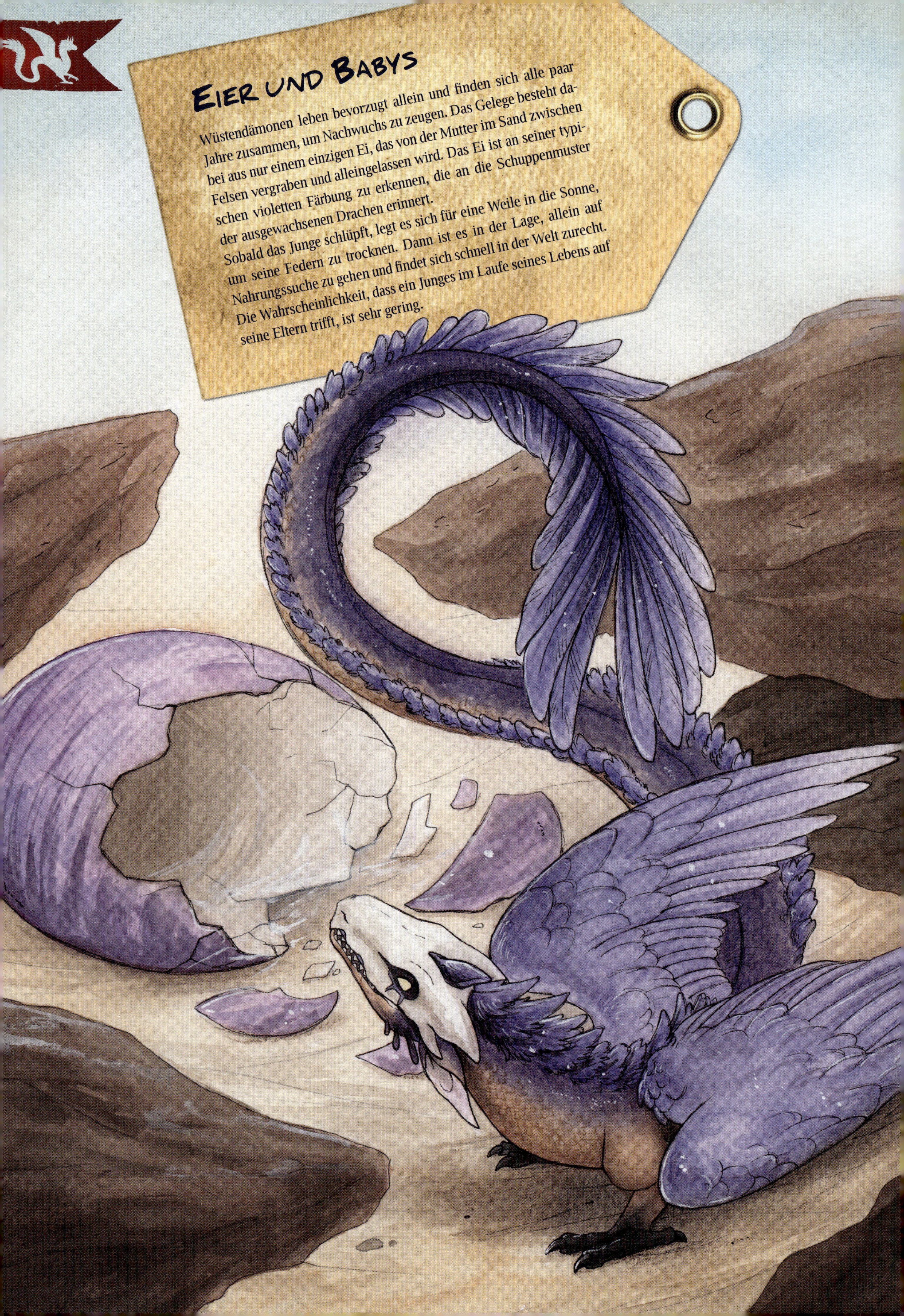

Eier und Babys

Wüstendämonen leben bevorzugt allein und finden sich alle paar Jahre zusammen, um Nachwuchs zu zeugen. Das Gelege besteht dabei aus nur einem einzigen Ei, das von der Mutter im Sand zwischen Felsen vergraben und alleingelassen wird. Das Ei ist an seiner typischen violetten Färbung zu erkennen, die an die Schuppenmuster der ausgewachsenen Drachen erinnert.

Sobald das Junge schlüpft, legt es sich für eine Weile in die Sonne, um seine Federn zu trocknen. Dann ist es in der Lage, allein auf Nahrungssuche zu gehen und findet sich schnell in der Welt zurecht. Die Wahrscheinlichkeit, dass ein Junges im Laufe seines Lebens auf seine Eltern trifft, ist sehr gering.

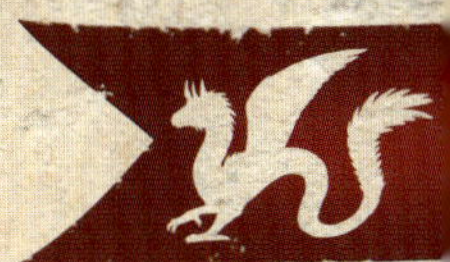

Emotionen bei Drachen zeichnen

In vielen Fantasygeschichten, -filmen und -spielen sind Drachen Wesen, die zu starken Emotionen fähig sind und diese auch über ihr Gesicht zum Ausdruck bringen können. Bekannte Beispiele dafür sind Ohnezahn aus „Drachenzähmen leicht gemacht“, Draco aus „Dragonheart“ oder Smaug aus „Der Hobbit“.
Aufregung, Wut, Trauer oder Langeweile – all das sind Empfindungen, die durch Mimik ausgedrückt werden können. Wie sich dies zeichnerisch umsetzen lässt, wird in diesem Tutorial erklärt.
Auf dem unten dargestellten neutral dreinblickenden Gesicht sind verschiedene Zonen markiert, die für verschiedene Gesichtsausdrücke wichtig sind.
Ihr Zusammenspiel bestimmt, welche Emotion ausgedrückt wird.

BLAU
markiert die „Augenbrauen“

GRÜN
die Augen

LILA
die Nase bzw. den Nasenrücken

ORANGE
die Mundpartie

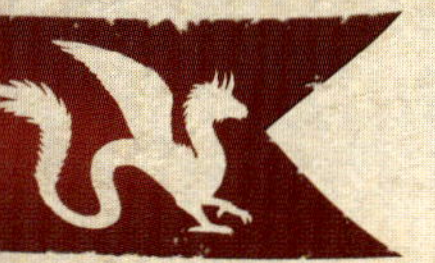

Neutraler Ausdruck

Wird an den markierten Zonen nichts verändert, bleibt der Gesichtsausdruck natürlich, ruhig und normal. Der Drache scheint gleichmütig zu beobachten und abzuwarten.

Ärger, Drohen

Dieser Drache zeigt eindeutig, dass es keine gute Idee wäre, sich ihm zu nähern. Die Augenbrauen sind nach vorn zusammengezogen, die Augen etwas verengt. Der obere Rand des Nasenrückens liegt in Falten und zeigt die Anspannung der Gesichtsmuskeln. Die Mundwinkel sind nach oben gezogen und die Zähne gebleckt.

Lächeln, Freude

Dieser Drache freut sich über etwas! Hier ist die Veränderung vom neutralen Gesichtsausdruck zu einem leichten Lächeln nicht besonders groß. Die Mundwinkel sind ein Stück hochgezogen und die Augenbrauen sind ebenfalls freundlich nach oben gerichtet.

Überraschung, Schock

Hier scheint es eine böse Überraschung gegeben zu haben! Dieser Drache ist sichtlich nicht darüber erfreut. Die Augenbrauen sind nach oben und zur Mitte zusammengezogen, die Augen sind geweitet. Eine kleinere Iris verstärkt diesen Effekt zusätzlich. Der Mund ist locker geöffnet und die Mundwinkel gehen leicht nach unten.

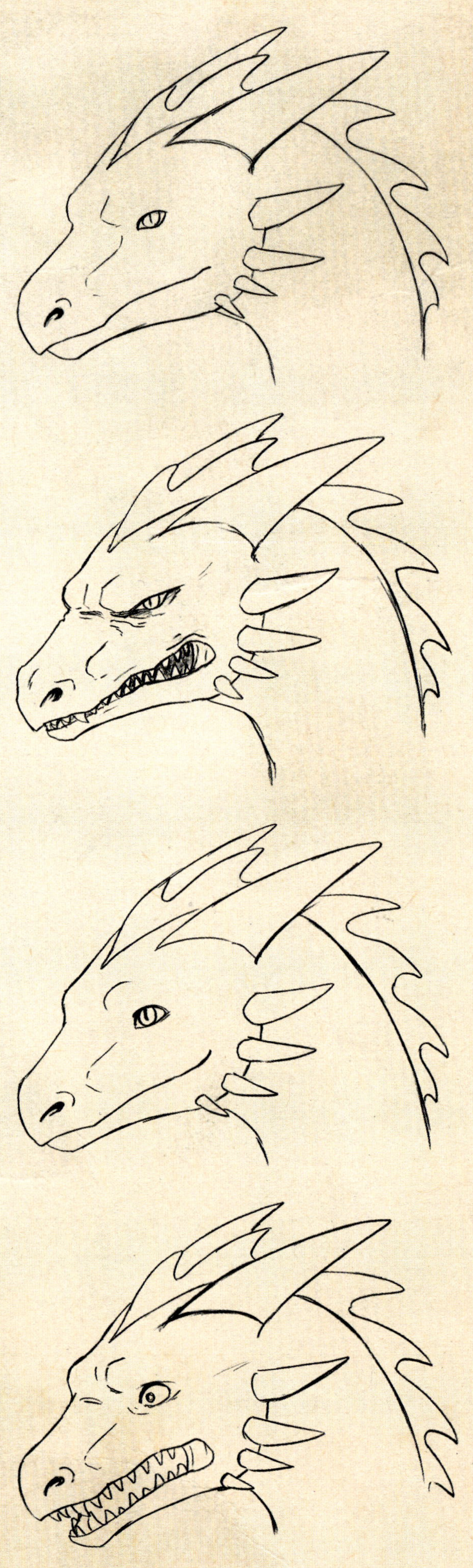

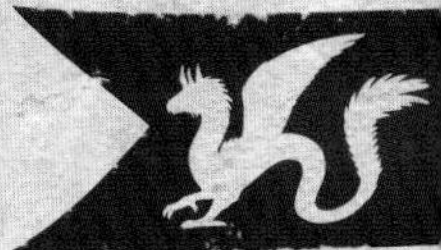

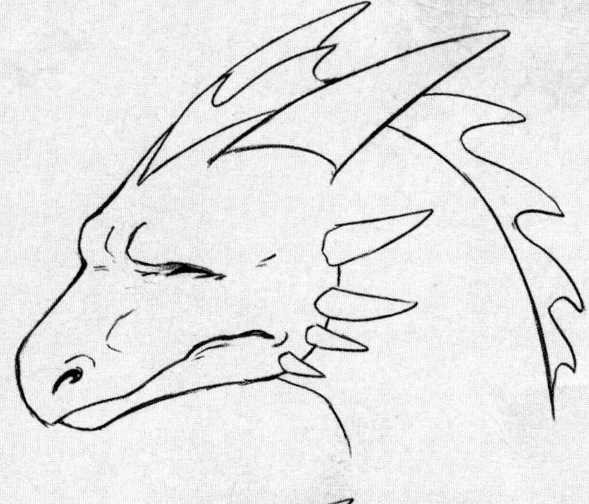

Trauer, Schmerz

Bei einem traurigen Gesichtsausdruck sind die Augen mit Kraft geschlossen und die Augenbrauen werden stark nach oben zur Mitte zusammengezogen. Es entstehen auch kleine Falten am Auge und am oberen Nasenrücken. Die Mundwinkel gehen weit nach unten.

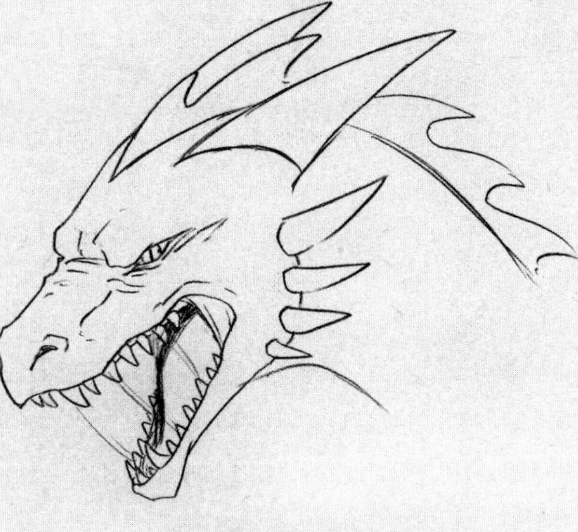

Wut

Diesem Drachen sollte man jetzt auf keinen Fall zu nahe kommen. Er hat vor Wut das Maul weit aufgerissen und alle Zähne sind deutlich erkennbar. Die Lippen sind ein wenig angehoben, sodass man in Teilen das Zahnfleisch sehen kann. Die Augen sind zu Schlitzen verengt und die Augenbrauen richten sich stark nach unten. Um die Augen, den Mundwinkel und den Ansatz des Nasenrückens herum liegen viele Falten, die die Anspannung im Gesicht zeigen.

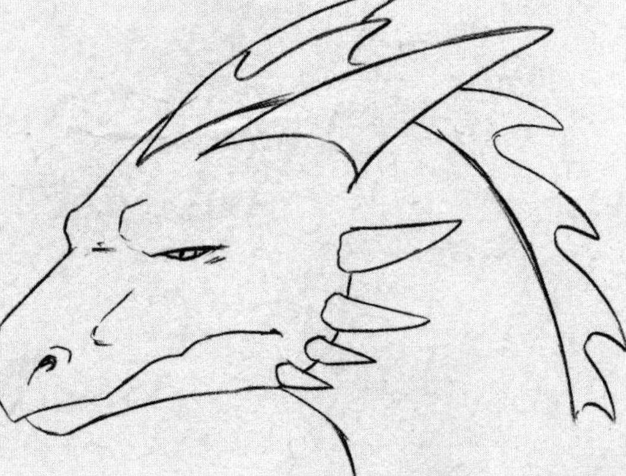

Langeweile, genervt

Ein genervter Ausdruck bedeutet halb geschlossene Augen, zusammengezogene Augenbrauen und Mundwinkel, die sich nach unten richten. Dieser Drache hat wohl keine Lust mehr und ist mit seiner Geduld am Ende.

Beobachten und Lernen

Für das Zeichnen von Emotionen ist es hilfreich, diese bei anderen Menschen oder gar bei Tieren zu beobachten. Wie verändert sich das Zusammenspiel der Gesichtszüge? Was bewirkt die Veränderung eines kleinen Details, zum Beispiel um von einem genervten Ausdruck zu einem wütenden zu kommen? Wie verändert sich das Gesicht bei Hunden, wenn sie knurren oder bei Katzen, wenn sie fauchen?

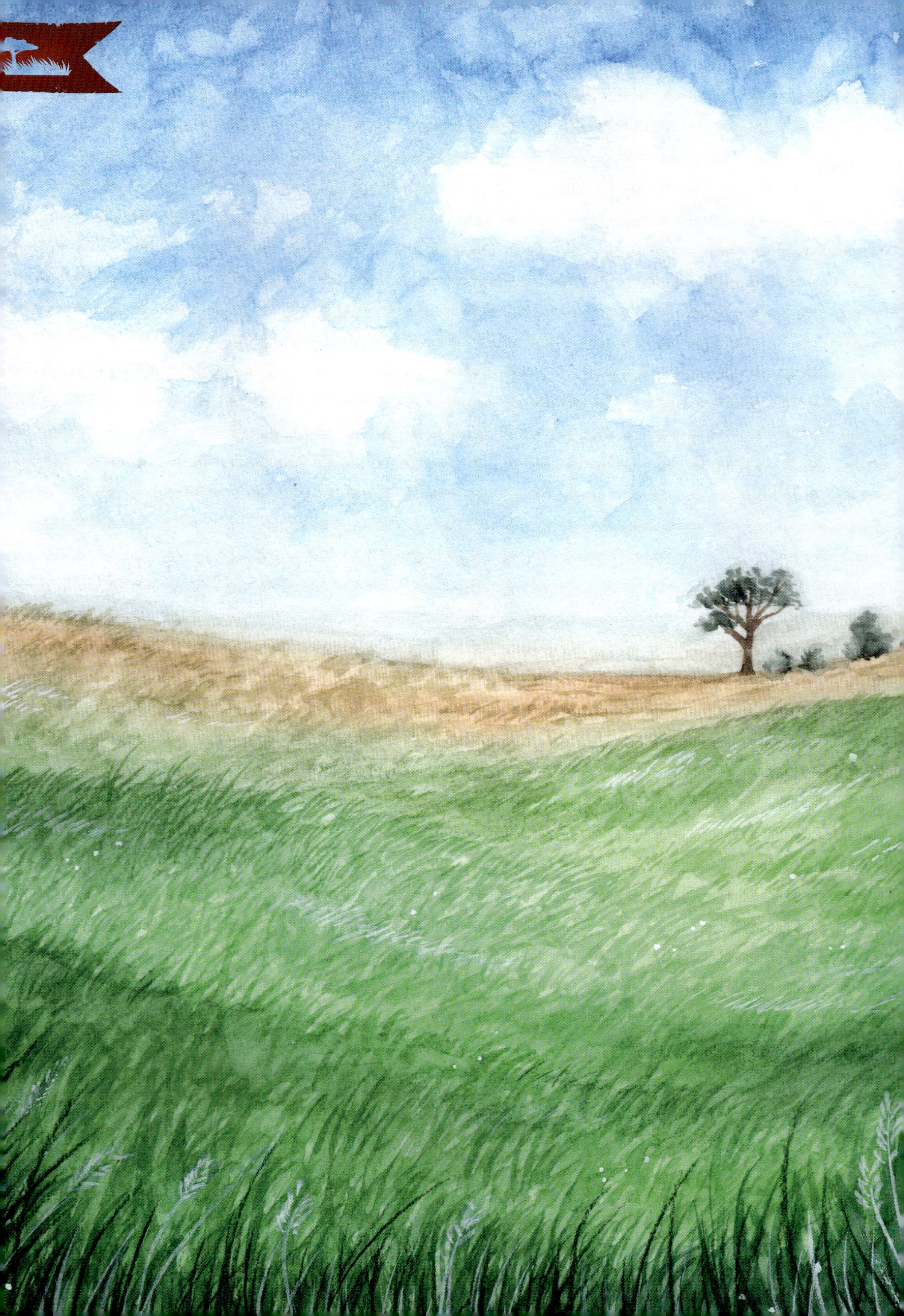

Grasland und Steppe

Während der Nordosten des Kontinents von einer mächtigen Wüste beherrscht wird, sind der Nordwesten und die Mitte von weitläufigem Steppen- und Grasland bedeckt. Im Umkreis der Wüste wächst auf meist trockenem Boden hohes, gelbliches Gras, das nach und nach in eine satte, grüne Wiese übergeht, umso weiter die Wüste entfernt ist.

Sowohl in der Steppe als auch im Grasland sind ab und zu ein paar kleine Bäume und Büsche zu finden, die auf Flächen mit kürzerem Gras oder an den Ufern von Teichen und Flüssen wachsen. In diesem Gebiet ist es oft warm und windig, wobei die Temperaturen in Richtung des üppigen Graslandes im Westen kühler werden, da die Hitze der Wüste hier endgültig ihren Einfluss verliert.

Die große offene Fläche scheint auf den ersten Blick wenig Schutz zu bieten, doch die Lebewesen, die hier heimisch geworden sind, haben sich die Umgebung zunutze gemacht. Viele kleinere Tiere verstecken sich im hohen Gras oder graben in den weitläufigen Hügeln unterirdische Bauten. Andere wiederum leben in großen Herden und ziehen durch das Land. Besonders verbreitet ist in diesem Gebiet die Spezies der Steppendrachen – gefährliche, gerissene Jäger, die lautlos durch die grasbewachsenen Felder schleichen und blitzschnell zuschlagen.

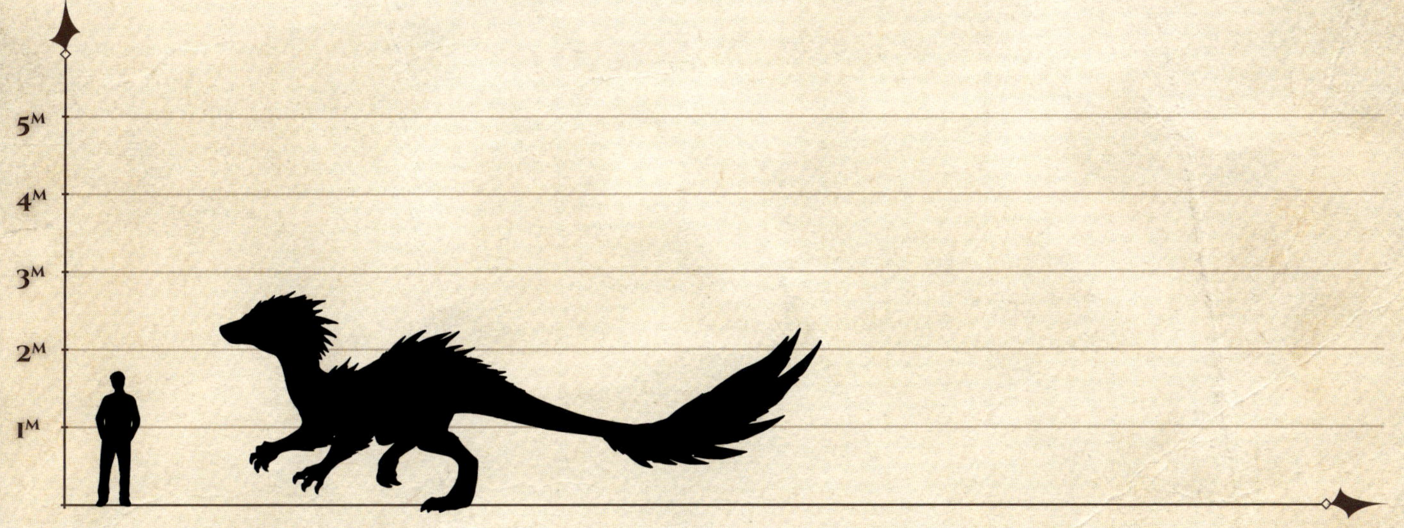

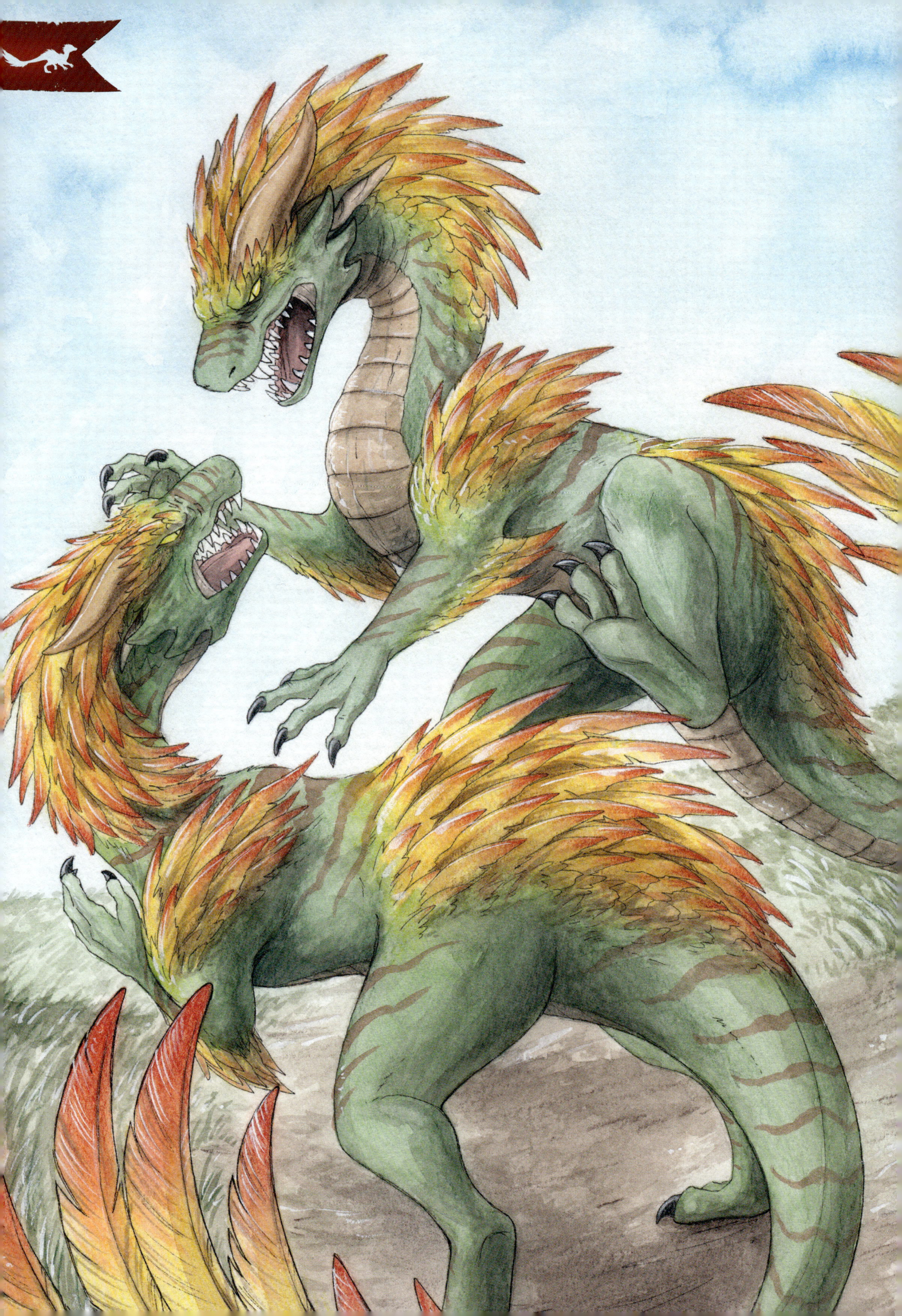

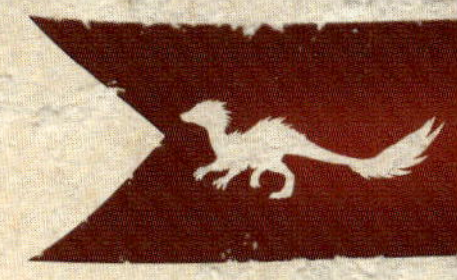

Steppendrache

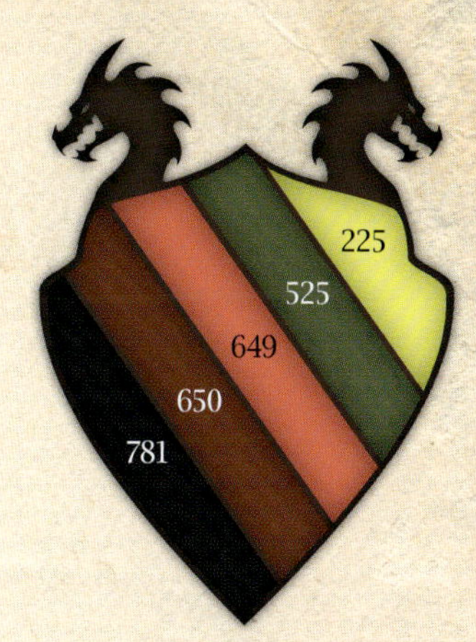

Schnell, präzise, tödlich: Der Steppendrache gilt als das gefährlichste Wesen auf den weiten Grasebenen des Kontinents. Eine Begegnung mit diesem sehr leicht reizbaren Drachen sollte daher unter allen Umständen vermieden werden.

Im weiten, hügeligen Steppengebiet, das Richtung Süden und Westen langsam in grünes Grasland übergeht, ist der Steppendrache zu Hause. Er ist ein flinker Jäger, der dank seiner kräftigen Hinterbeine auf kurzen Strecken unglaubliche Geschwindigkeiten erreichen kann. Wenn er sich nah genug an seine Beute herangepirscht hat, schnellt er aus dem hohen Gras hervor und auf sein Opfer zu, das kaum eine Chance hat, zu entkommen.

Steppendrachen gelten als sehr aggressive Zeitgenossen, für die unumstößlich das Recht des Stärkeren gilt. Wenn es Meinungsverschiedenheiten gibt oder andere Drachen in das Revier eindringen, gehen diese Drachen schnell auf Angriff. Zwar leben Steppendrachen meistens in Gruppen von bis zu zwölf Drachen, doch auch hier kommt es untereinander häufig zu Kämpfen – sei es um die Rangordnung, das Futter oder aus einer Laune heraus. Sehr selten jedoch wird das Oberhaupt der Gruppe angegriffen, denn jeder Drache weiß, dass er diesem an Stärke meist weit unterlegen ist.

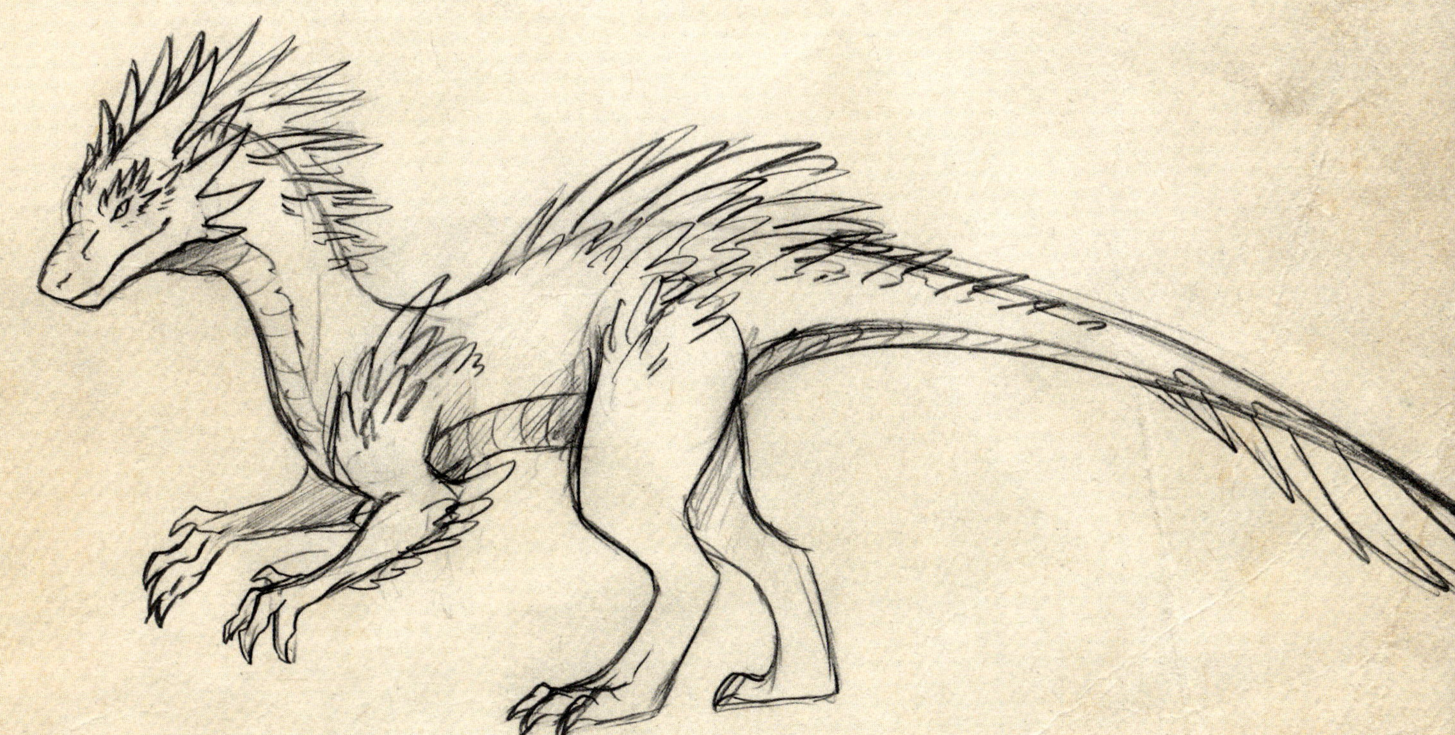

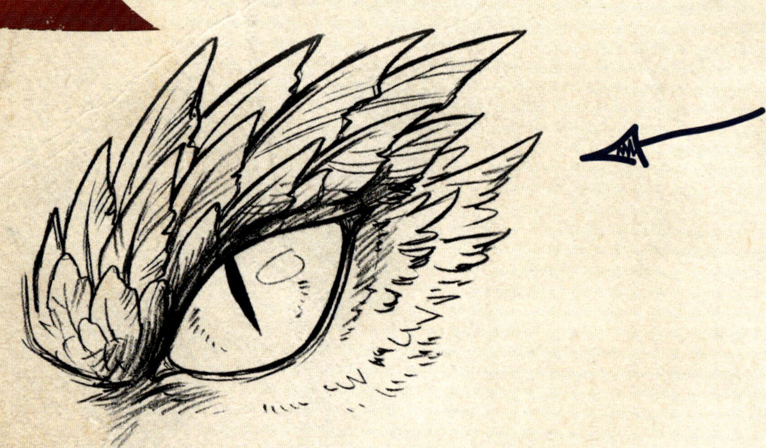

AUGEN

Steppendrachen können sehr gut bei Tageslicht sehen und besitzen regelrechte Adleraugen. Bei Nacht hingegen sind sie nahezu blind, weshalb sie nachts im Schutz der Gruppe schlafen.

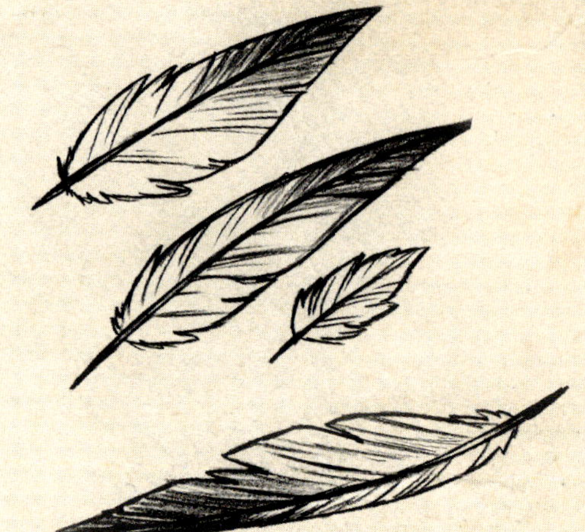

FEDERN

Federn bedecken einen Großteil des Körpers dieser Drachenart, dabei variiert die Form der einzelnen Federn stark. Die längeren Exemplare sind meist gelblich und färben sich zur Spitze hin rostbraun.

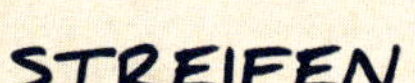

STREIFEN

Der Körper der Steppendrachen ist mit rostbraunen Streifen verziert. Sie dienen vermutlich der zusätzlichen Tarnung im hohen Gras der Steppe, in welchem diese Drachen sich an ihre Beute heranpirschen.

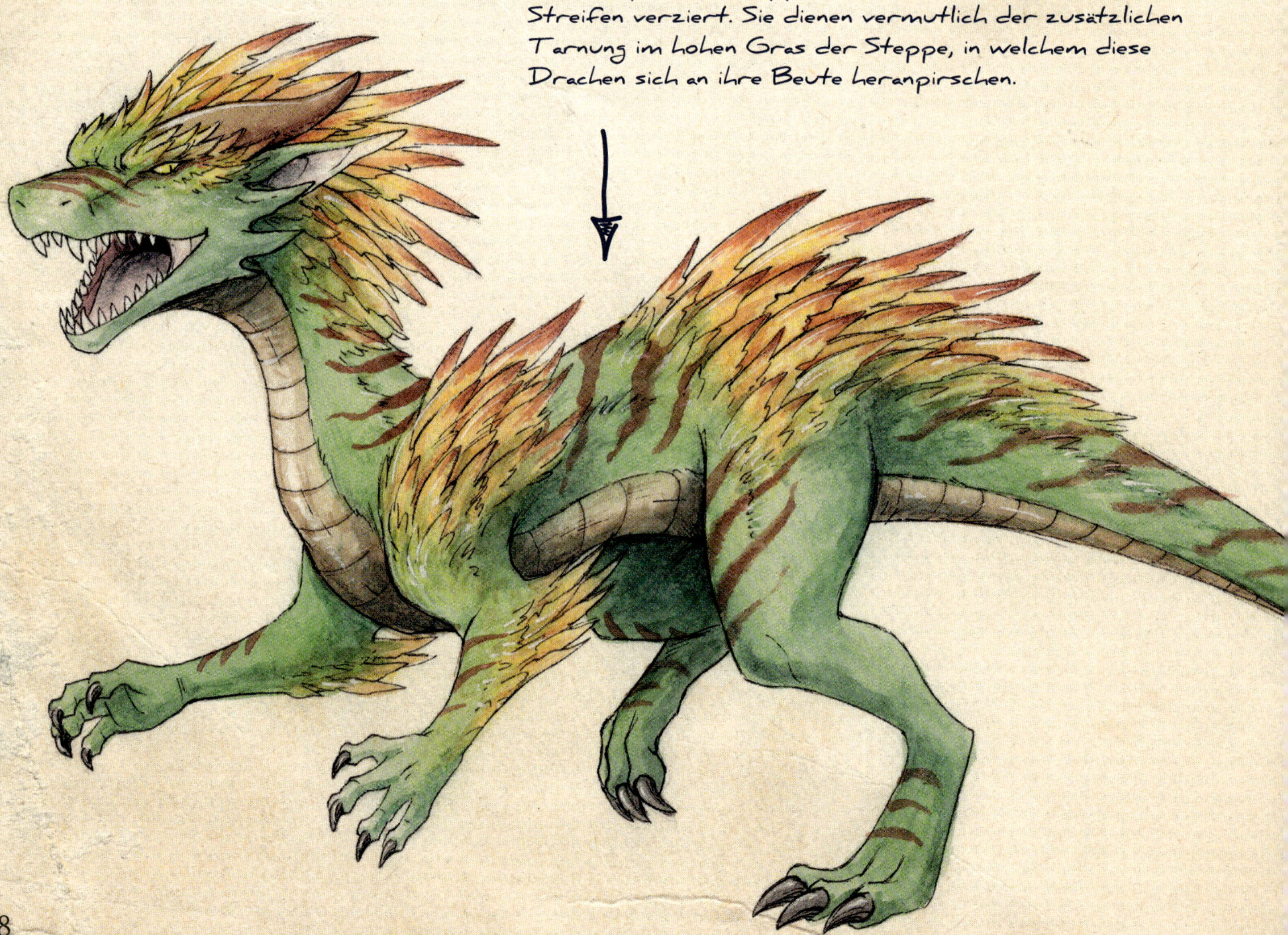

OHREN

Die Ohren laufen spitz zu und können nur leicht nach oben oder unten bewegt werden. Steppendrachen haben ein gutes Gehör, doch da ihre Augen und ihre Nase noch feiner sind, verlassen sie sich meist auf diese Sinne.

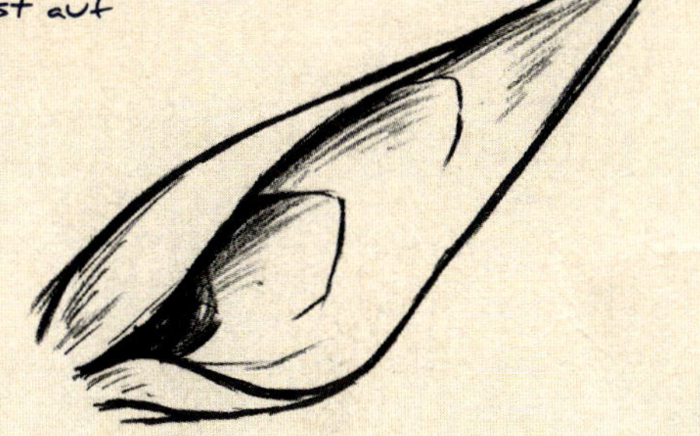

Aussehen

Steppendrachen haben schmale, wendige Körper und kräftige Hinterbeine, auf denen sie sich rasant fortbewegen können. Ihre kürzeren Vorderbeine mit den langen, fingerartigen Klauen dienen dazu, bei der Jagd die Beute zu packen und festzuhalten. Steppendrachen besitzen eine breite, flache Schnauze, rundliche Hörner und spitz zulaufende Ohren, die nach hinten gerichtet sind. An Kopf und Nacken, den Schultern, an der Hüfte und der Schwanzspitze wachsen spitz zulaufende Federn, doch auch der Rest des Körpers ist fast vollständig mit kleinen Federn bedeckt. Durch die häufigen Kämpfe sind die langen Federn meist zerzaust oder kaputt, was diesem Drachen ein gefährlicheres Aussehen verleiht.

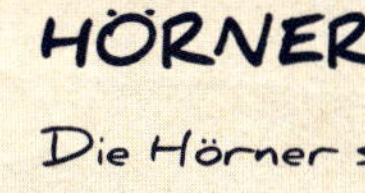

HÖRNER

Die Hörner sind leicht gebogen und rund in ihrer Form. Sie liegen recht flach am Schädel an.

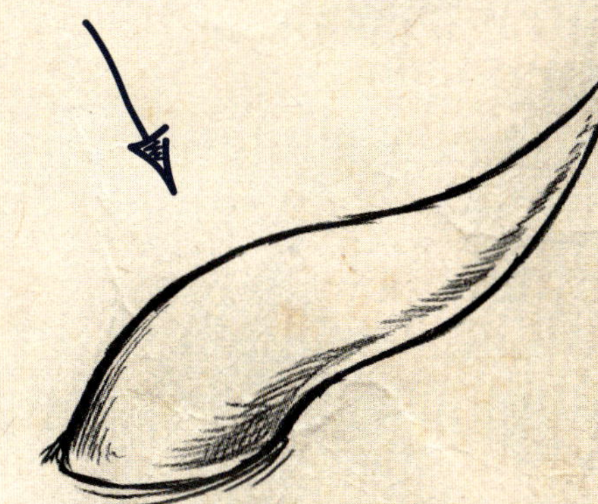

SCHWANZFEDERN

Das Ende des langen Schwanzes ist mit länger werdenden, spitzen Federn gesäumt, die sich parallel gegenüberstehen. Vermutlich dienen sie nur der Zierde.

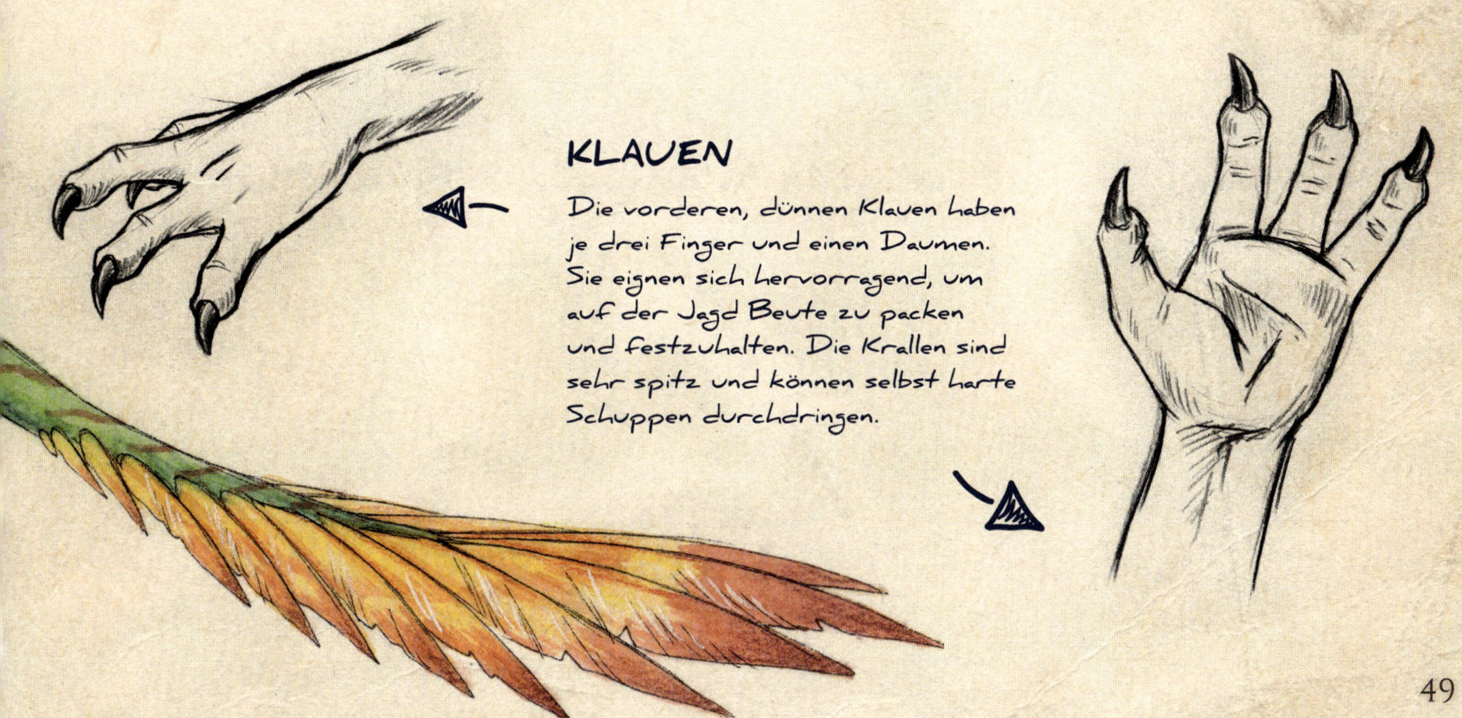

KLAUEN

Die vorderen, dünnen Klauen haben je drei Finger und einen Daumen. Sie eignen sich hervorragend, um auf der Jagd Beute zu packen und festzuhalten. Die Krallen sind sehr spitz und können selbst harte Schuppen durchdringen.

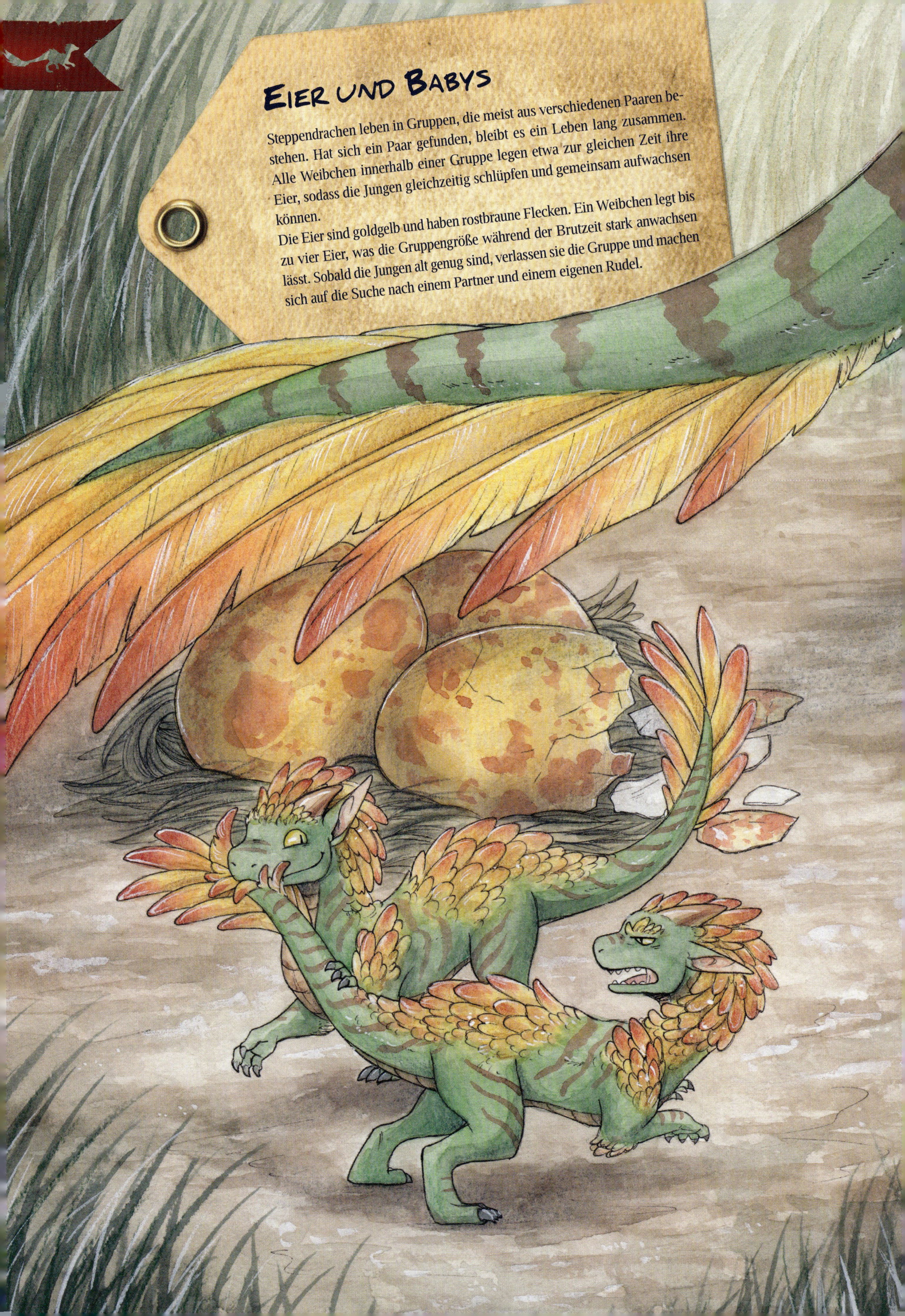

Eier und Babys

Steppendrachen leben in Gruppen, die meist aus verschiedenen Paaren bestehen. Hat sich ein Paar gefunden, bleibt es ein Leben lang zusammen. Alle Weibchen innerhalb einer Gruppe legen etwa zur gleichen Zeit ihre Eier, sodass die Jungen gleichzeitig schlüpfen und gemeinsam aufwachsen können.

Die Eier sind goldgelb und haben rostbraune Flecken. Ein Weibchen legt bis zu vier Eier, was die Gruppengröße während der Brutzeit stark anwachsen lässt. Sobald die Jungen alt genug sind, verlassen sie die Gruppe und machen sich auf die Suche nach einem Partner und einem eigenen Rudel.

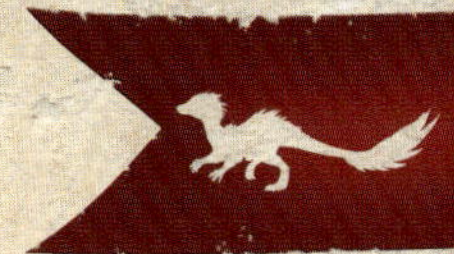

Drachen in Umgebungen platzieren: Bildaufbau und Perspektive

Eine gelungene Bildkomposition und ein dynamisches Motiv sind wichtige Gestaltungselemente und vermitteln Interesse beim Betrachter. In diesem Tutorial wird gezeigt, auf was dabei geachtet werden kann und mit welchen einfachen Methoden ein Drache nicht nur alleinstehend, sondern umgeben von einer passenden Szenerie gezeichnet werden kann. Die Inhalte aus den Kapiteln „Perspektive" und „Dynamische Posen" finden hier erneute Anwendung.

Dynamik durch Perspektive

Wenn ein Bild eine Geschichte erzählen soll, kann die dazu passende Perspektive dabei hilfreich sein. Diese beiden Skizzen zeigen ein ähnliches Motiv, allerdings aus zwei unterschiedlichen Ansichten. Um den Drachen in seiner vollen Pracht zu zeigen, ist der Bildausschnitt in **Beispiel I** deutlich besser geeignet. Es ist der gesamte Körper zu sehen.

Beispiel II wirkt dagegen dynamischer und hält den Blick länger fest: Der Drache schaut den Betrachter von oben herab an, als würde er auf diesen zufliegen und sich bereitmachen, zuzupacken. Durch den engeren Bildausschnitt wirkt er sehr nah und kurz vor seinem Ziel.

II

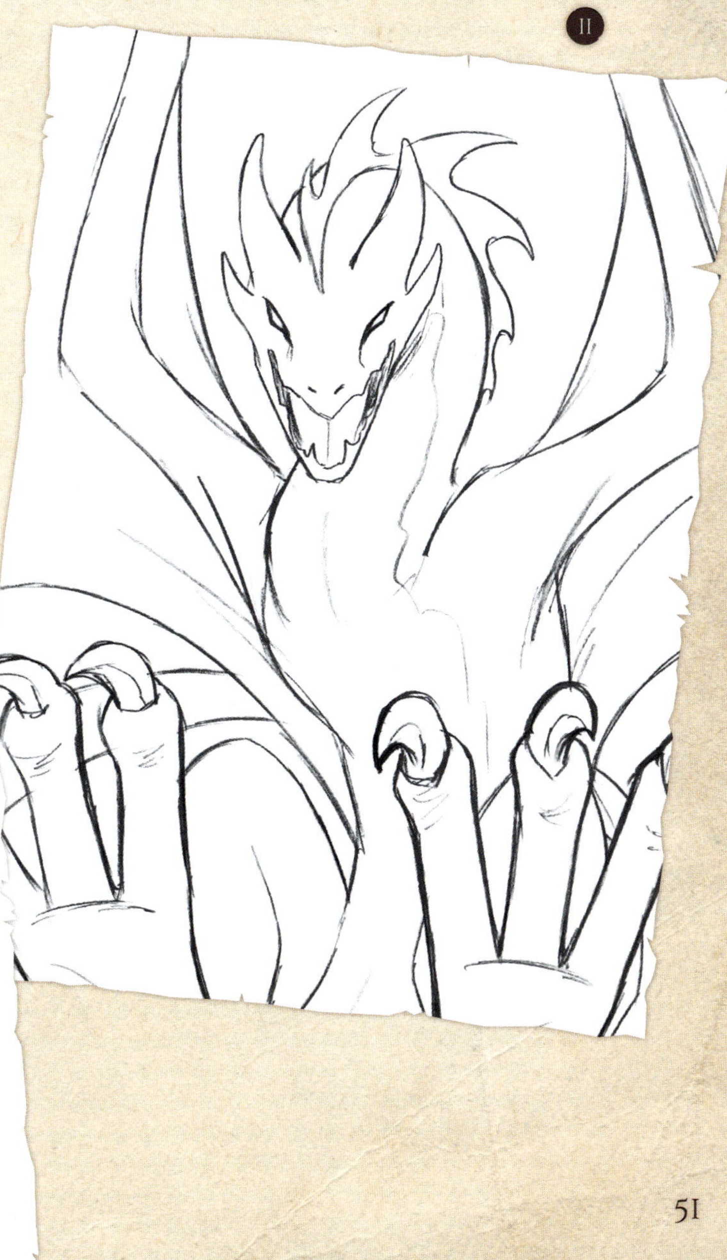

I

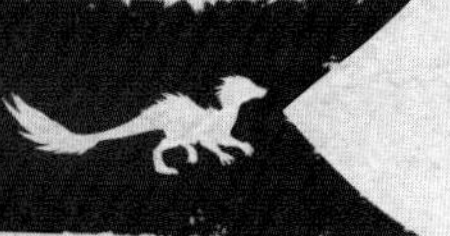

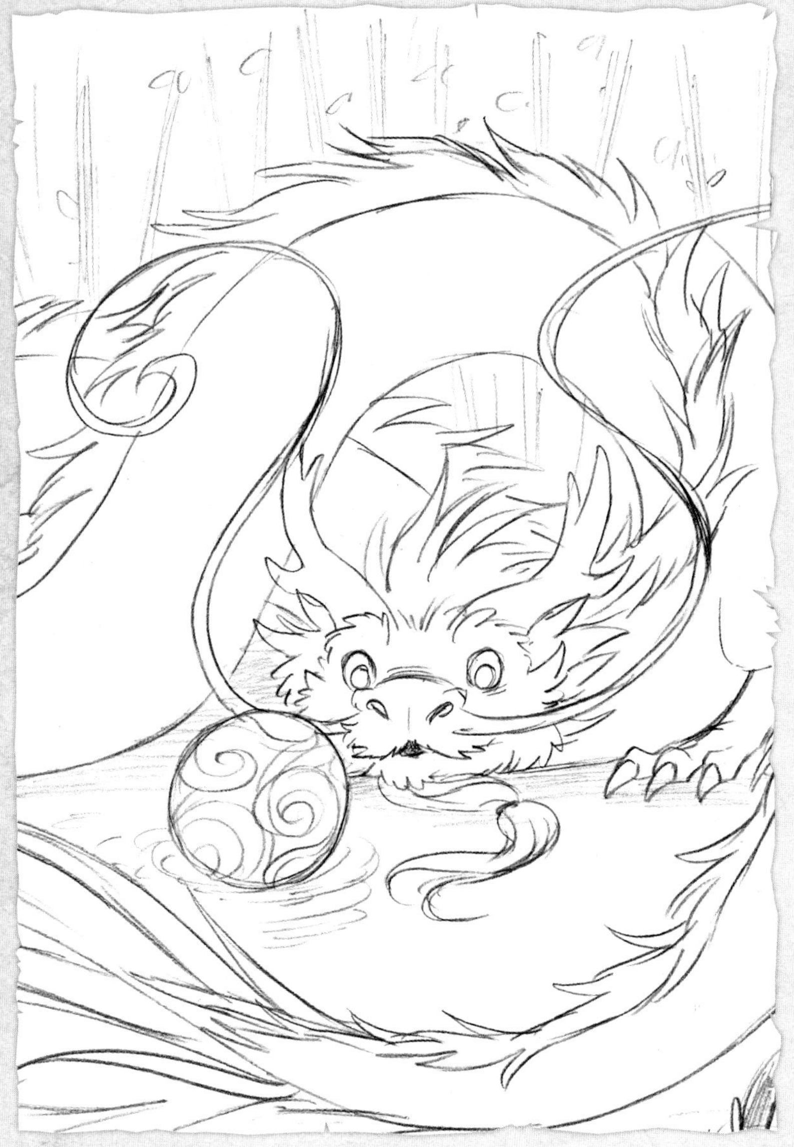

Hochformat oder Querformat?

Hochformat, Querformat, quadratisch oder ein Panoramaformat? Es gibt viele unterschiedliche Möglichkeiten, das Format eines Bildes zu gestalten. Bevor man mit dem Zeichnen beginnt, ist es hilfreich, sich darüber Gedanken zu machen, was auf dem Motiv zu sehen sein soll und welches Format das Bild am Ende am besten unterstützt.

Das Beispiel auf dieser Seite zeigt dasselbe Motiv, einmal im Hochformat und einmal im Querformat. Ein Querformat hat hier den Vorteil, dass mehr vom Körper des Drachen gezeigt werden kann. Die Szene wirkt harmonisch, da der lange Körper des Drachen den Mittelpunkt (die Kugel) einrahmt.

Das gleiche Bild wirkt im Hochformat bedeutend enger, da der Körper zum großen Teil nicht sichtbar ist. Dafür wird das Gefühl vermittelt, etwas näher am Drachen zu sein. Darüber hinaus lässt sich der Hintergrund nach oben hin weiter ausarbeiten und zeigen, dass der Drache sich in einem dichten, hohen Bambuswald befindet.

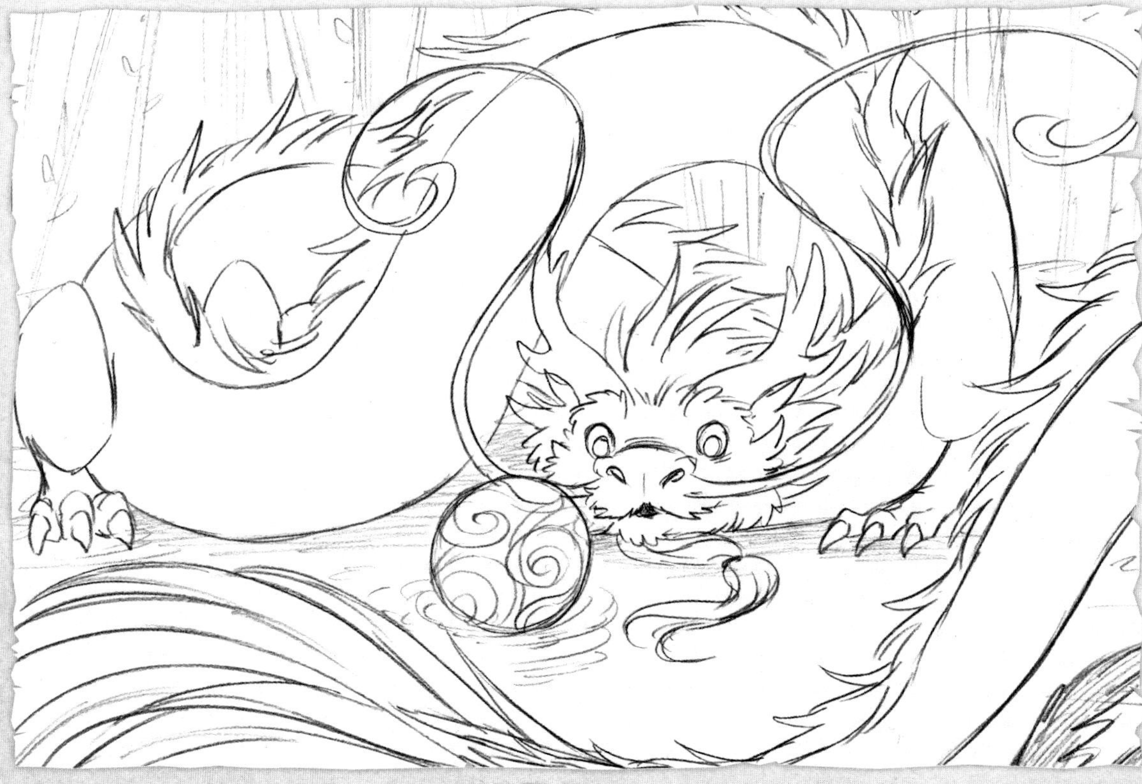

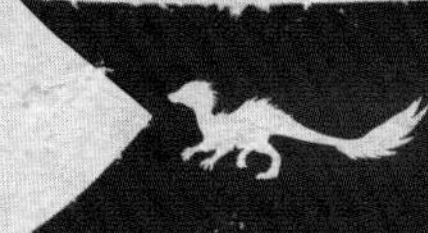

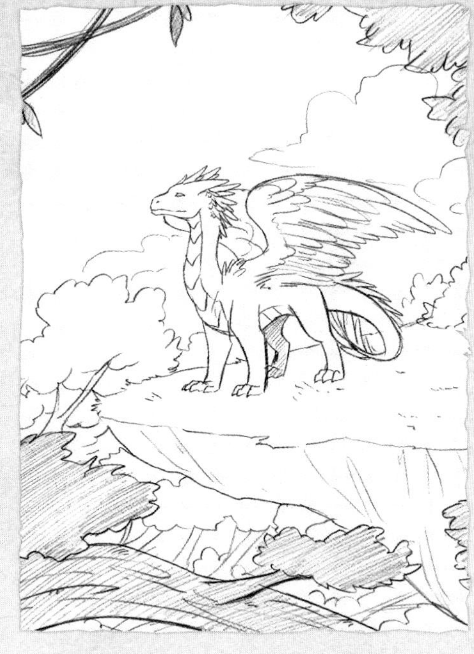

Vorder- und Hintergrund

Ein Drache auf Erkundungstour in seinem Revier. Von diesem Felsvorsprung aus kann er das Gebiet gut im Blick behalten. Der Fokus in diesem Bild liegt weniger auf dem Drachen selbst, als auf dem Drachen im Zusammenspiel mit seiner Umgebung.
Durch die Elemente im Vordergrund, die das Bild einrahmen, wirkt es, als würde der Betrachter den Drachen ungestört beobachten können. In diesem Bild gibt es drei Ebenen: Den Hintergrund mit dem Himmel und ein paar Bäumen, den Felsen mit dem Drachen und die Äste und Blätter im Vordergrund. Je nach Größe und Anordnung verleihen diese Ebenen dem Bild mehr Tiefe: Alles im Vordergrund ist deutlich größer, während die Bäume hinter dem Drachen kleiner werden.
Auch durch die Farbgebung bei der Koloration lässt sich dieser Effekt verstärken, indem von Hell nach Dunkel gearbeitet wird. In diesem Fall wäre der Hintergrund am hellsten, wohingegen die Vordergrundelemente dunkler werden und im Schatten liegen. Dieses Schema lässt sich auch umgekehrt anwenden: Der Himmel könnte ein Nachthimmel sein, während von vorn eine Lichtquelle die Szene beleuchtet.

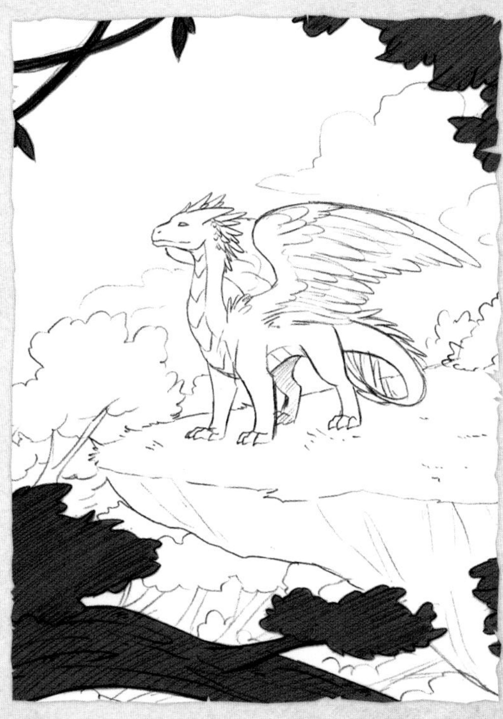

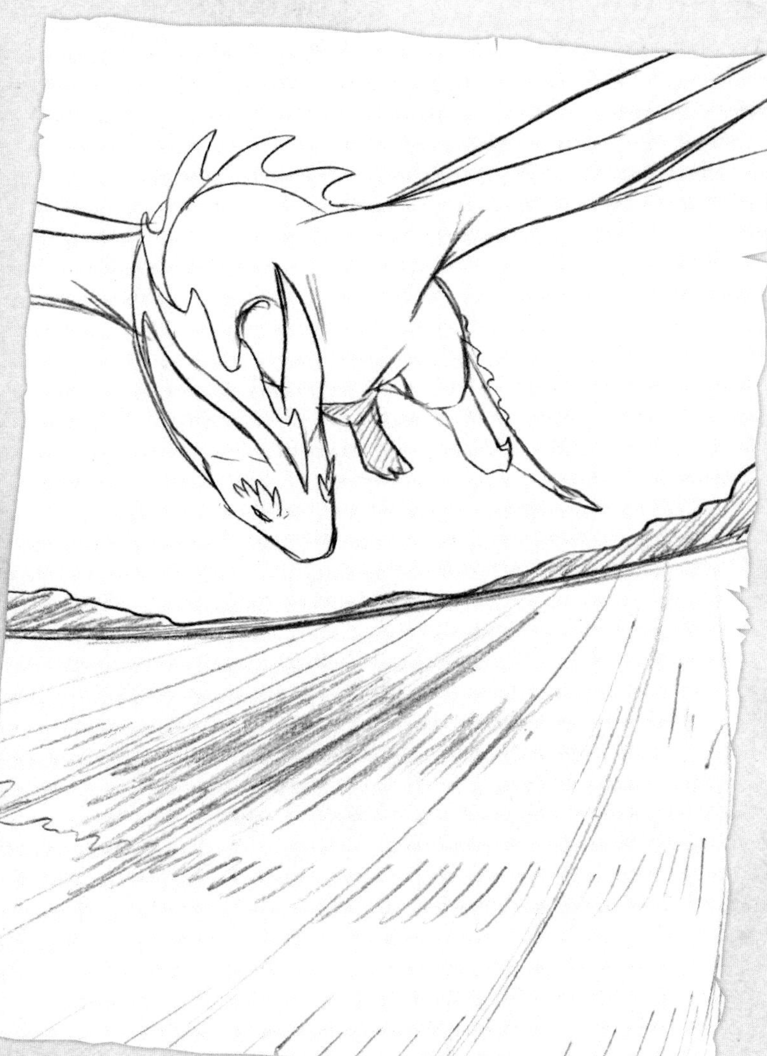

Ein bisschen schief darf's sein

Dieser Drache fliegt über einen See hinweg und scheint sehr schnell nur wenige Meter über dem Wasser entlangzugleiten. Durch die Perspektive sieht es so aus, als würde der Drache nach vorne fliegen. Die Spannung in dieser Szene wird vor allem durch den leicht gekippten und im Weitwinkel verformten Hintergrund erzeugt, da dieser im Zusammenspiel mit dem Drachen dafür sorgt, dass er sich mit großer Schnelligkeit zu bewegen scheint.
Es lohnt sich, mit der Ausrichtung des Hintergrunds zu experimentieren. Bei dynamischen Szenen macht es schon viel aus, den Hintergrund ein wenig in die Richtung der Bewegung zu kippen oder diesen leicht gebogen (wie im Weitwinkel) zu zeichnen, um die Bewegungen zu unterstreichen.

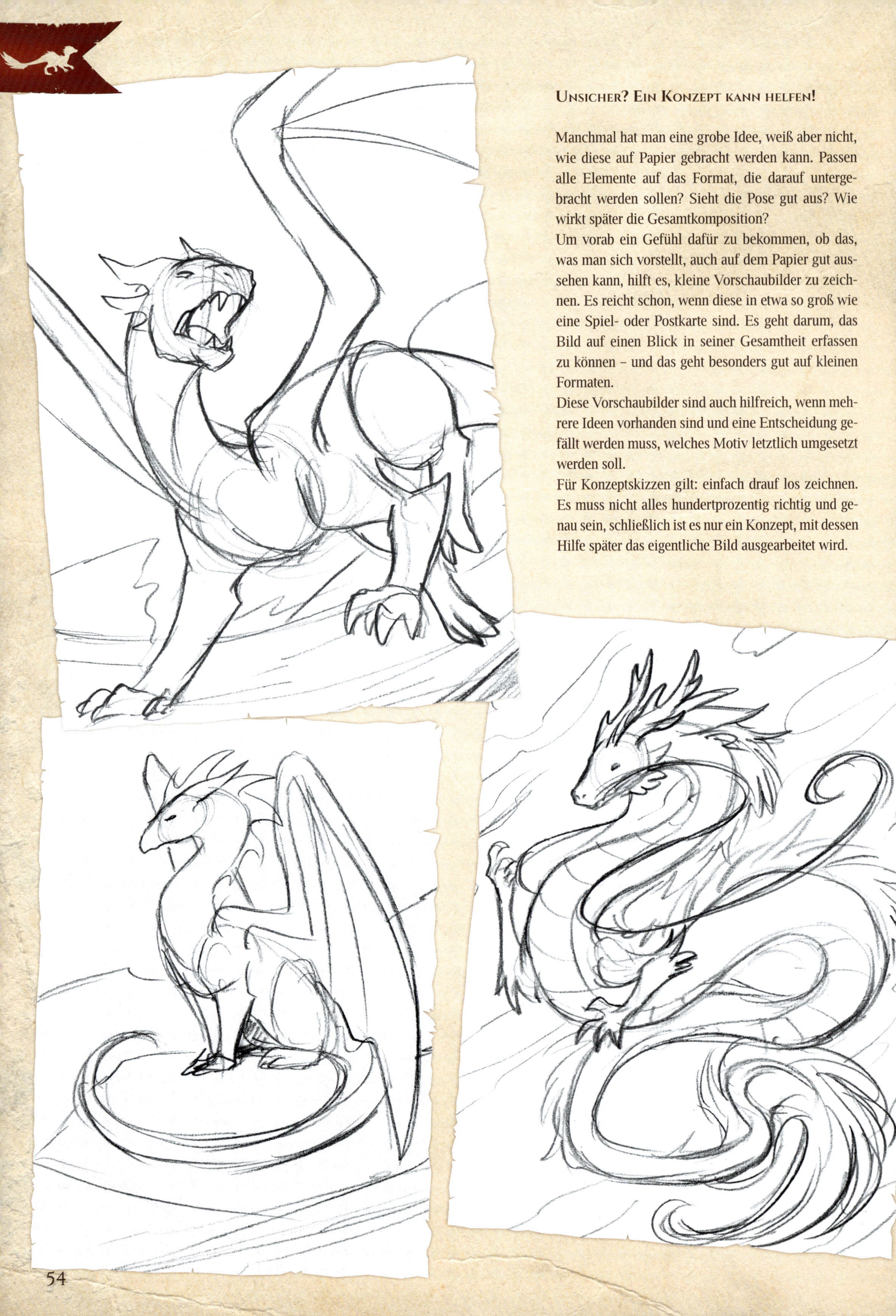

Unsicher? Ein Konzept kann helfen!

Manchmal hat man eine grobe Idee, weiß aber nicht, wie diese auf Papier gebracht werden kann. Passen alle Elemente auf das Format, die darauf untergebracht werden sollen? Sieht die Pose gut aus? Wie wirkt später die Gesamtkomposition?

Um vorab ein Gefühl dafür zu bekommen, ob das, was man sich vorstellt, auch auf dem Papier gut aussehen kann, hilft es, kleine Vorschaubilder zu zeichnen. Es reicht schon, wenn diese in etwa so groß wie eine Spiel- oder Postkarte sind. Es geht darum, das Bild auf einen Blick in seiner Gesamtheit erfassen zu können – und das geht besonders gut auf kleinen Formaten.

Diese Vorschaubilder sind auch hilfreich, wenn mehrere Ideen vorhanden sind und eine Entscheidung gefällt werden muss, welches Motiv letztlich umgesetzt werden soll.

Für Konzeptskizzen gilt: einfach drauf los zeichnen. Es muss nicht alles hundertprozentig richtig und genau sein, schließlich ist es nur ein Konzept, mit dessen Hilfe später das eigentliche Bild ausgearbeitet wird.

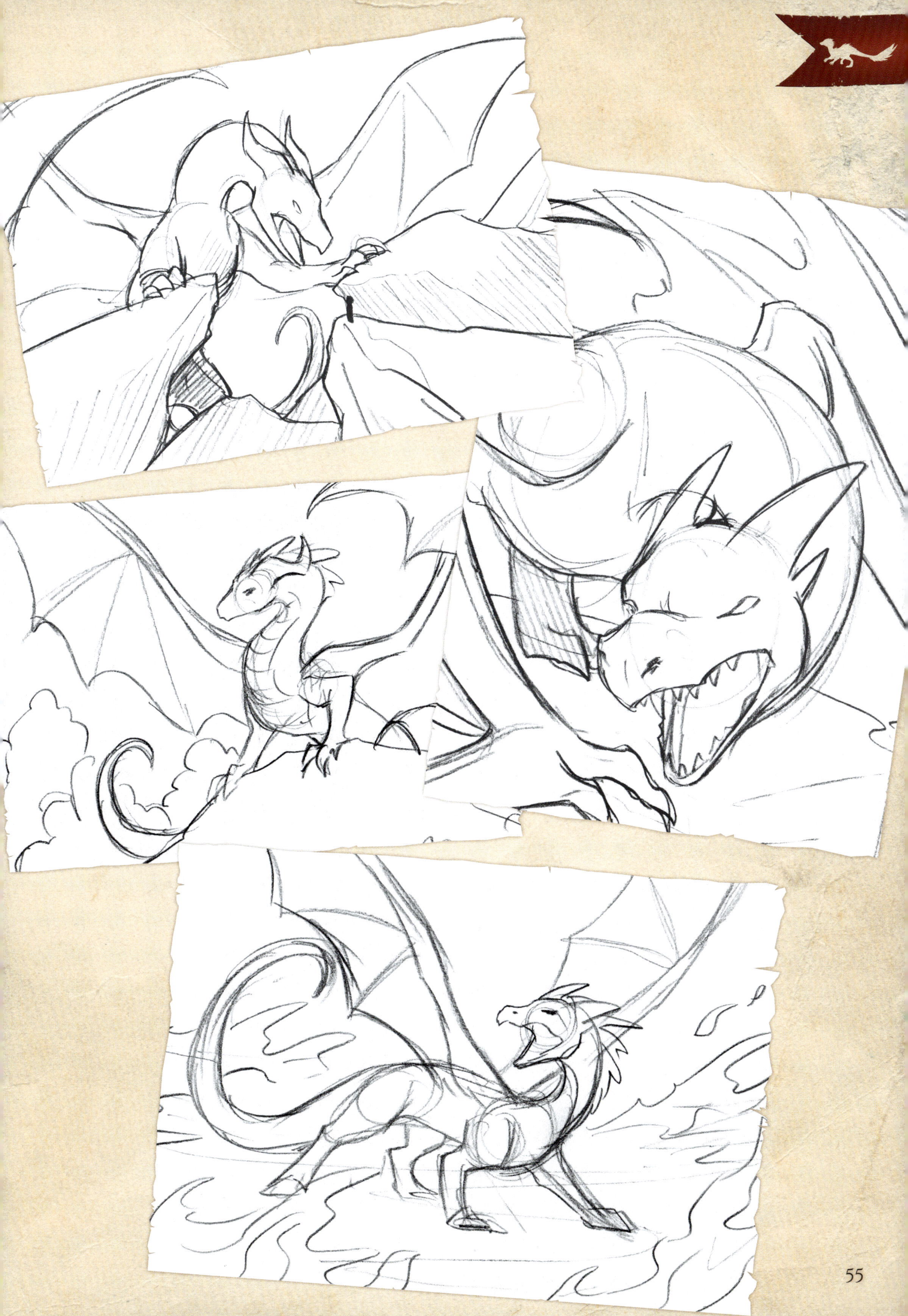

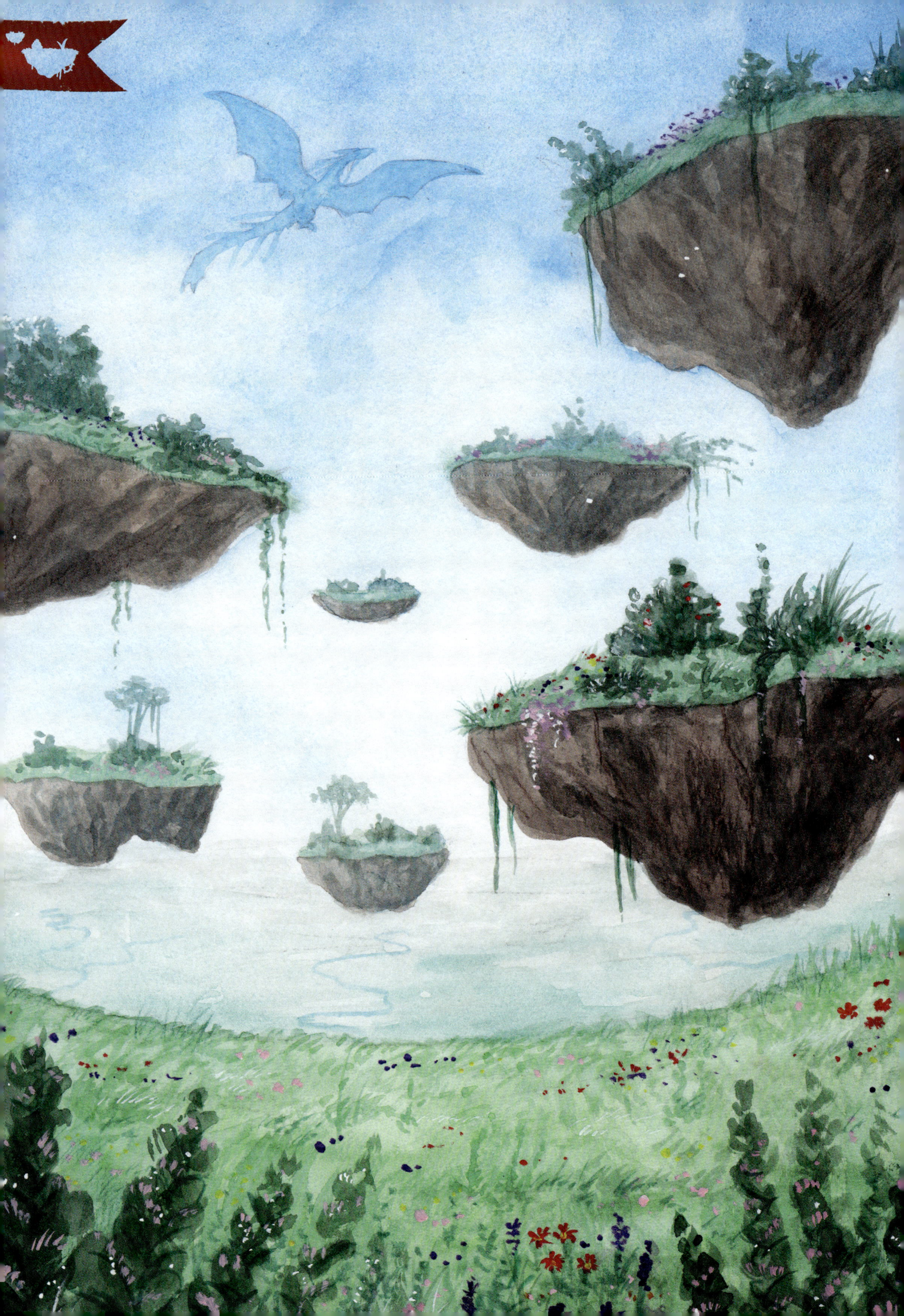

Fliegende Inseln

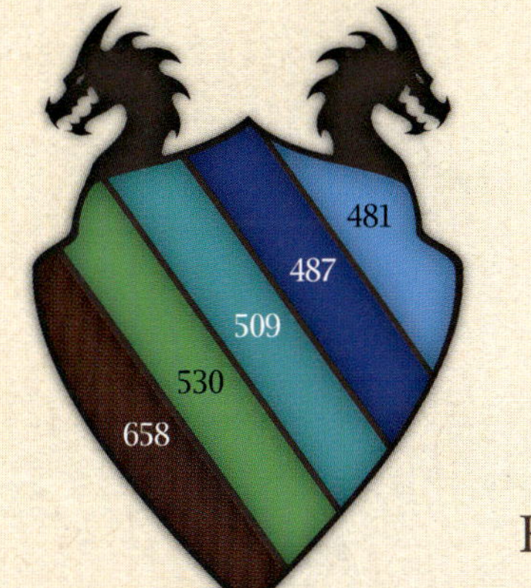

Die Bucht im Westen bietet einen erstaunlichen Anblick: Größere und kleinere Inseln scheinen dort von der Schwerkraft unberührt in der Luft zu schweben, als hätten sie sich eines Tages einfach vom darunterliegenden Festland losgelöst.

Die fliegenden Inseln des Drachenkontinents bestehen aus einer meist ebenen Oberfläche und einer Basis aus hartem Gestein. Sie variieren in ihrer Größe. Zudem wurde bislang nicht erfasst, wie viele es von ihnen wirklich gibt. Manche haben einen Durchmesser von mehreren hundert Metern, andere wiederum sind nur wenige Meter breit. Es ist unklar, woher die Inseln genau stammen, wie sie an ihren Platz gekommen sind oder ob sie verstreute Teile einer einst riesigen Insel sind.

Während die Inseln scheinbar von einer unsichtbaren Kraft in unterschiedlichen Höhen am Himmel gehalten werden, bewegen sie sich nicht. Es ist, als wären sie in der Luft eingefroren.

Diese Inseln befinden sich nicht allzu hoch über der Erde und es gibt dort oben genügend Sauerstoff für Lebewesen und ausreichend Erde und Nährstoffe für Pflanzen. Die Oberflächen sind meist von dichtem Gras, Sträuchern und Blumen bewachsen – ab und zu gibt es auf den größeren Inseln auch ein paar Bäume zu entdecken. Da die Inseln noch unterhalb der Wolkengrenze liegen, werden sie über regelmäßige Regenfälle mit Wasser versorgt.

Besonders Vögel schätzen diese abgelegenen Ebenen, um zu brüten. Aber auch andere fliegende Lebewesen haben auf diesen schwebenden Inseln eine Heimat gefunden: wie zum Beispiel die Himmelsdrachen, die deshalb ihren Namen erhielten, da sie oft beobachtet werden können, wenn sie zwischen den Inseln hin und her fliegen.

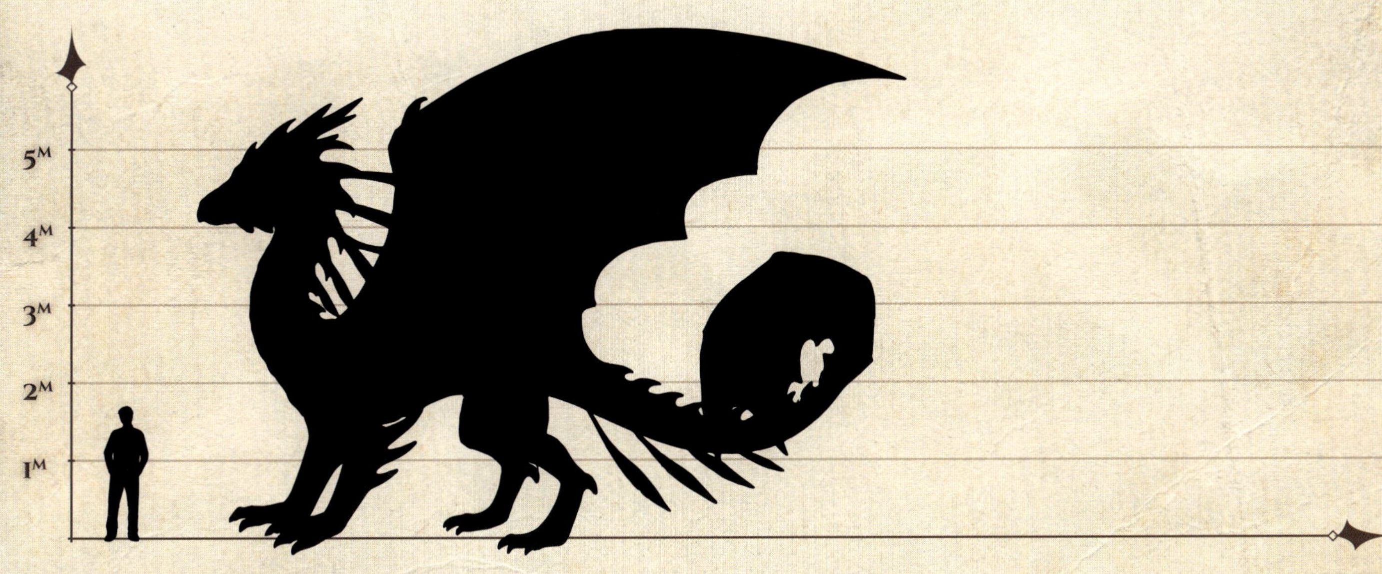

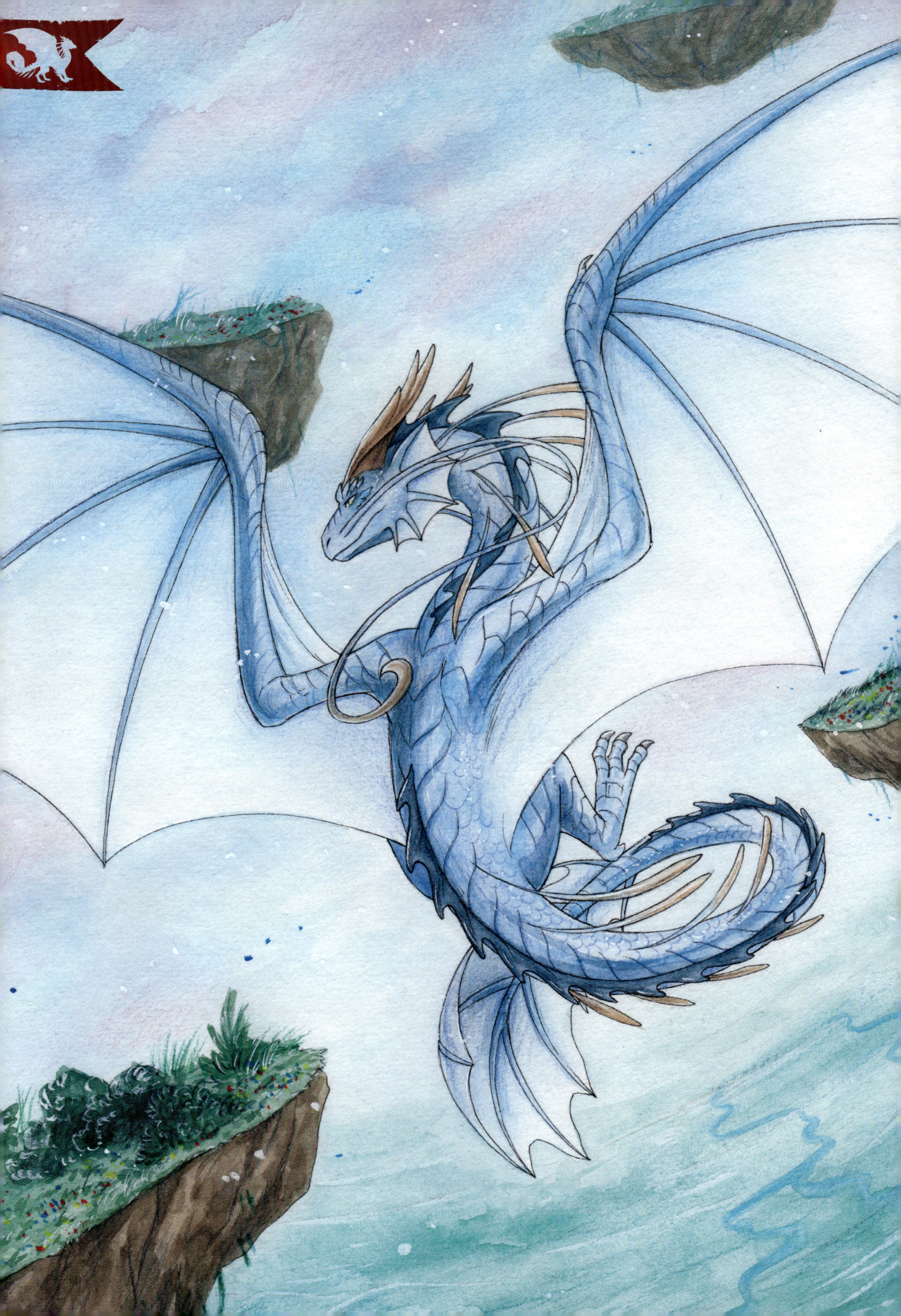

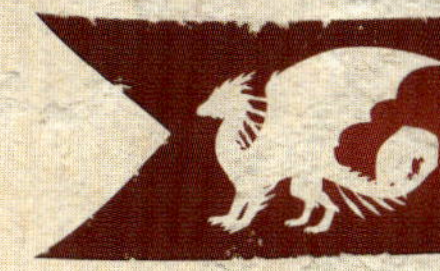

Himmelsdrache

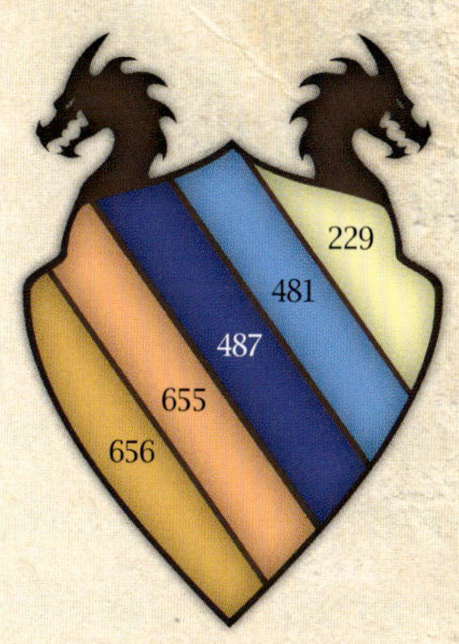

Die von der Erde aus scheinbar unerreichbaren fliegenden Inseln, auch Himmelsinseln genannt, bieten einen einzigartigen Lebens- und Rückzugsraum für Lebewesen, die fliegen können. Auch eine Drachenart hat sich diesen Ort zur Heimat gemacht: Die Himmelsdrachen.

Himmelsdrachen sind – wie ihr Name schon verrät – geborene Flieger. Ihr schlanker, leichter Körper und die wendigen Flügel erlauben es ihnen, wahre Kunststücke in der Luft zu vollführen. Sie bewegen sich mühelos am Himmel und verbringen die meiste Zeit dort.

Zur Nahrungssuche begeben sie sich nur dann in Richtung Erde, wenn sie beabsichtigen, größere Beute zu jagen als die kleinen Vögel, die die Inseln bewohnen. Himmelsdrachen sind weitestgehend Einzelgänger, beanspruchen aber kein eigenes Revier, das sie gegen ihre Artgenossen verteidigen würden. Vielmehr durchstreifen sie die Lüfte, wie es ihnen beliebt und bleiben mal hier, mal dort. Manche Himmelsdrachen brechen zu längeren Reisen auf und erkunden die Welt, weshalb es vorkommen kann, einen Himmelsdrachen an einem ganz anderen und ungewöhnlichen Ort zu entdecken. Irgendwann jedoch zieht es sie alle wieder zurück zu den fliegenden Inseln.

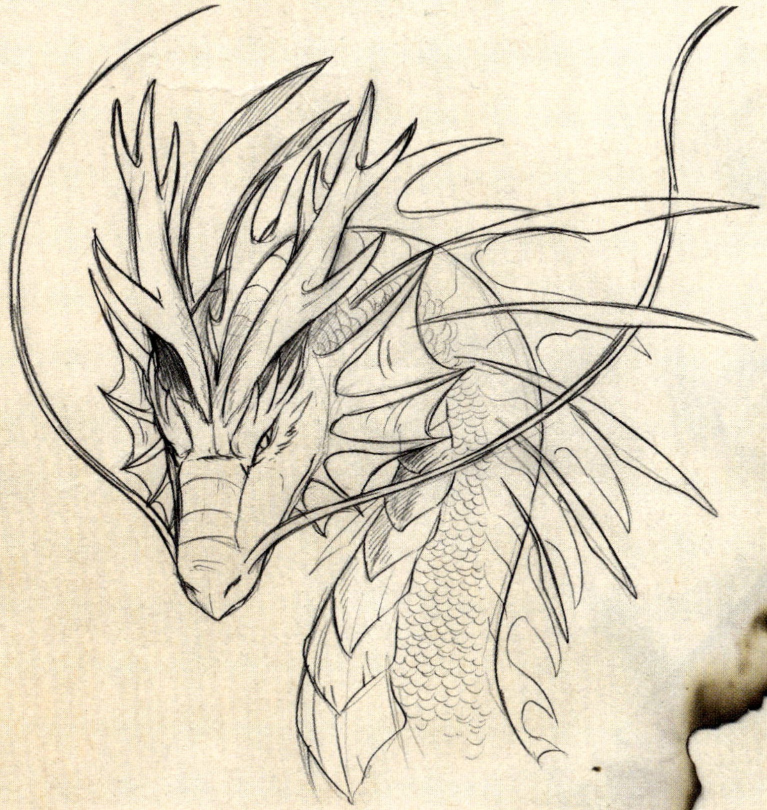

Übrigens

Es heißt, Himmelsdrachen könnten durch ihre Verbundenheit mit dem Himmel das Wetter vorhersagen. Gibt es einen Wetterumschwung, lässt sich dies schon Stunden vorher am veränderten Flug- und Jagdverhalten der Drachen erkennen. Sobald sich der Wind zu einem Sturm erhebt, können besonders viele dieser Drachen in der Luft beobachtet werden – die veränderten Ströme und das harsche Wetter bieten eine besondere Herausforderung beim Fliegen!

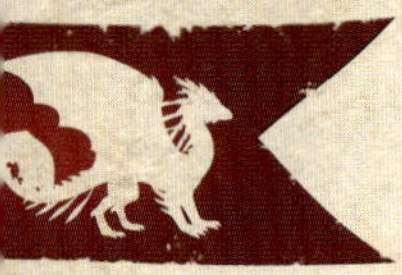

Aussehen

Der Körper des Himmelsdrachen ist schlank und wendig. Typisch ist die hellblaue Färbung, die ebenfalls zu seinem Namen beiträgt.

Rückenkamm

Der Kamm, der fast vollständig vom Kopf bis zur Schwanzspitze verläuft, hilft dem Drachen dabei, seinen Körper besser durch die Lüfte zu bewegen.

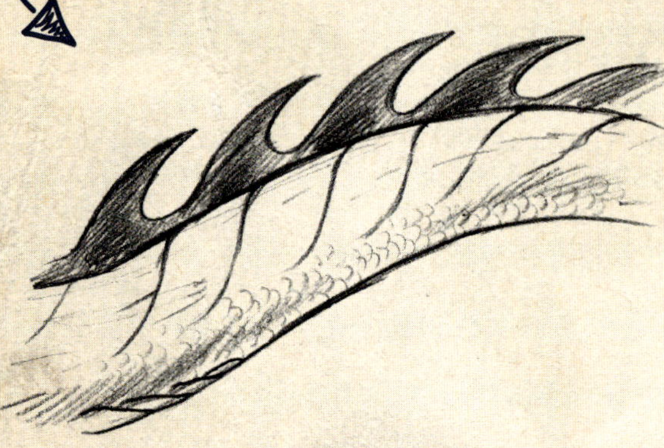

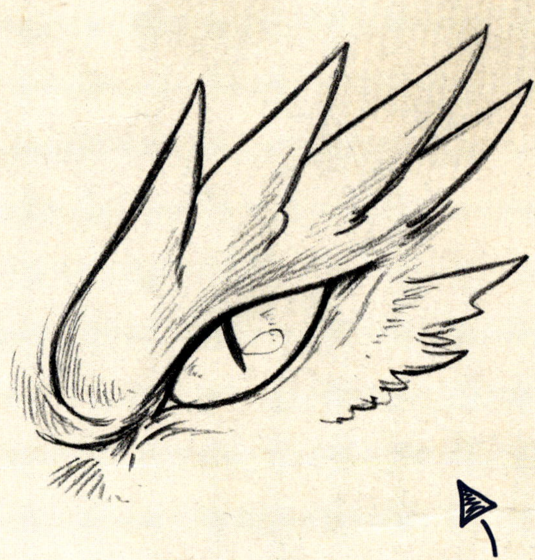

Schuppen

Die Schuppen sind flach und rund. In hellem Licht scheint es, als hätten sie einen metallischen Schimmer.

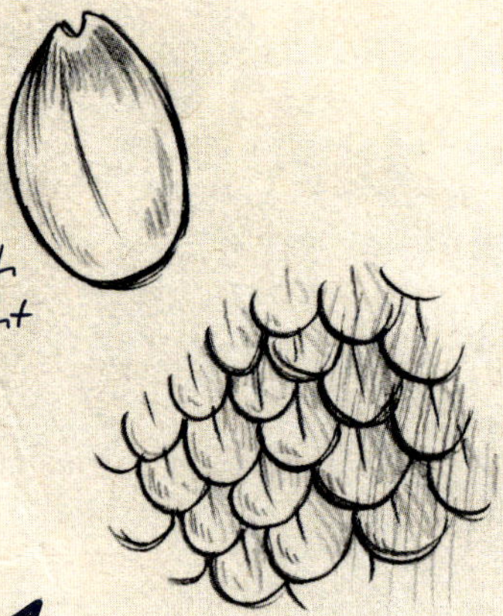

Augen

Die stechend gelben Augen können bösartig wirken, nicht zuletzt aufgrund der schmalen, schlitzförmigen Pupillen. Himmelsdrachen sind jedoch selten schlecht gelaunt oder gar böse.

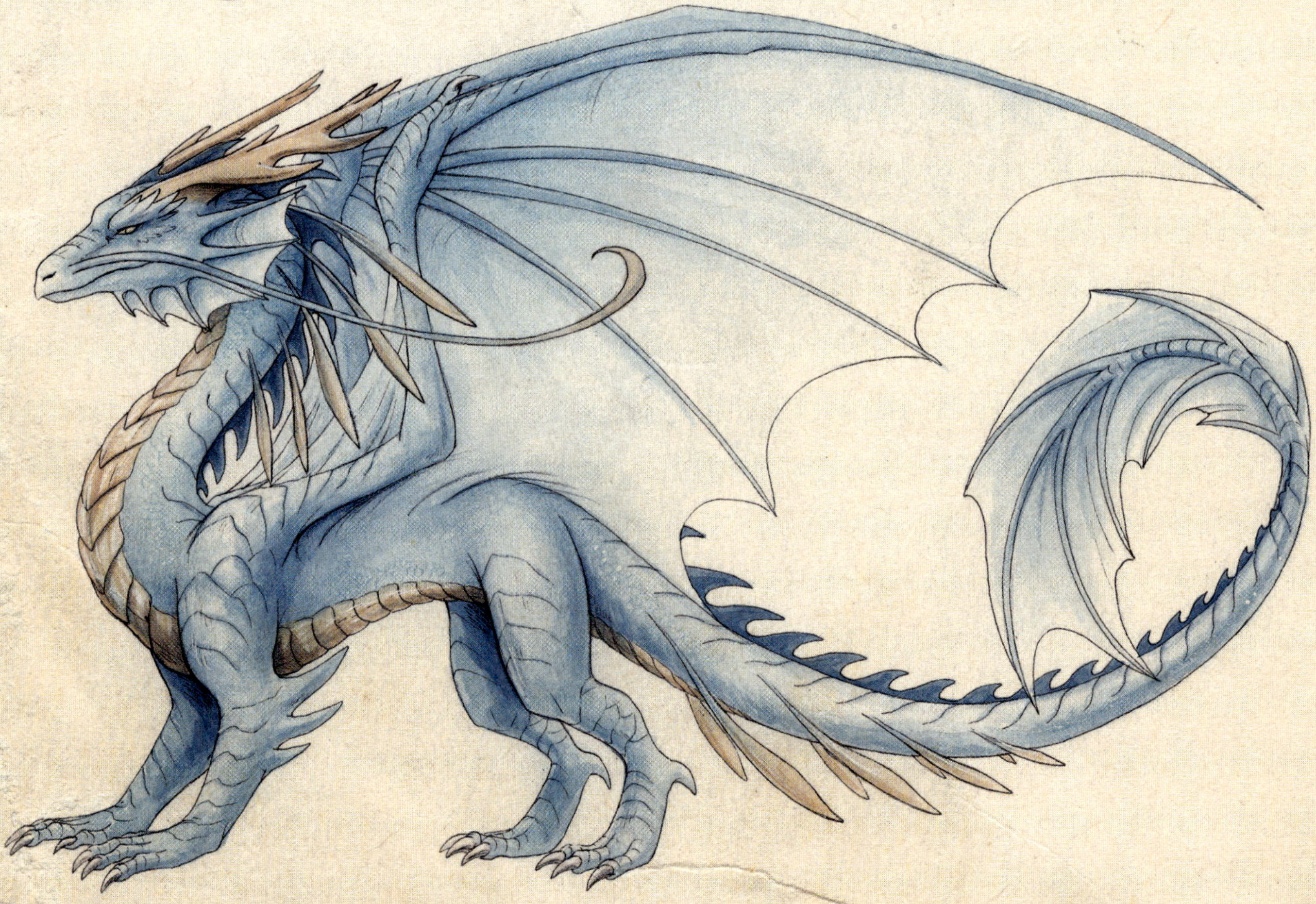

FÜHLER

Die flachen, antennenartigen Auswüchse an Hals und Schwanz haben keine eindeutig geklärte Funktion. Es existiert die Vermutung, dass die Drachen damit feinste Veränderungen in der Luft spüren und somit das Wetter vorhersagen können.

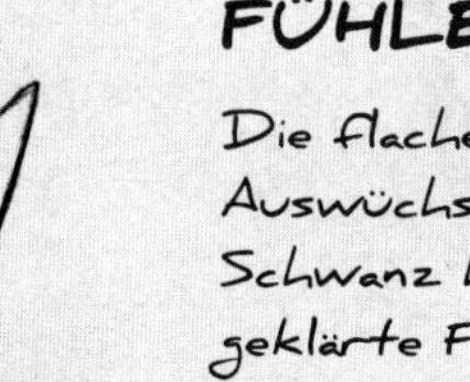

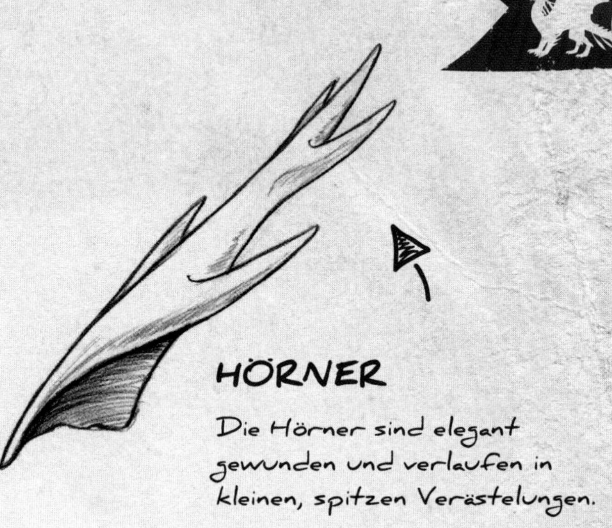

HÖRNER

Die Hörner sind elegant gewunden und verlaufen in kleinen, spitzen Verästelungen.

HINTERBEINE

Himmelsdrachen können sich dank ihrer schlanken, aber kräftigen Beine mit nur einem Satz in die Luft schwingen.

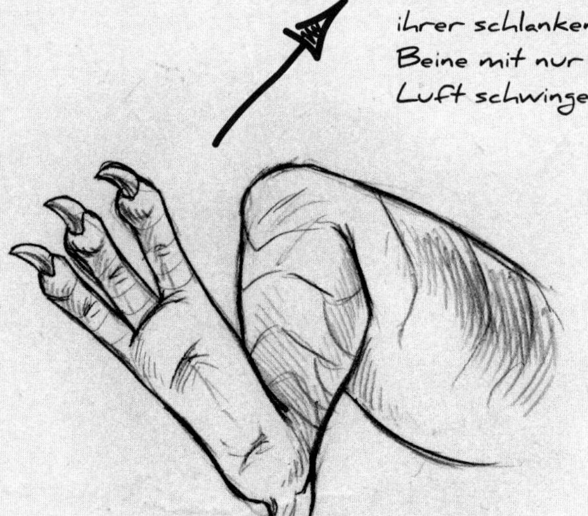

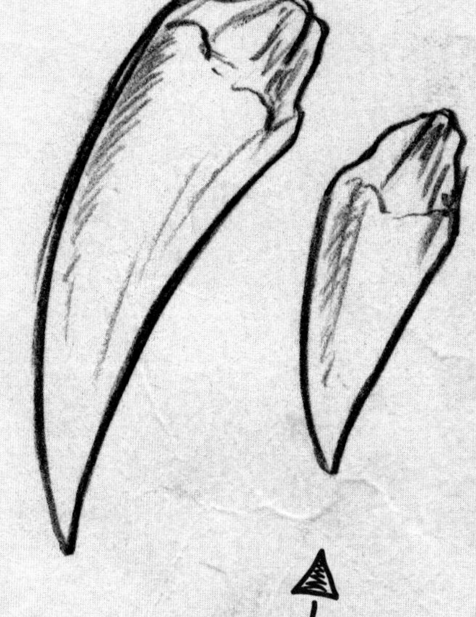

ZÄHNE

Die spitzen Zähne wachsen in dichten Reihen im Maul dieser Drachenart. Hat der Drache einmal seine Beute gepackt, kann sie nicht mehr entkommen.

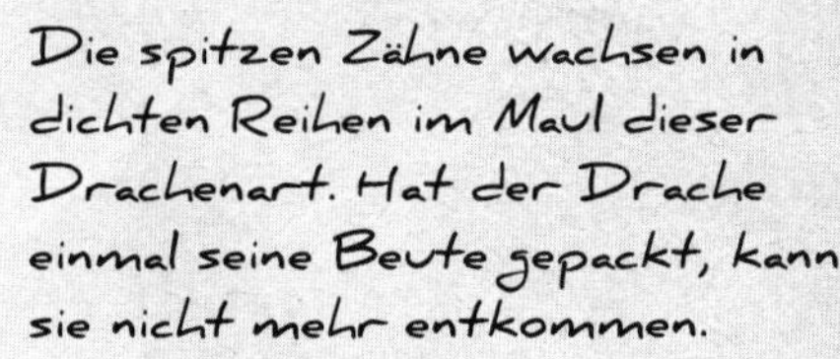

SCHWANZ

Die Schwanzspitze sieht aus wie ein Ruder und erfüllt eine ähnliche Funktion beim Fliegen. Für schwierige Flugmanöver kann sie aufgefächert oder eingeklappt werden.

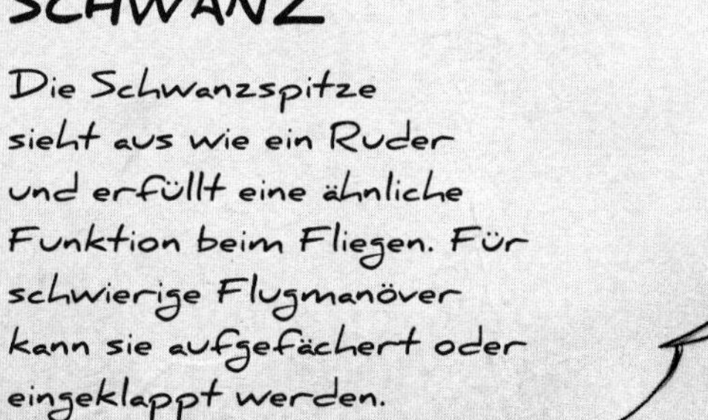

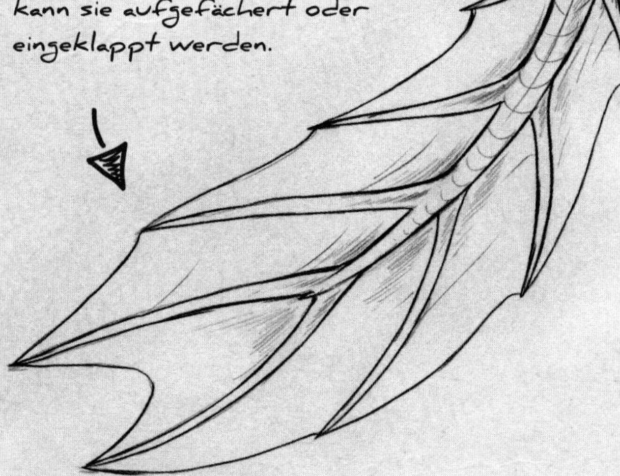

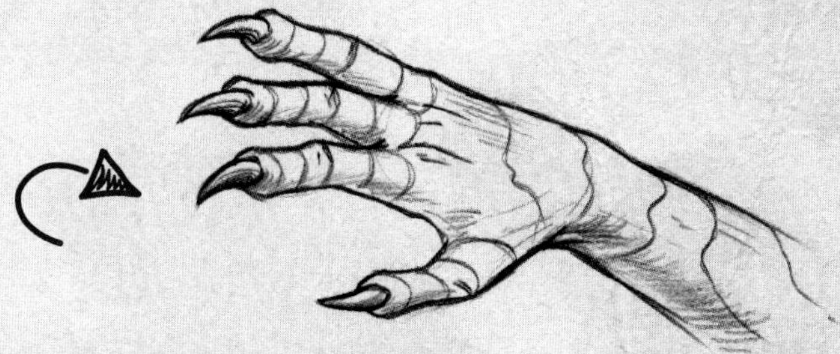

KLAUEN

Himmelsdrachen haben feine, langgliedrige Finger mit spitzen Krallen an deren Ende. Sie sind gut geeignet, um sich an Vorsprüngen festzuhalten.

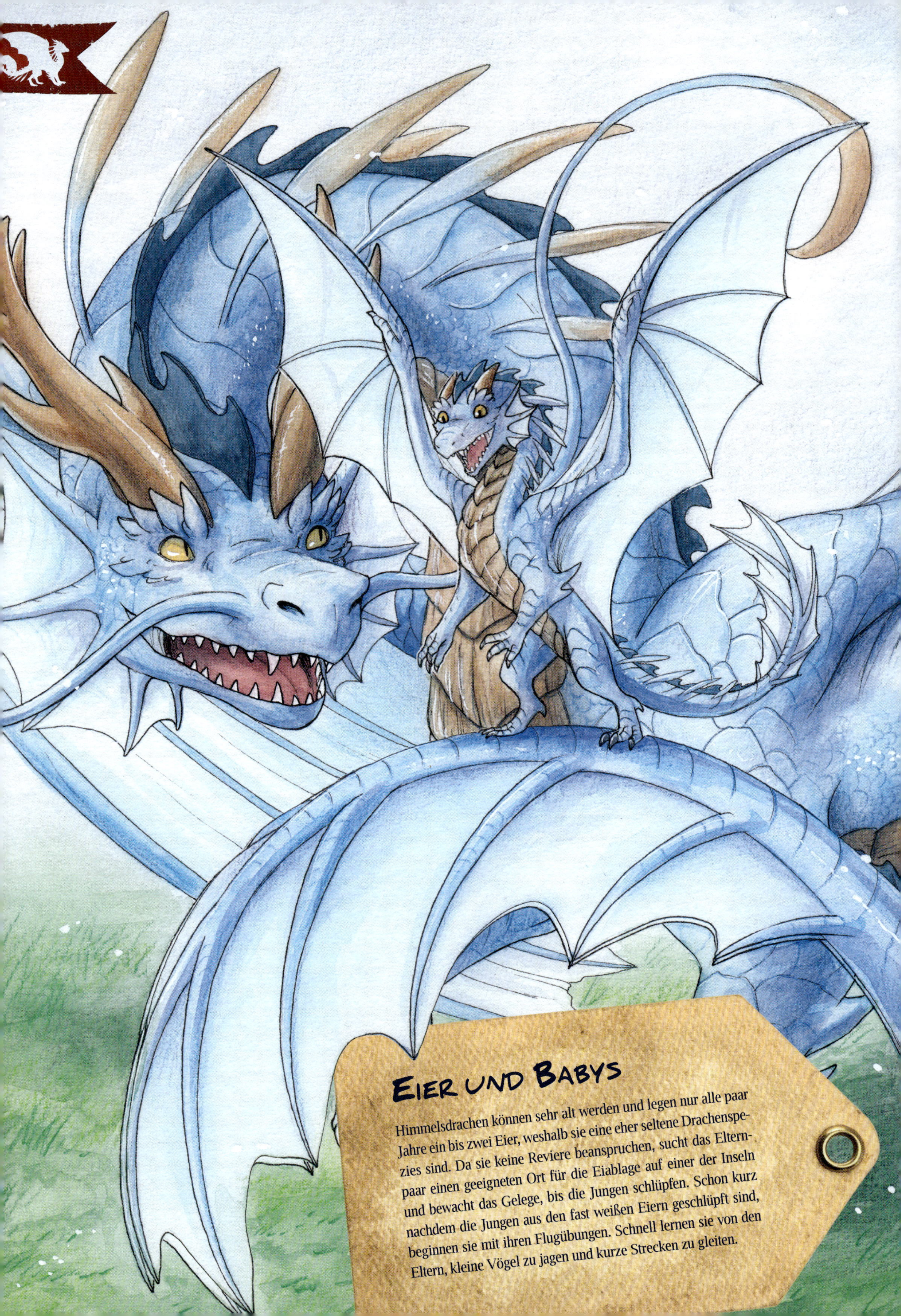

Eier und Babys

Himmelsdrachen können sehr alt werden und legen nur alle paar Jahre ein bis zwei Eier, weshalb sie eine eher seltene Drachenspezies sind. Da sie keine Reviere beanspruchen, sucht das Elternpaar einen geeigneten Ort für die Eiablage auf einer der Inseln und bewacht das Gelege, bis die Jungen schlüpfen. Schon kurz nachdem die Jungen aus den fast weißen Eiern geschlüpft sind, beginnen sie mit ihren Flugübungen. Schnell lernen sie von den Eltern, kleine Vögel zu jagen und kurze Strecken zu gleiten.

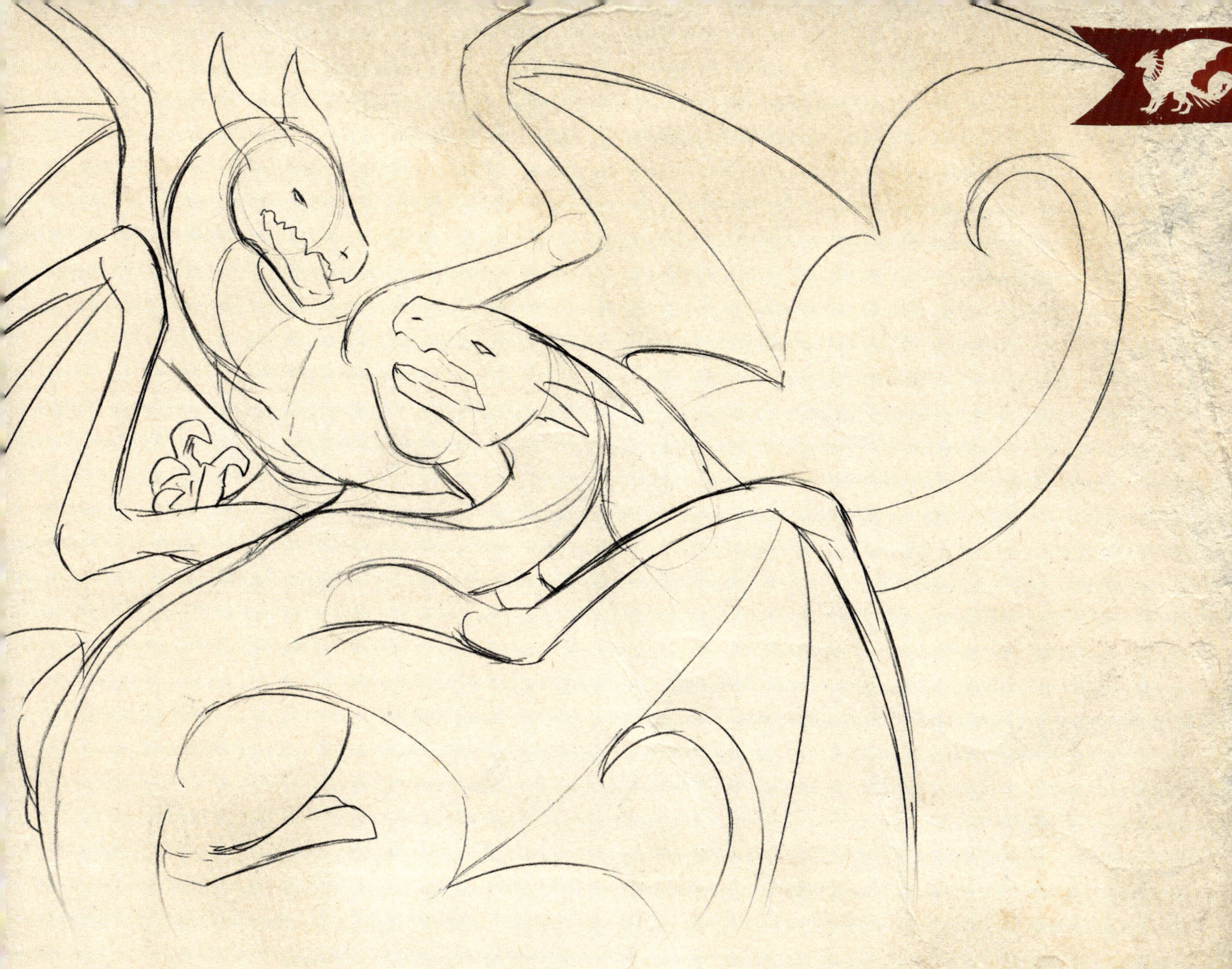

Interaktion zwischen Drachen zeichnen

Ein Drache allein kann auf einem Bild schon sehr beeindruckend wirken – besonders, wenn die Aspekte aus den Tutorials zu Perspektive und dynamischen Posen miteinbezogen werden. Etwas schwieriger wird es, sobald mehrere Drachen auf einem Bild Platz finden und zusätzlich miteinander interagieren sollen.

Wie bei Menschen und Tieren gibt es auch für Drachen viele Möglichkeiten der sozialen Interaktion, und das lässt viel Spielraum für Fantasie. Manchmal ist es hilfreich, sich zuvor eine kleine Geschichte auszudenken, die es leichter macht, einzelne Posen zu bestimmen und gewisse Details auszuarbeiten. In welchem Verhältnis stehen die Drachen zueinander? Sind sie Freunde, Feinde oder Familie? Mögen sie sich oder können sie sich nicht ausstehen? Haben sie sich schon einmal getroffen oder ist das ihre erste Begegnung?

Beim Nachdenken über diese Fragen können direkt mögliche Motive vor dem inneren Auge auftauchen: zwei streitende Drachen, die miteinander kämpfen, eine Drachenmutter und ihr Junges, die gemeinsam spielen oder Neues entdecken, ein Paar verliebter Drachen in trauter Zweisamkeit und so weiter.

Auf den nächsten Seiten wird gezeigt, wie solche Motive geplant werden können und was beachtet werden muss, wenn mehrere Figuren auf einem Bild untergebracht werden sollen.

Tipp

Für eine schnelle Vorzeichnung eignet sich ein Bleistift mit bunter Mine gut, z.B. in hellblau. Wird im Anschluss mit einem normalen Bleistift über diese Skizze gearbeitet, fallen die hellblauen Linien kaum noch auf und es ist leichter, sich auf das Wesentliche zu konzentrieren. Das ist besonders hilfreich, wenn mit einer Vielzahl von Linien experimentiert wird und noch nicht sicher ist, wie genau eine Pose aussehen soll.

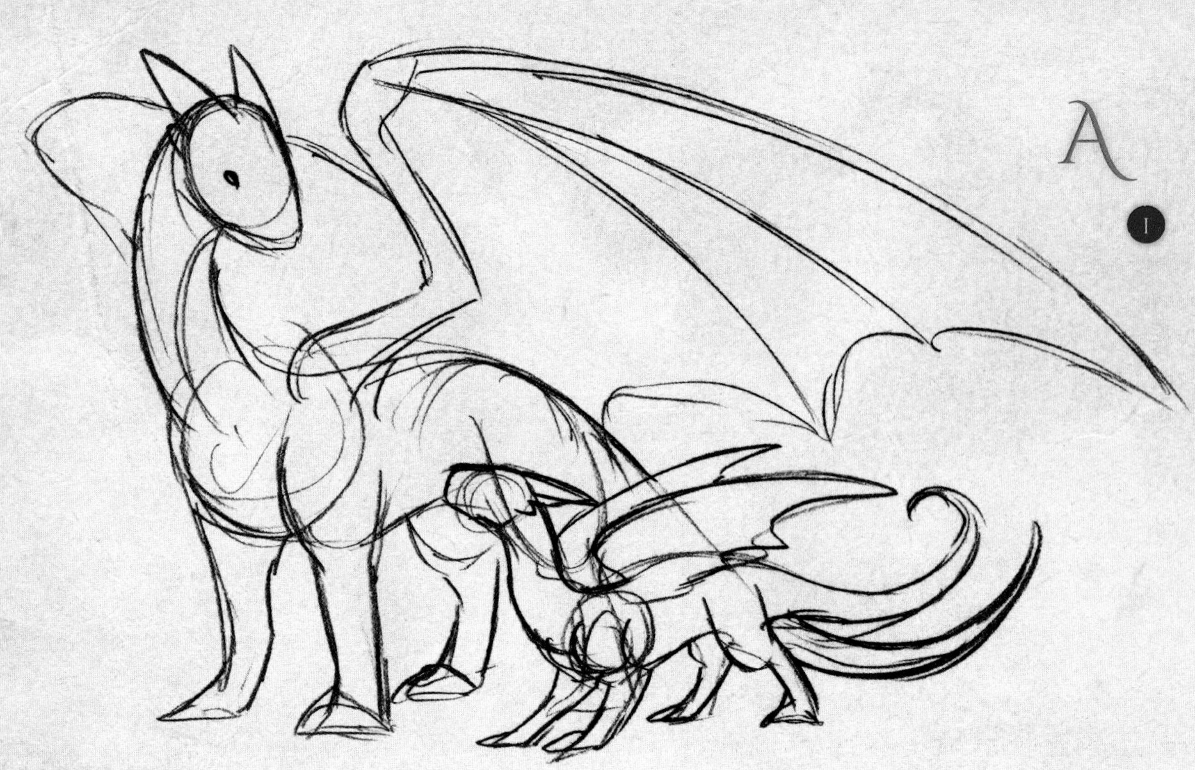

Das erste Konzept

In diesem Tutorial geht es um die Interaktion von zwei Drachen miteinander. Natürlich können nach Belieben mehrere Figuren hinzugefügt oder es kann sogar eine ganze Gruppe gezeichnet werden.

Nachdem man sich Gedanken über die Szenen gemacht hat – in diesem Fall **ein älterer Drache mit seinem Jungen (A)** und **ein kuschelndes Paar (B)** – ist es hilfreich, das Bild zunächst grob und sehr vereinfacht zu skizzieren, um zu schauen, wie die Posen zueinander passen und ob das Motiv funktioniert **(I)**. Schon bei diesen Konzeptskizzen wird rasch deutlich, dass sich viele Linien überlappen und beachtet werden muss, welche Elemente im Vordergrund stehen und somit andere verdecken. Dies kann bei komplizierten Posen manchmal auch recht unübersichtlich werden!

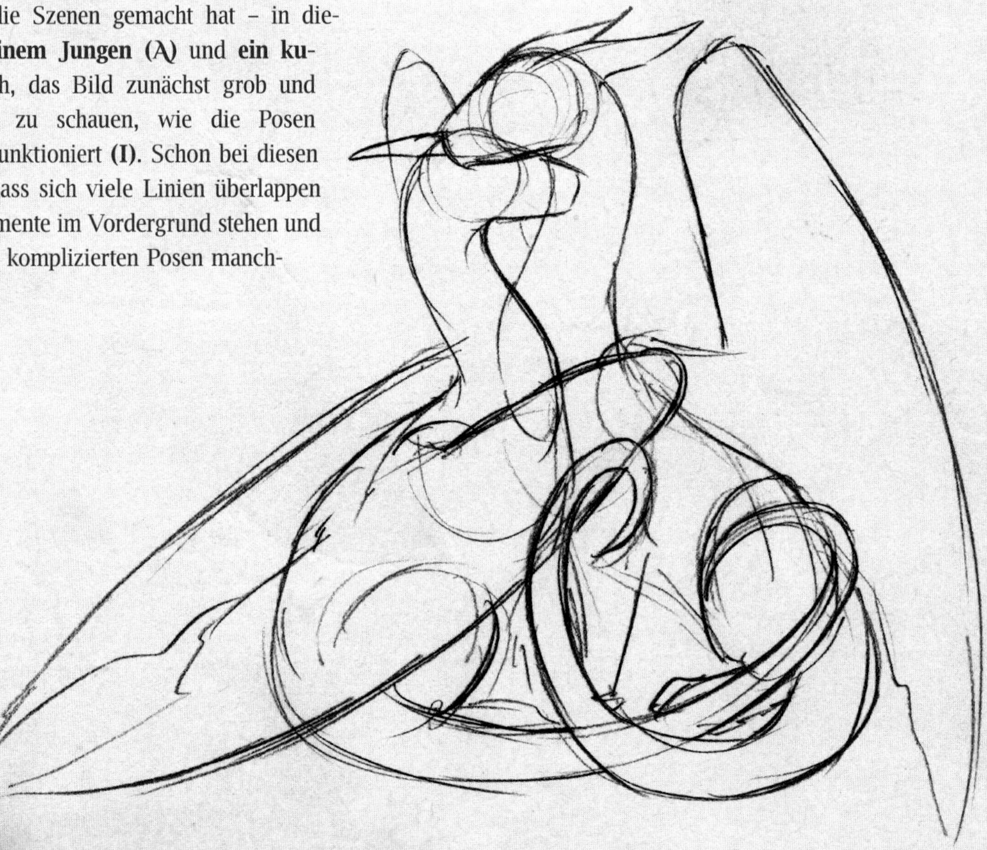

B

I

Tipp

Beim Zeichnen auf Papier ist die zur Verfügung stehende Fläche begrenzt, daher sollte die Vorskizze nicht zu groß angelegt werden. Besonders die Flügel eines Drachen nehmen häufig viel Platz ein, weshalb es sinnvoll ist, lieber etwas kleiner zu beginnen.

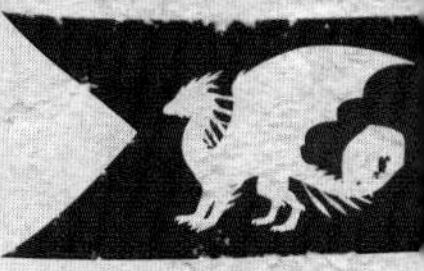

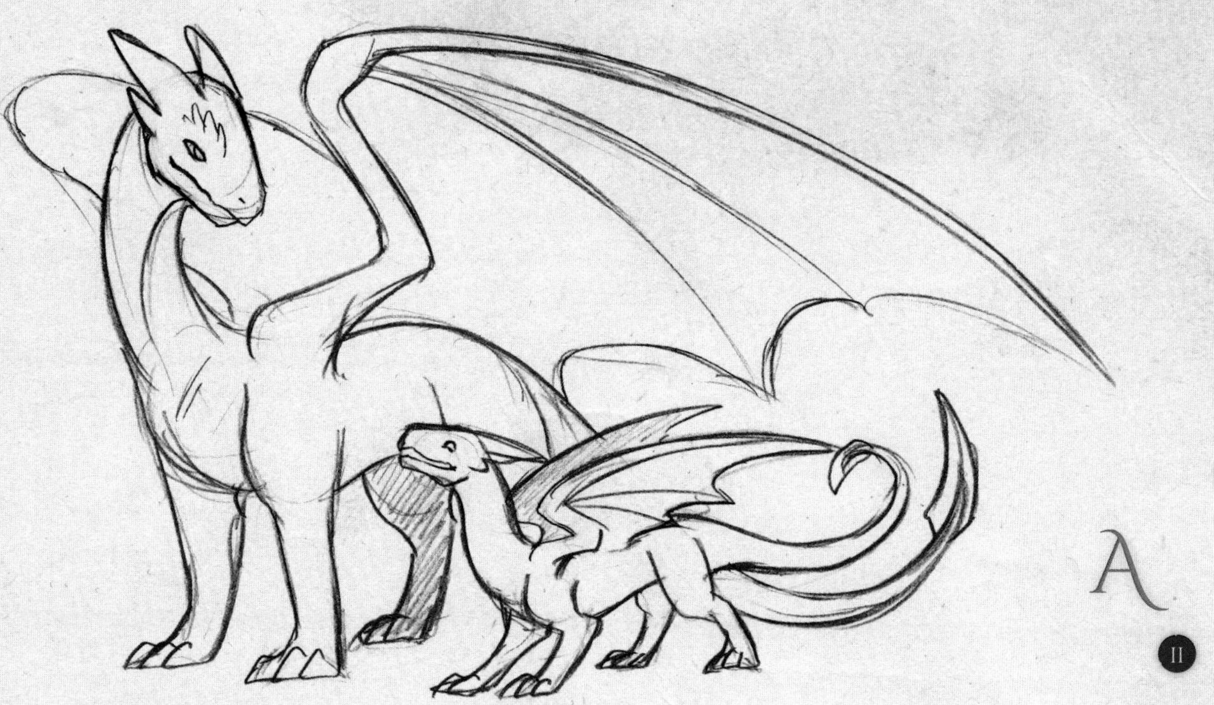

Um hier den Überblick zu behalten, kann es helfen, in einem Zwischenschritt die nicht benötigten Hilfslinien und verdeckten Elemente wegzuradieren, wie zum Beispiel Teile des Körpers, die beim Pärchen vom Flügel des vorderen Dachen verdeckt werden **(II)**. Und schon ist es viel einfacher zu erkennen, welches Körperteil zu welchem Drachen gehört.

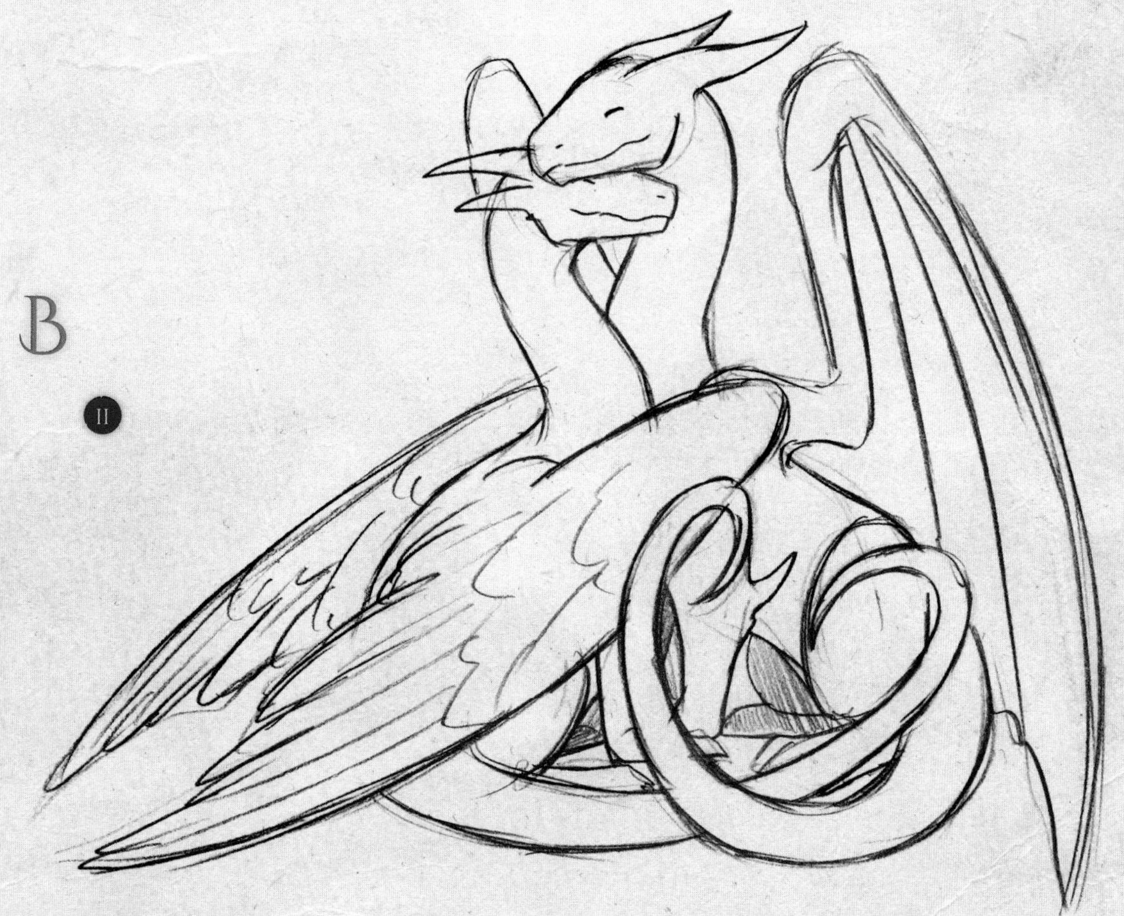

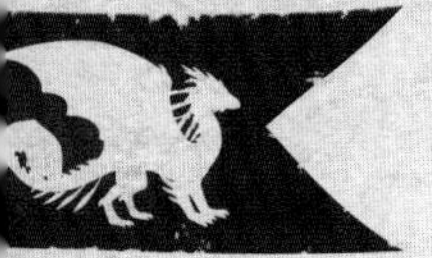

Schritt für Schritt zur Interaktion

Im Beispiel auf dieser Seite wird eine dynamische Pose – ein Kampf zwischen zwei fliegenden Drachen – Schritt für Schritt aufgebaut.

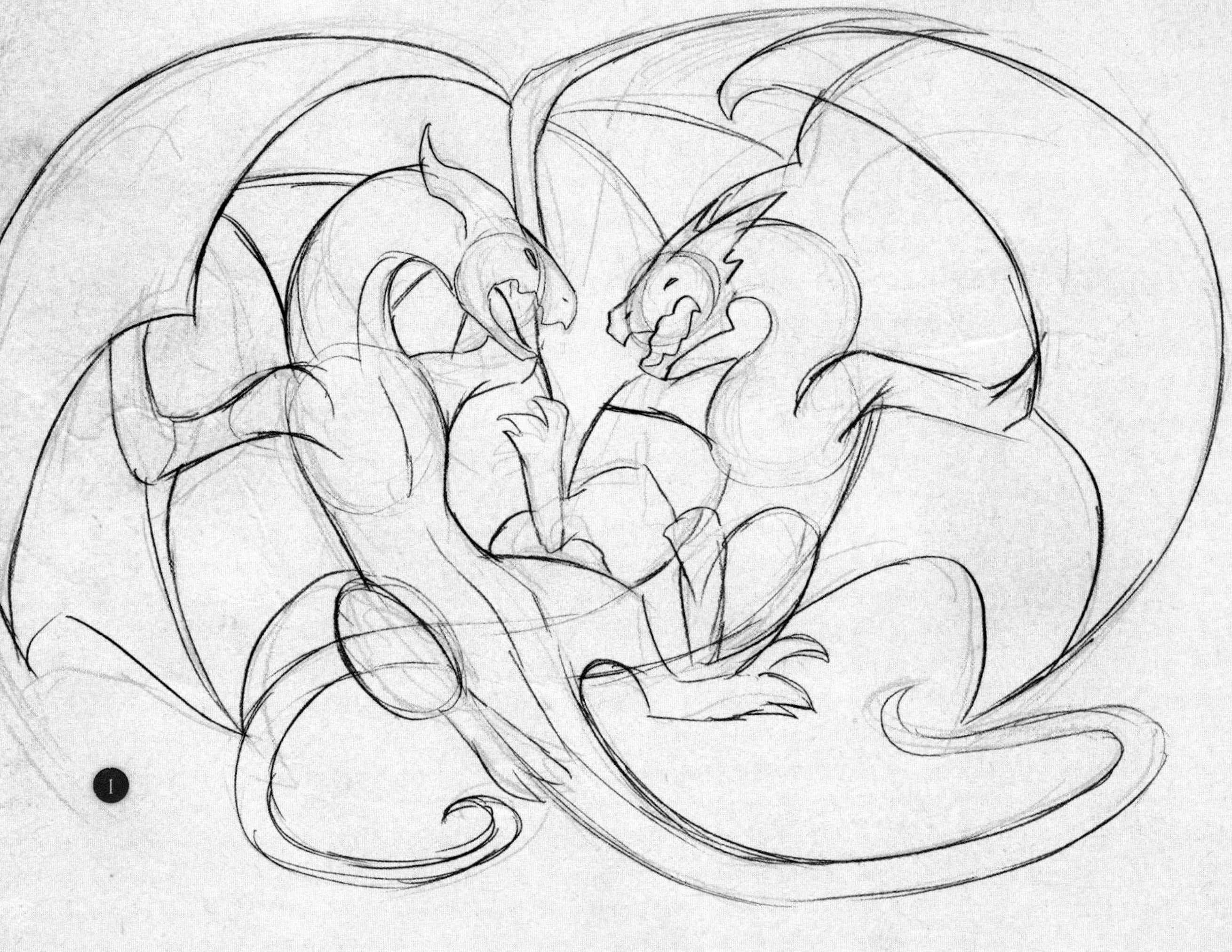

Schritt I

Der allererste Entwurf wurde mit einem hellblauen Buntstift gezeichnet, um zu sehen, wie viel Platz die Körper einnehmen und wie sie aussehen sollen. Dann wurden die wichtigsten Elemente des groben Entwurfs mit einem normalen Bleistift hervorgehoben.

Schritt II

Wenn die erste, sehr einfache Basis steht, kann die Skizze verfeinert werden. Linien, die nicht benötigt werden, werden wegradiert und die ersten Details hinzugefügt. Einige zuerst nur grob gezeichnete Teile, wie die Gesichter oder die Beine, werden ausgearbeitet. Nun wird deutlich, wo welcher Körper anfängt und aufhört.

Schritt III

Ist man mit der Pose und der Komposition zufrieden, kommen Details wie Schuppen und Texturen hinzu und die allerletzten Feinheiten werden ausgearbeitet, wie zum Beispiel die Klauen oder die Rückenstacheln. Solche Elemente sollten am besten ganz zum Schluss ergänzt werden, wenn an der Pose selbst nichts mehr verändert wird. Ohne diese Details ist es oftmals einfacher, den Überblick über die Skizze zu behalten und zu schauen, ob alles stimmig ist.

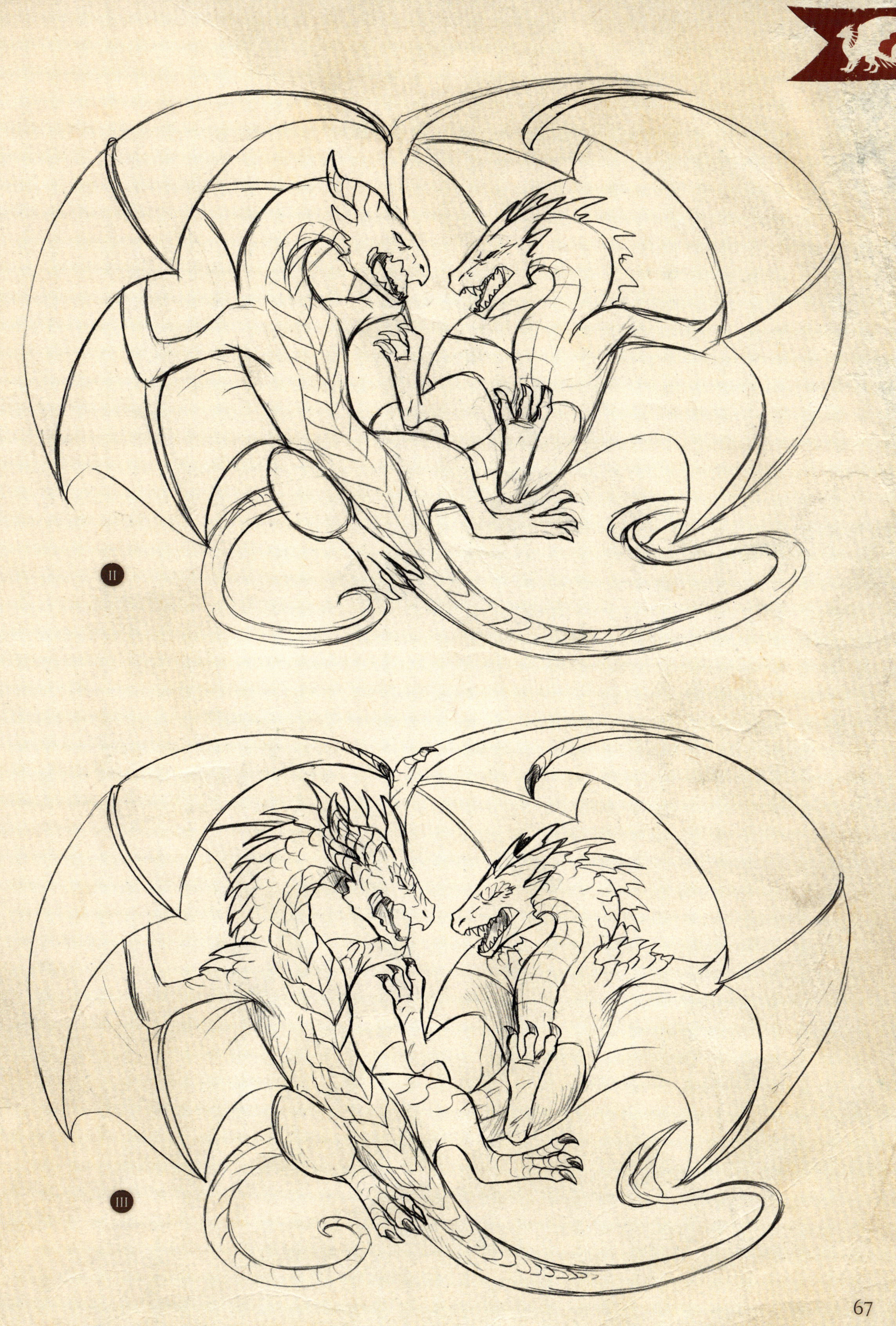
II
III

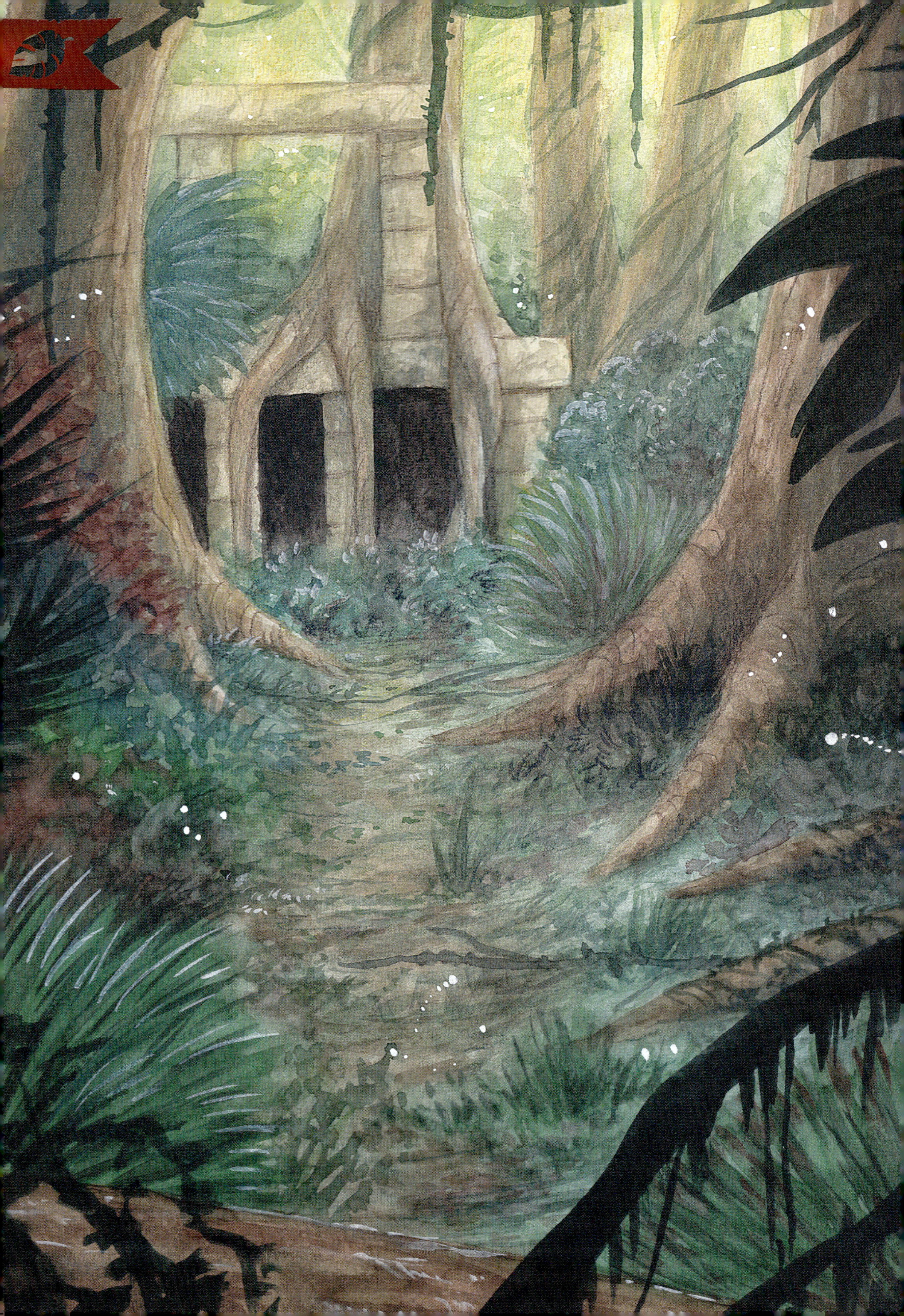

Dschungel

Dichter, schier undurchdringlicher Dschungel bedeckt weite Teile des Südens des Kontinents. Wer furchtlos genug ist, hier hinein zu wandern, dem eröffnen sich geheimnisvolle Orte, bewohnt von mystischen Wesen, die tief in diesem grünen Labyrinth verborgen leben.

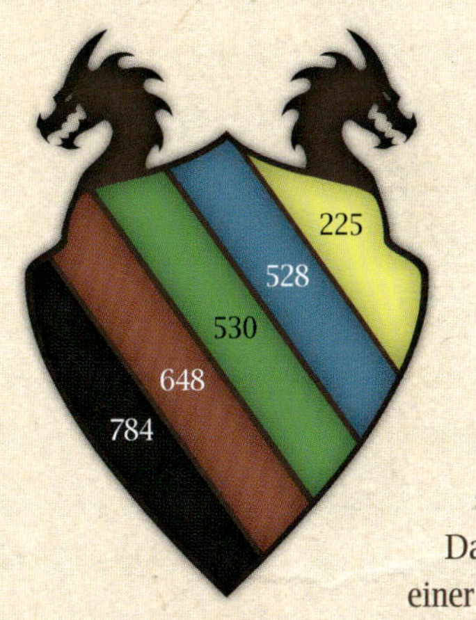

Dicke, hohe Bäume mit knorrigen Wurzeln stehen dicht an dicht. Farne, Sträucher und allerlei kriechende Gewächse breiten sich auf dem weichen Boden aus. Endlos lange Lianen wuchern über die Stämme und durch die Baumkronen und hängen von den Ästen herab.

Pflanzen, die kaum ein Mensch je zu Gesicht bekommen hat, erblühen hier in all ihrer Pracht. Ab und zu bricht das helle Sonnenlicht durch die dichten Blätterkronen. Es ist sehr warm, die Luft ist feucht und schwer, doch an diesem Ort findet man neben exotischen Pflanzen auch allerlei seltsame und außergewöhnliche Tiere, die genau diese heißen Temperaturen und die hohe Luftfeuchtigkeit schätzen.

Dazu gehören, neben vielen Reptilien, auch die anmutigen Amphitere – mächtige Drachen mit dem Körper einer Schlange und den fedrigen Flügeln eines Paradiesvogels. Einst wurden sie im Süden des Kontinents als Götter verehrt, doch die alten Kulturen und ihre Kultstätten haben die Zeit nicht überdauert. Heute gibt es hier nur noch überwucherte Ruinen, die das Leben früherer Zivilisationen lediglich erahnen lassen.

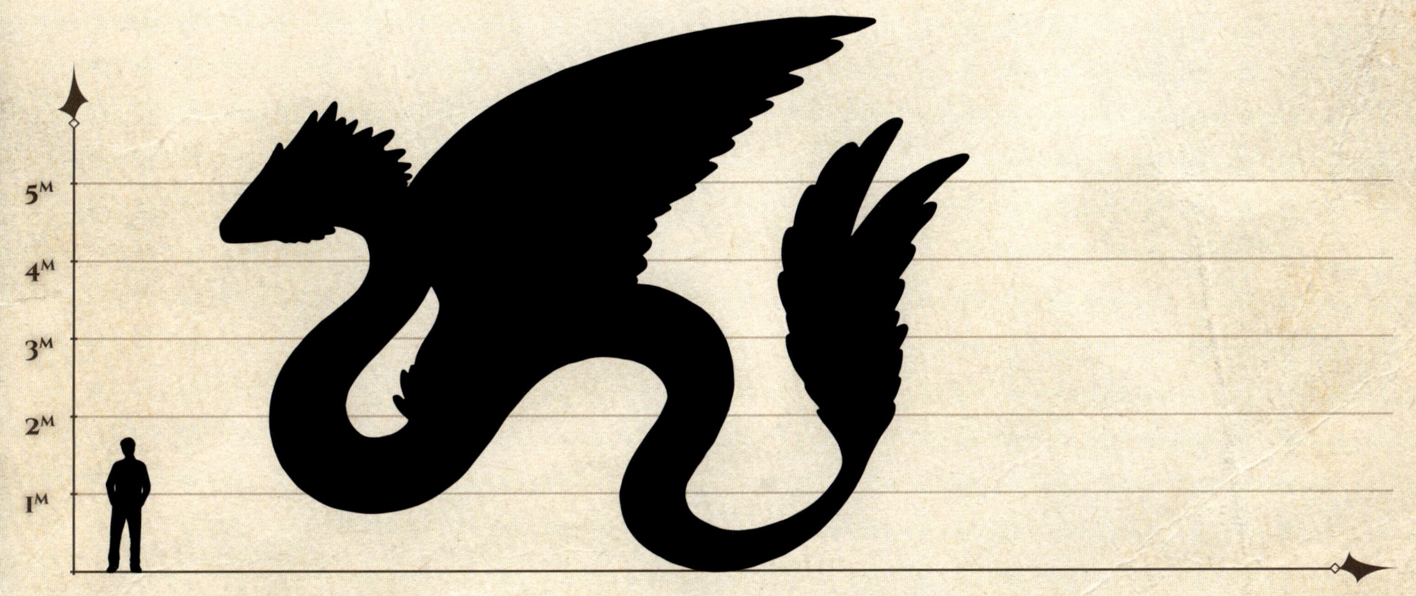

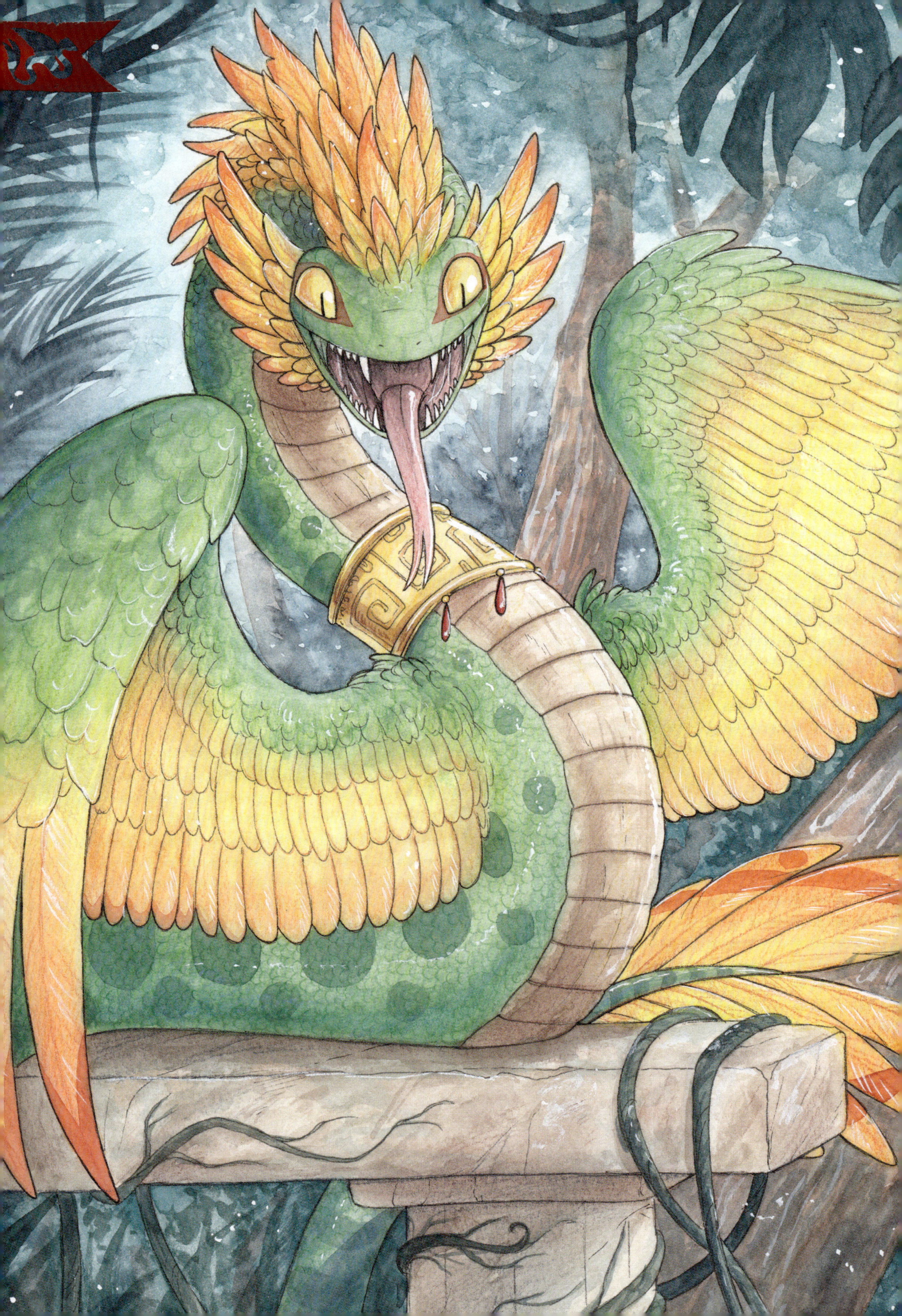

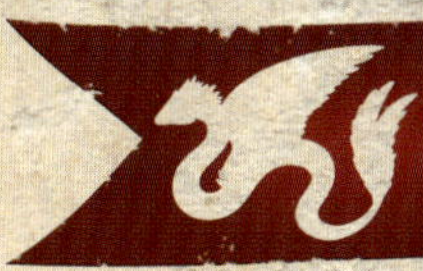

Amphitere

In den Tiefen des Dschungels verbirgt sich eine geheimnisvolle Drachenart, die mit ihrem schlangenartigen Körper und den bunt gefärbten Federflügeln wohl mit zu den anmutigsten gehört. Einst wurden diese Drachen als Götter verehrt und auch heute noch üben sie grosse Faszination aus.

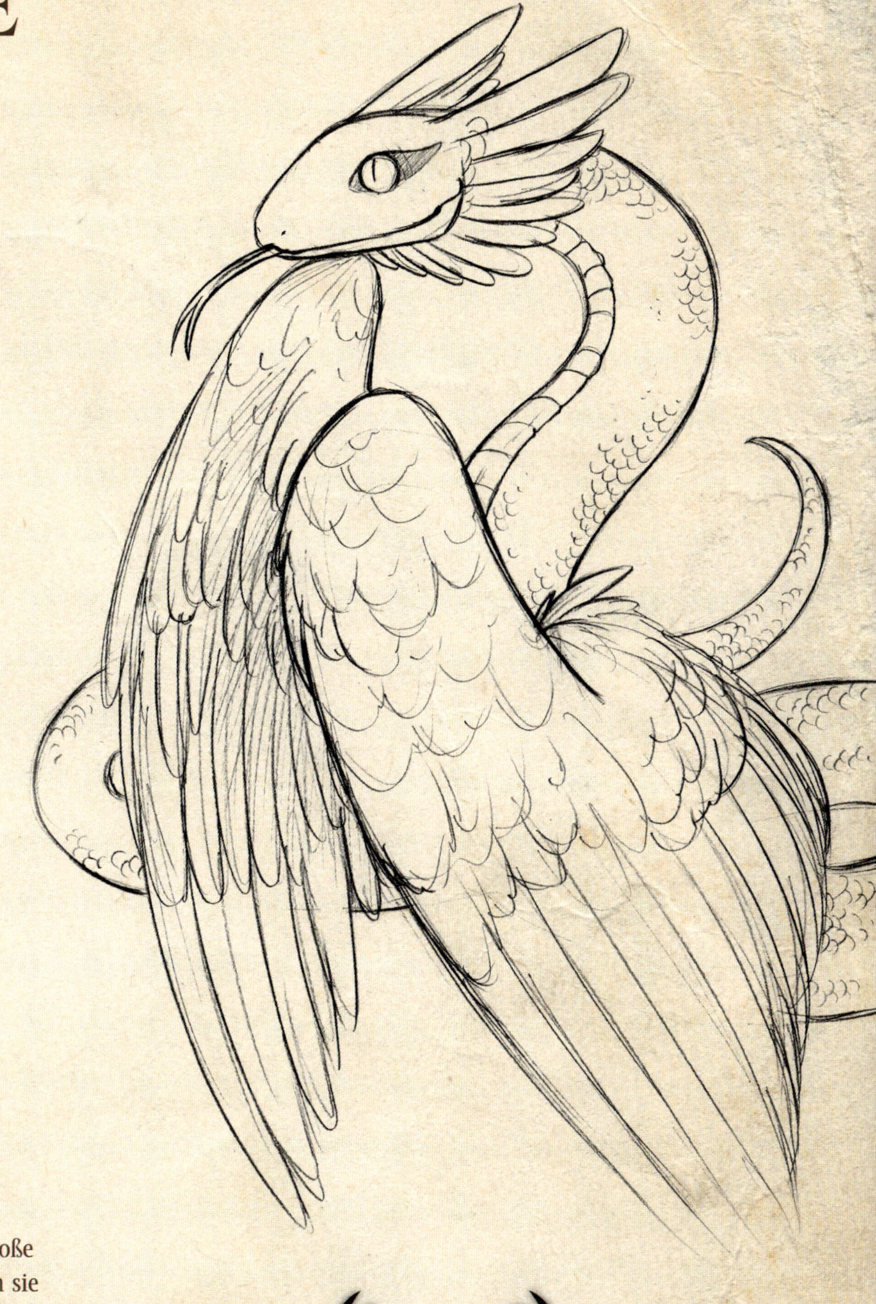

Amphitere sehen, vereinfacht gesagt, aus wie übergroße Schlangen mit Flügeln. Im Dickicht des Dschungels legen sie diese meist an ihren wendigen Körper und bewegen sich bevorzugt am Boden fort. Diese Drachen besitzen jedoch auch eine Affinität zum Element Luft, was sie befähigt, elegant und fast mühelos durch die Lüfte zu gleiten. Einer Legende nach sollen sie in der Lage sein, mit ihren Schwingen mächtige Stürme heraufzubeschwören. Auffällig ist auch die Tatsache, dass Amphitere sehr eitle Drachen sind. Sie lieben positive Aufmerksamkeit und stellen gern die Pracht ihrer Erscheinung zur Schau. Nicht nur, wenn es darum geht, einen Partner zu beeindrucken: Amphitere freuen sich über jeden, der sie mit Staunen betrachtet und ziehen andere Lebewesen mühelos in ihren Bann.

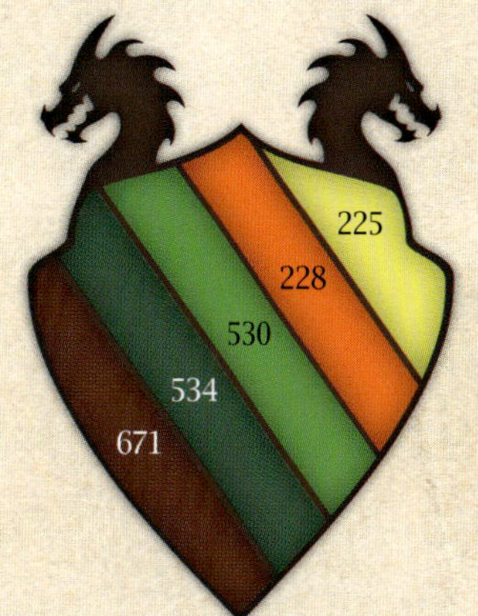

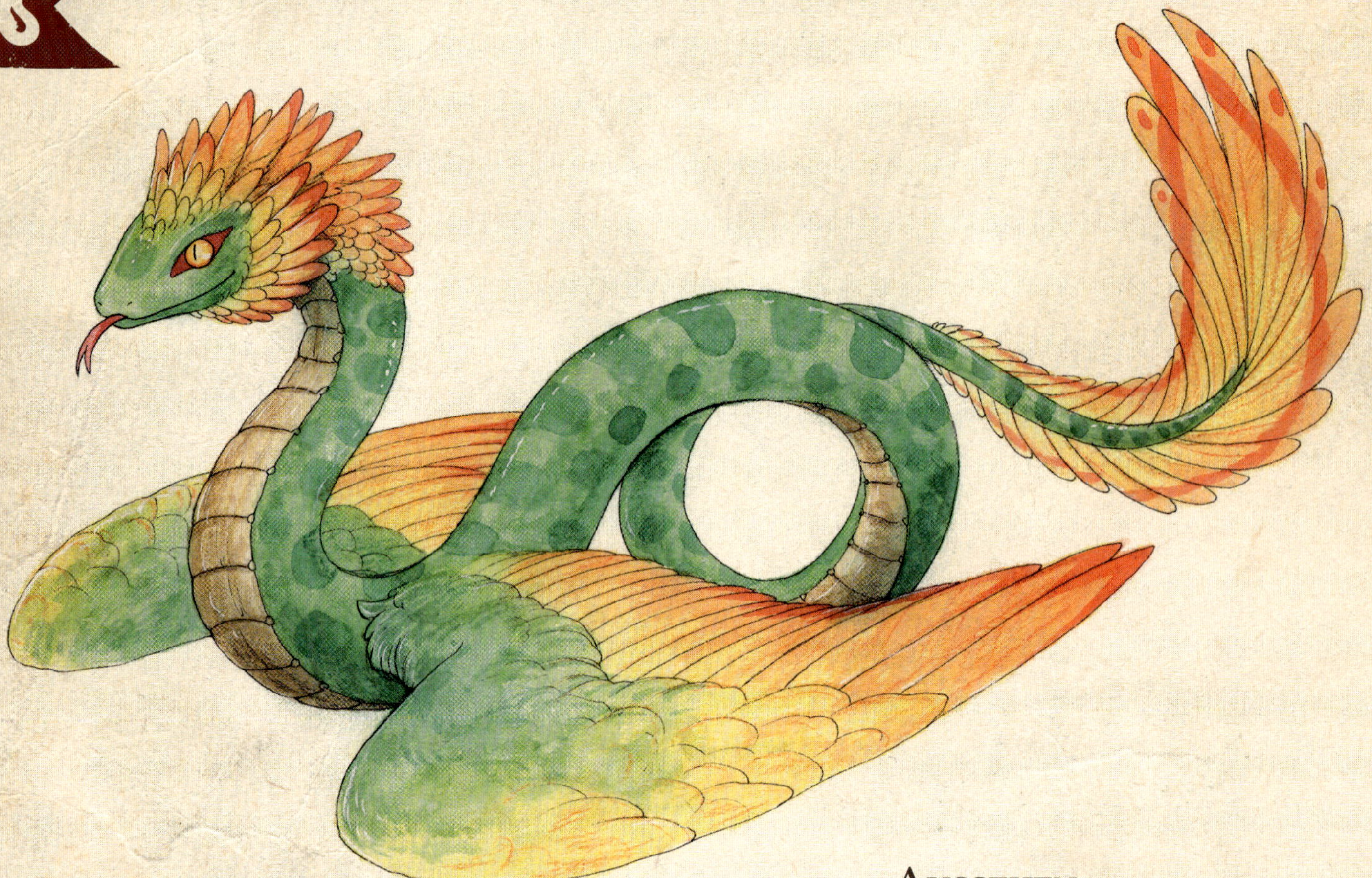

Aussehen

Der Körper der Amphitere ähnelt dem einer riesigen Schlange mit einem Paar großer, meist bunt gefärbter Schwingen. Amphitere sind die Paradiesvögel unter den Drachen und können sehr verschieden aussehen. Diese individuellen Merkmale sind vor allem am Federkranz am Kopf, der allgemeinen Färbung des Körpers und der Flügel sowie der Federform am Schwanzende gut zu erkennen. Manche Unterarten haben kürzere Schnauzen oder zusätzliche Zierfedern, andere wissen um die Herstellung von Schmuck und verzieren damit ihren Körper. Amphitere mögen es in jeder Hinsicht auffällig.

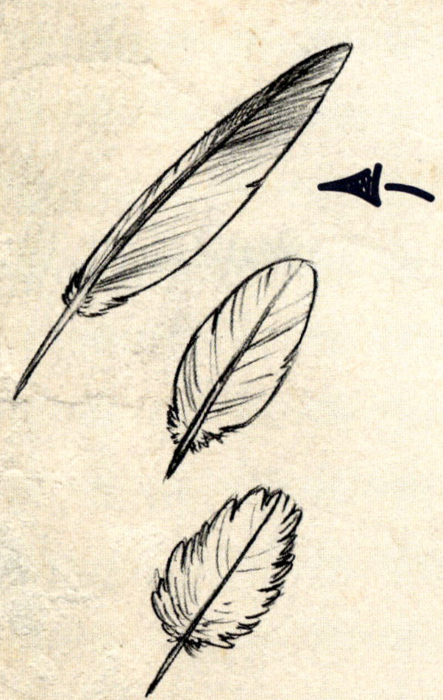

FEDERN

Die Federn sind das auffälligste Wiedererkennungsmerkmal der Amphitere und sie können die unterschiedlichsten Formen annehmen. Mal sind sie breit und rund, mal spitz zulaufend oder flauschig weich. Jeder einzelne Drache besitzt eine individuelle Anordnung und Färbung der Federn.

SCHUPPEN

Die Schuppen sind an der Spitze leicht eckig und fügen sich glatt ineinander ein. Dadurch wirkt die Hautoberfläche der Amphitere extrem glatt und glänzt besonders schön.

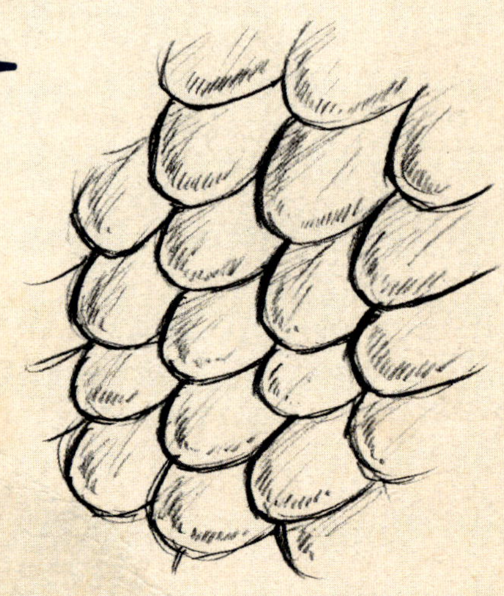

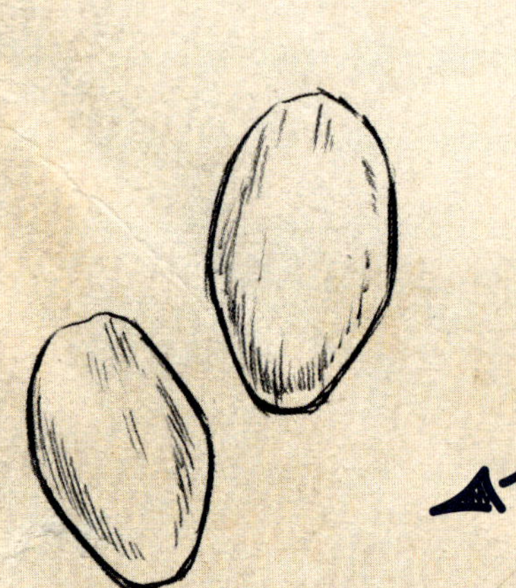

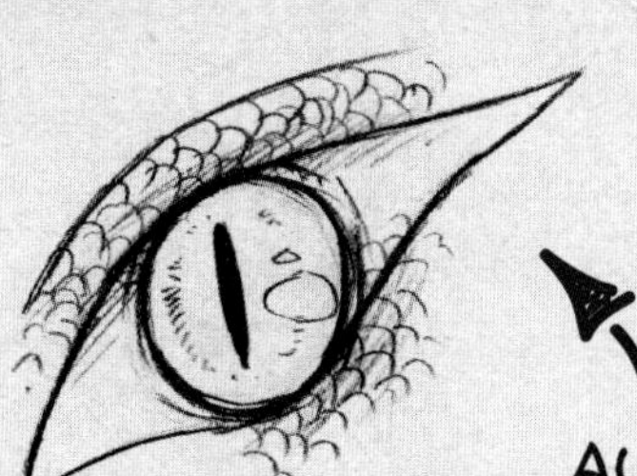

AUGEN

Amphitere haben scharfe Augen und können sowohl tagsüber als auch nachts gut sehen. In der Dämmerung ist ihre Sicht allerdings am besten.

SCHWANZ

Ebenso individuell wie die Federkrone, ist der Schwanz bei jeder Amphitere einzigartig. Die Federn sind meist wie ein Fächer um die Schwanzspitze angeordnet und dienen im Flug als Ruder.

ZÄHNE

Die langen, dünnen Zähne liegen nach hinten gerichtet im Maul und können bei Bedarf aufgerichtet werden – zum Beispiel als Drohgebärde oder bei der Jagd.

KOPF + ZUNGE

Der flache Kopf ist mit einer Federkrone geschmückt, die je nach Individuum anders aussehen kann. Im Maul verbirgt sich eine lange, gespaltene Zunge, mit der die Amphitere, ähnlich wie Schlangen, feinste Gerüche aufnehmen kann.

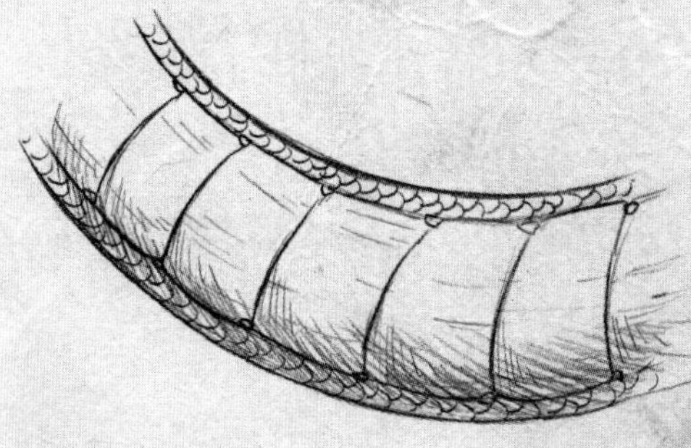

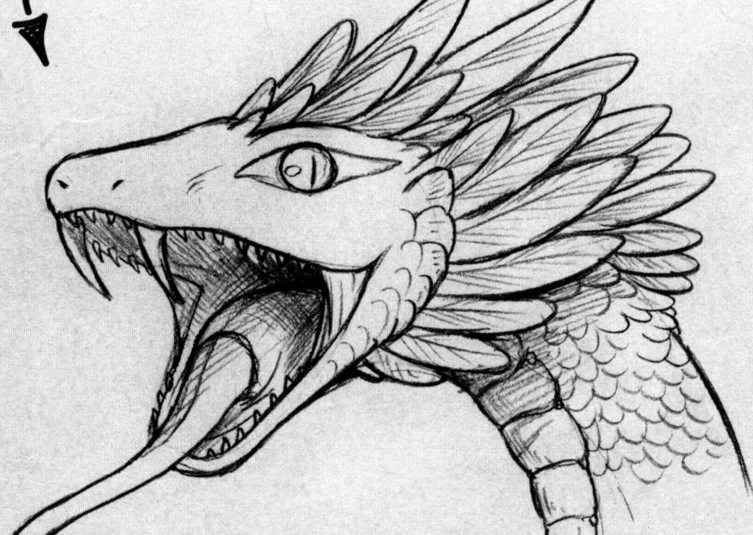

BAUCHSCHUPPEN

Die Unterseite des Drachen ist vom Kopf bis fast zur Schwanzspitze mit flachen, plattenartigen Bauchschuppen versehen, die es ermöglichen, beim Schlängeln nahezu lautlos über den Boden zu gleiten.

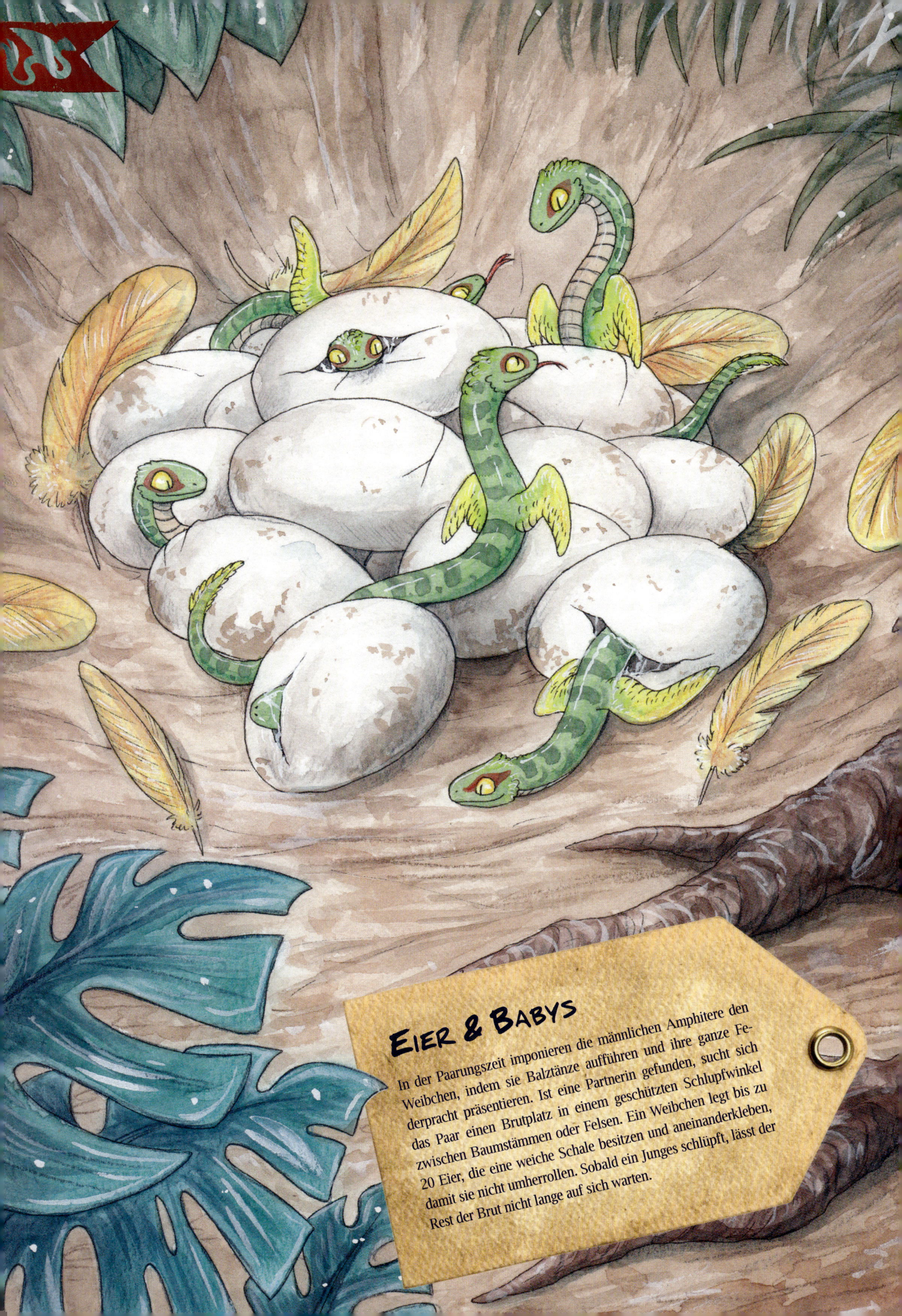

Eier & Babys

In der Paarungszeit imponieren die männlichen Amphitere den Weibchen, indem sie Balztänze aufführen und ihre ganze Federpracht präsentieren. Ist eine Partnerin gefunden, sucht sich das Paar einen Brutplatz in einem geschützten Schlupfwinkel zwischen Baumstämmen oder Felsen. Ein Weibchen legt bis zu 20 Eier, die eine weiche Schale besitzen und aneinanderkleben, damit sie nicht umherrollen. Sobald ein Junges schlüpft, lässt der Rest der Brut nicht lange auf sich warten.

Drachenaugen zeichnen

Augen gelten als Fenster zur Seele, das trifft auch auf Drachen zu. Diese Anleitung zeigt Schritt für Schritt, wie ein Drachenauge aufgebaut und anschließend coloriert wird.

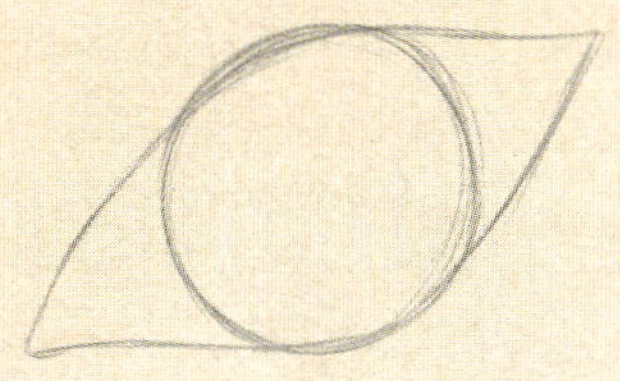

Schritt 1

Begonnen wird mit einem lockeren Kreis, der später die Iris bildet. An der unteren linken Seite und an der oberen rechten Seite werden geschwungene Spitzen angefügt, damit das Auge seine Form erhält. Diese Spitzen können auch schmaler, länger oder stärker geschwungen sein, sodass verschiedene Augenformen möglich sind.

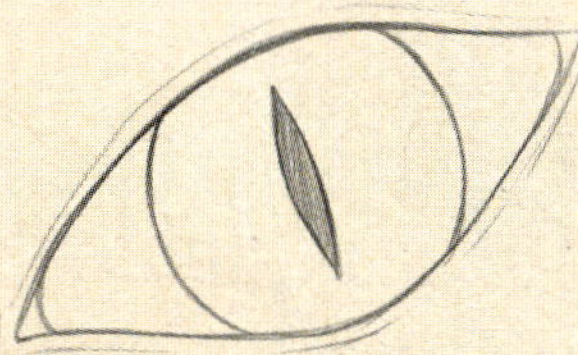

Schritt 2

In die Mitte des Kreises wird eine schlitzartige Pupille gesetzt. Um das Auge etwas realistischer und plastischer wirken zu lassen, werden rundherum ein paar Falten eingezeichnet. Mit zwei kurzen, geschwungenen Linien in den Augenwinkeln wird der Übergang des Augapfels in das umliegende Gewebe angedeutet.

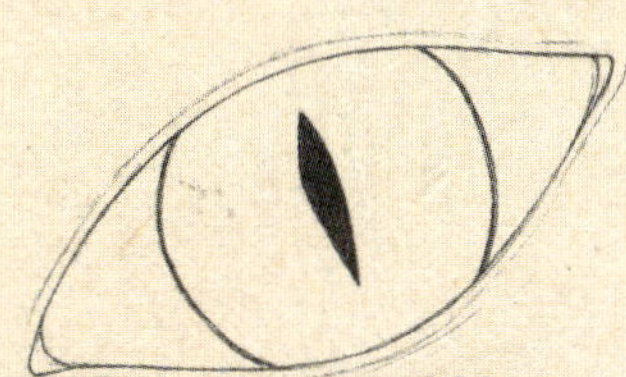

Schritt 3

Nun werden die Linien mit einem dünnen Fineliner nachgezogen und es kann mit der Coloration losgehen!

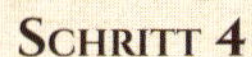

Schritt 4

Zunächst werden alle Flächen mit ihrer Grundfarbe gefüllt. Die Iris kann nach Wunsch gefärbt werden, begonnen wird aber mit der hellsten Farbe. In diesem Fall ist es ein kräftiges Gelb.

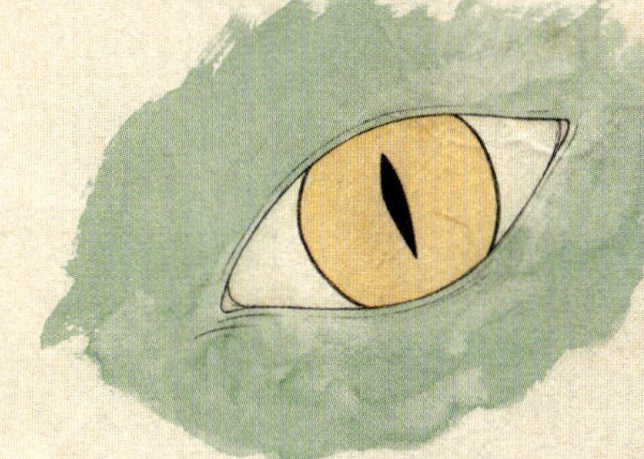

Schritt 5

Mit der nächstdunkleren Farbe (Orange) bekommt die Iris ihre Struktur, die sich ringförmig um die Pupille ausbreitet. Foto-Nahaufnahmen von Augen können hier eine große Inspiration und Hilfe sein! Die Iris wird zum Rand hin dunkler coloriert.

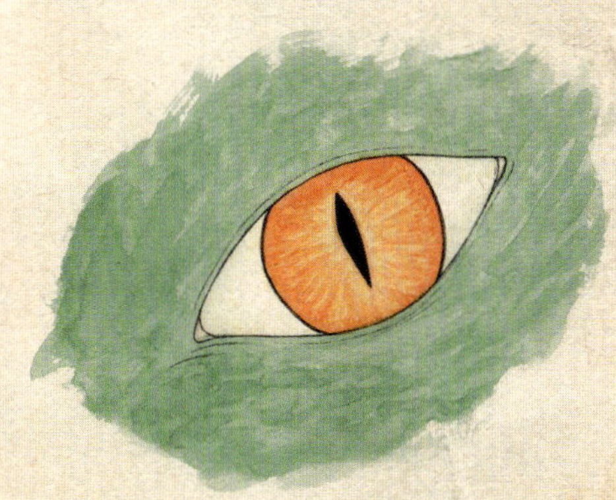

Schritt 6

Zum Schluss wird die Struktur weiter hervorgehoben. Oben, wo die Iris an das Augenlid stößt, wird die Fläche etwas dunkler gehalten, da das Lid einen leichten Schatten wirft. Zum Schluss kommen noch weiße Lichtreflexe auf das Auge. Fertig!

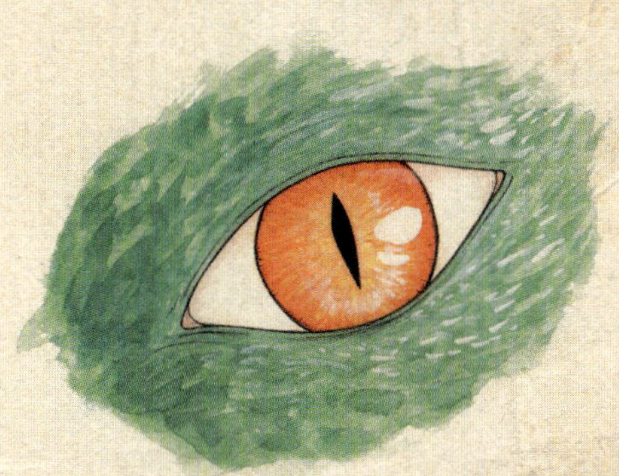

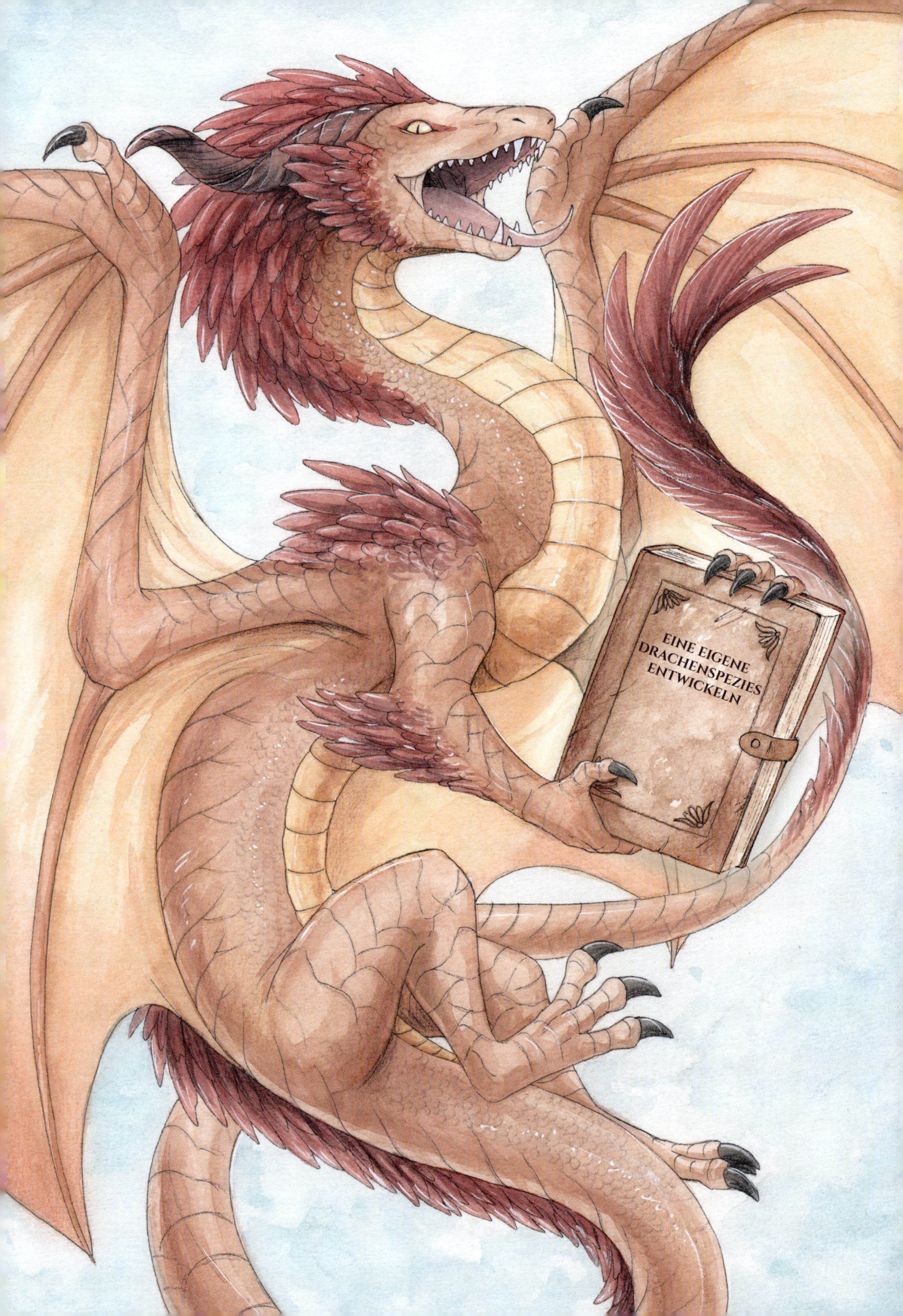
EINE EIGENE
DRACHENSPEZIES
ENTWICKELN

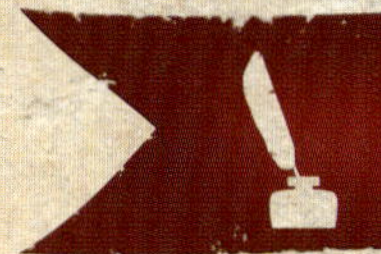

Eine eigene Drachenspezies entwickeln

Grundlagen

Drachen sind vielfältige Wesen, die an den verschiedensten Orten heimisch sein können. Hinsichtlich ihres Aussehens sind beim Gestalten keine Grenzen gesetzt, sodass man beim Entwerfen eigener Drachen seiner Fantasie freien Lauf lassen kann. Inspirationen lassen sich dabei in der realen Welt fast überall finden – sei es in der Tier- oder Pflanzenwelt oder in Bezug auf die Form und Beschaffenheit unterschiedlicher Gesteine.

Dieses Kapitel beschäftigt sich mit dem Entwickeln und Entwerfen verschiedener Drachen und funktioniert wie eine Art Baukasten-System, bei dem verschiedene Elemente ausgesucht und kombiniert werden können. Man wählt zum Beispiel eine der Körpervorlagen, anschließend eine Form für die Hörner und Flügel und passt schließlich die Details nach eigenem Geschmack an!
Die Elemente dieses Baukastens sind natürlich eine kleine Auswahl dessen, was möglich ist, und sollen nicht in der kreativen Freiheit einschränken. Viel mehr sollen sie als Inspirationsquelle und zur Ideenfindung dienen. Alles aus diesem Baukasten kann nach Belieben zusammengesetzt oder gemischt werden. Das Wichtigste dabei ist: Habt Spaß und entwerft Drachen nach euren eigenen Vorstellungen!

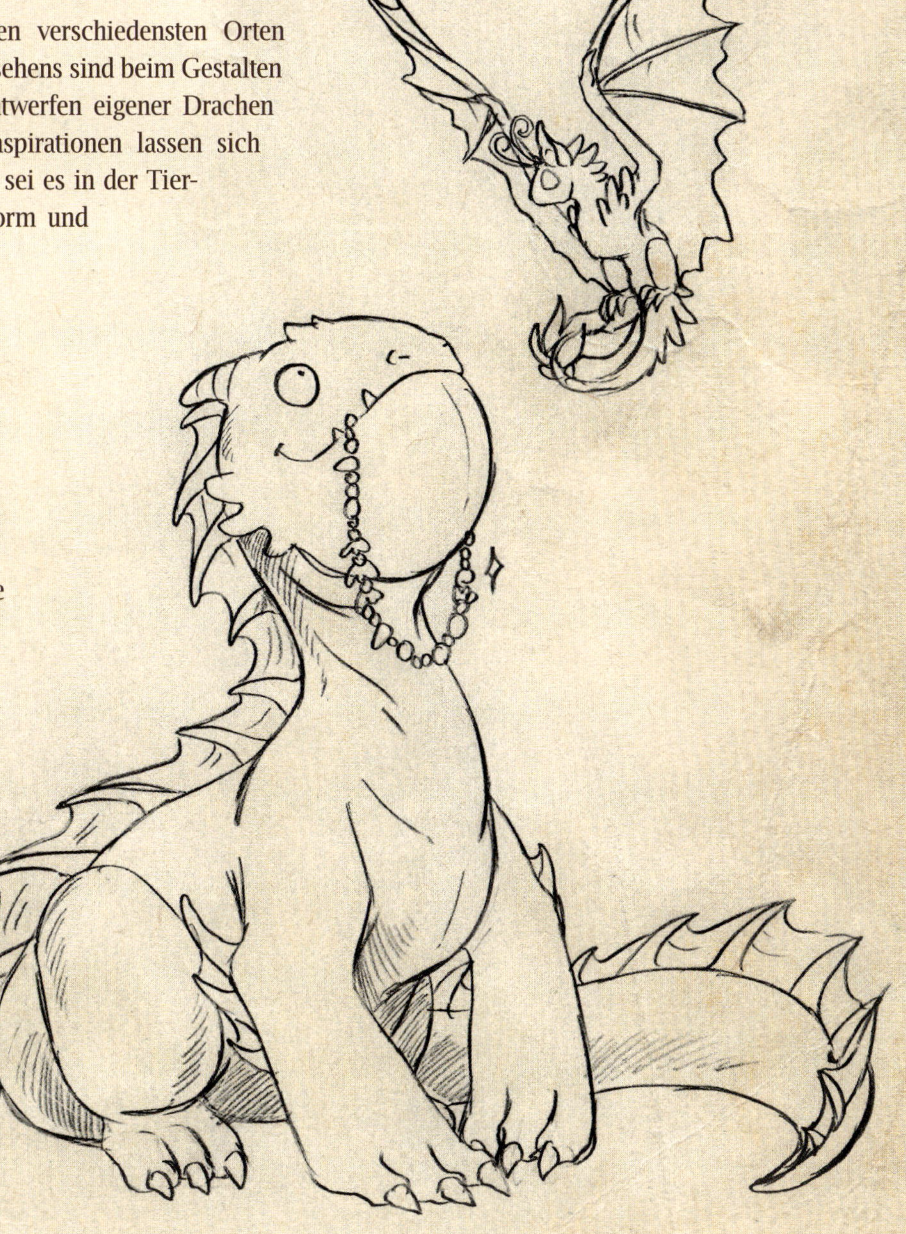

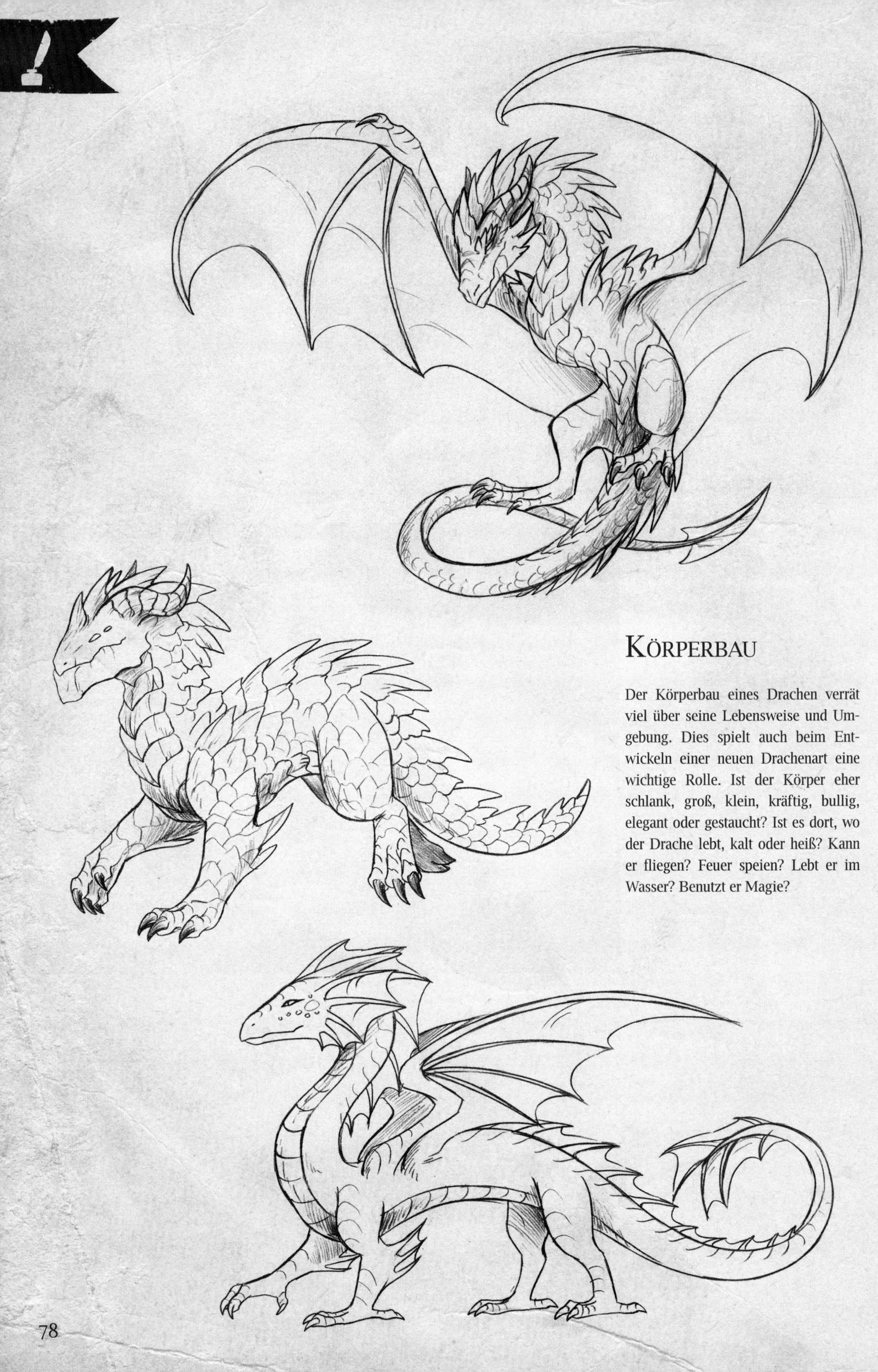

KÖRPERBAU

Der Körperbau eines Drachen verrät viel über seine Lebensweise und Umgebung. Dies spielt auch beim Entwickeln einer neuen Drachenart eine wichtige Rolle. Ist der Körper eher schlank, groß, klein, kräftig, bullig, elegant oder gestaucht? Ist es dort, wo der Drache lebt, kalt oder heiß? Kann er fliegen? Feuer speien? Lebt er im Wasser? Benutzt er Magie?

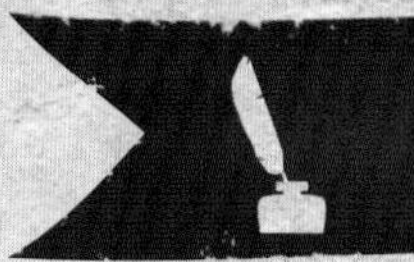

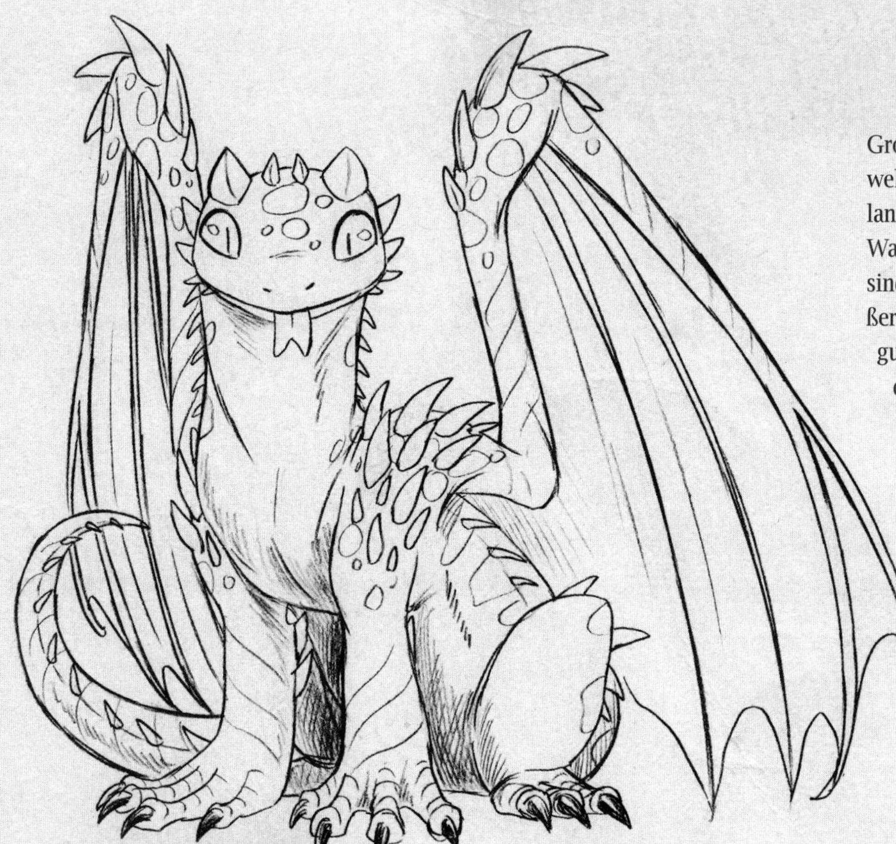

Große Flussdrachen (Faszinierende Drachenwelt Band II) sind zum Beispiel schlank und lang, was ihnen eine flinke Fortbewegung im Wasser ermöglicht. Kraterdrachen hingegen sind dick gepanzert und schwerfällig – ihr Äußeres gleicht eher einem Felsen. Dafür sind sie gut gegen die Hitze des Vulkans geschützt, in dem sie leben.

Auch hier gilt: Sich über den Lebensraum eines Drachen Gedanken zu machen, kann eine gute Inspirationsquelle sein. Wenn man zu diesen ersten Überlegungen eine Skizze beginnt, kann es jedoch auch passieren, dass sich der Rest ganz von allein ergibt oder dass der Entwurf in eine völlig andere Richtung geht.

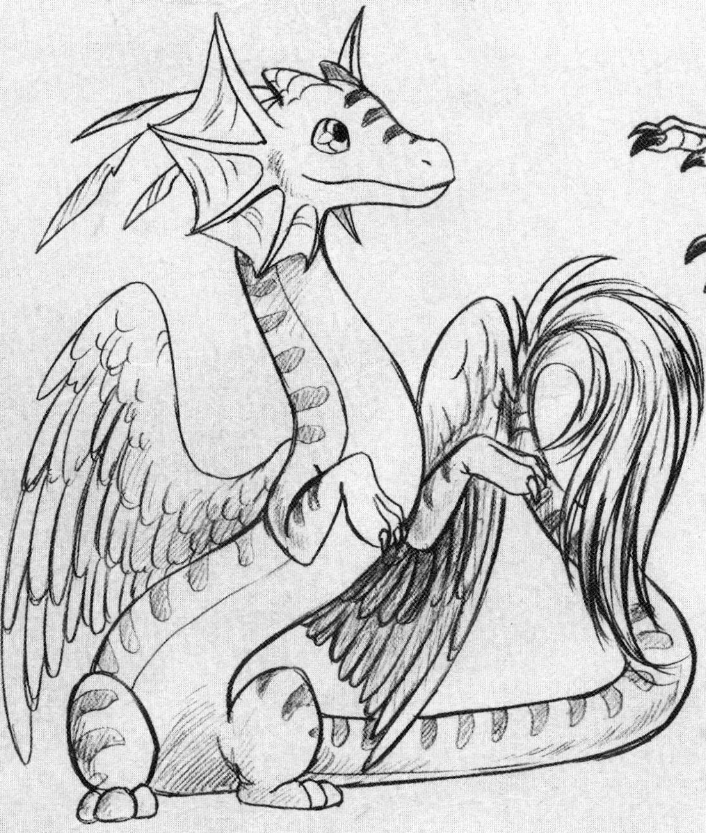

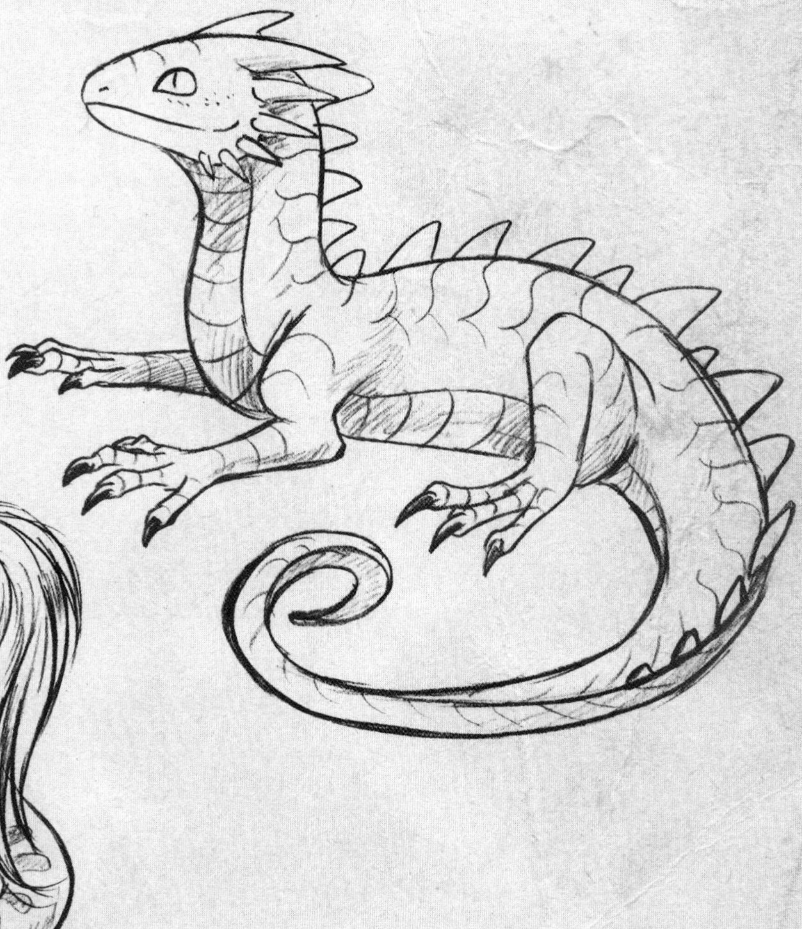

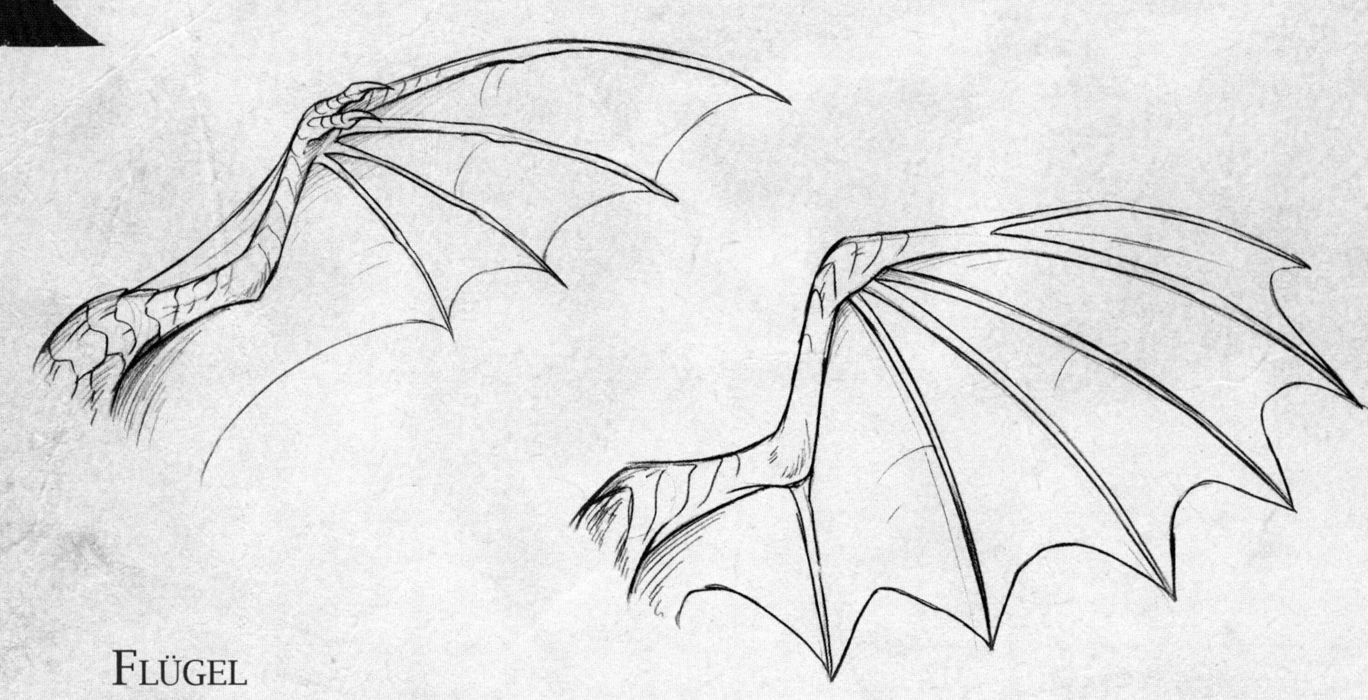

Flügel

Soll der Drache Flügel besitzen, gibt es auch hier viele verschiedene Optionen. Sind die Flügel groß und breit? Oder lang und schmal? Wie viele „Finger" hat der Flügel und wie verläuft die dazwischen gespannte Lederhaut? Sind am Ende oder am oberen Gelenk Krallen? Oder hat der Drache fedrige Flügel, wie ein Vogel? Oder besitzt er nicht nur ein Paar Flügel, sondern zwei oder gar drei?

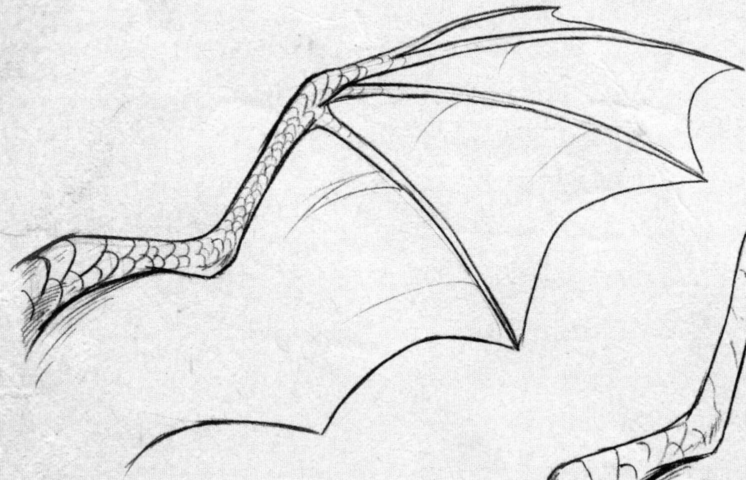

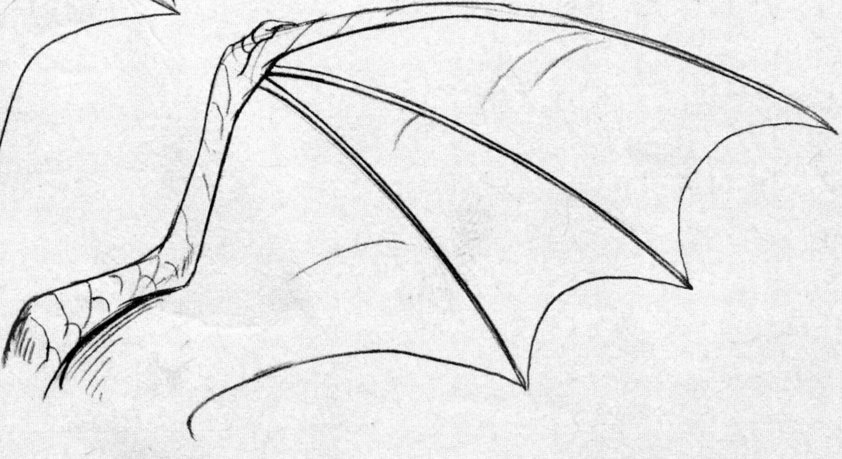

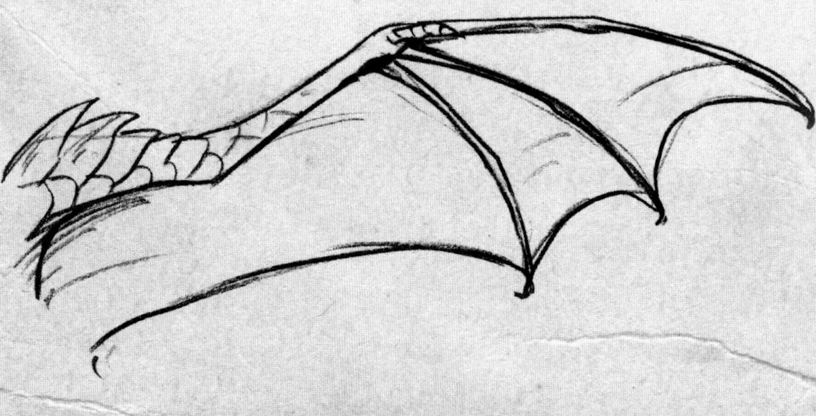

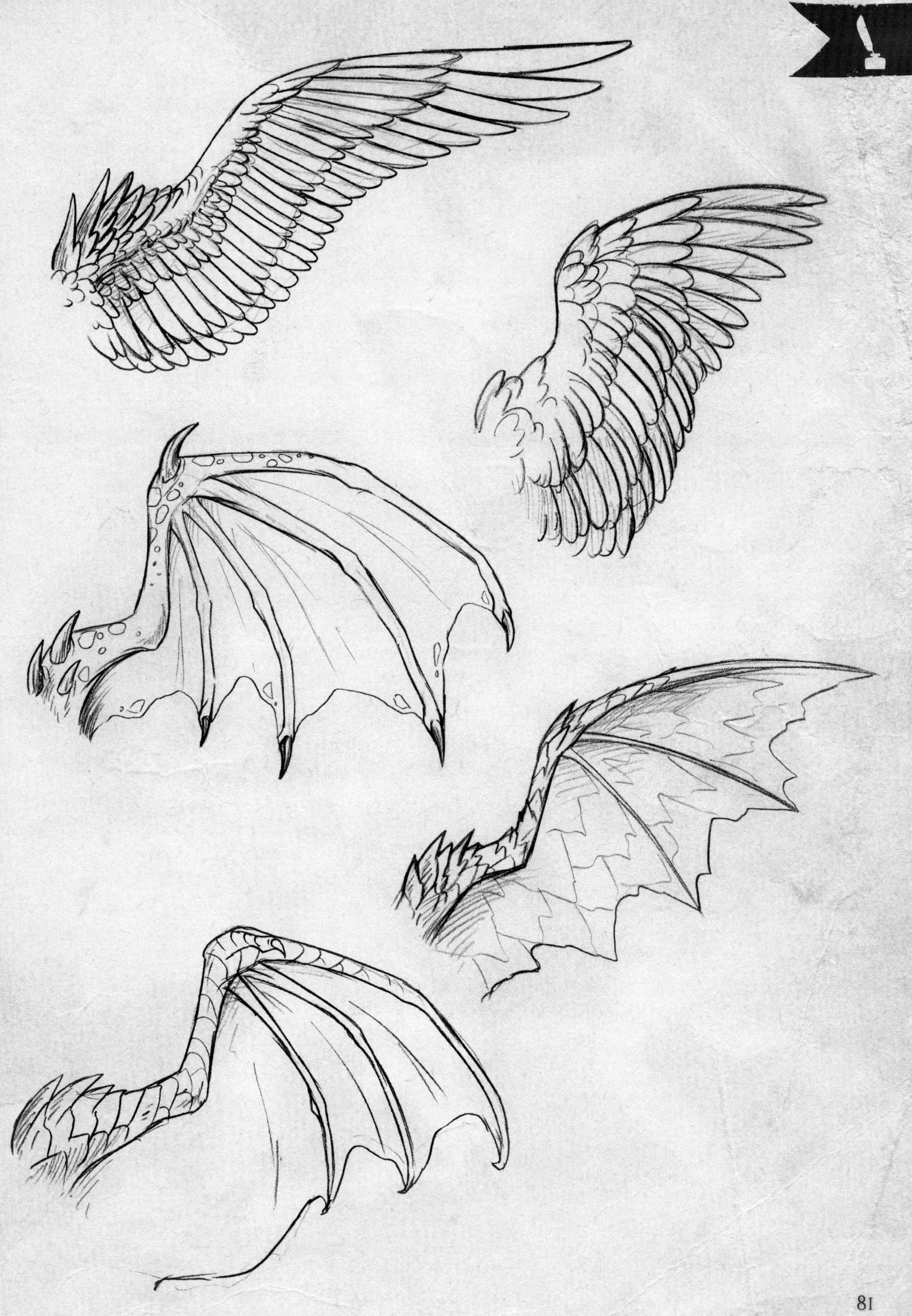

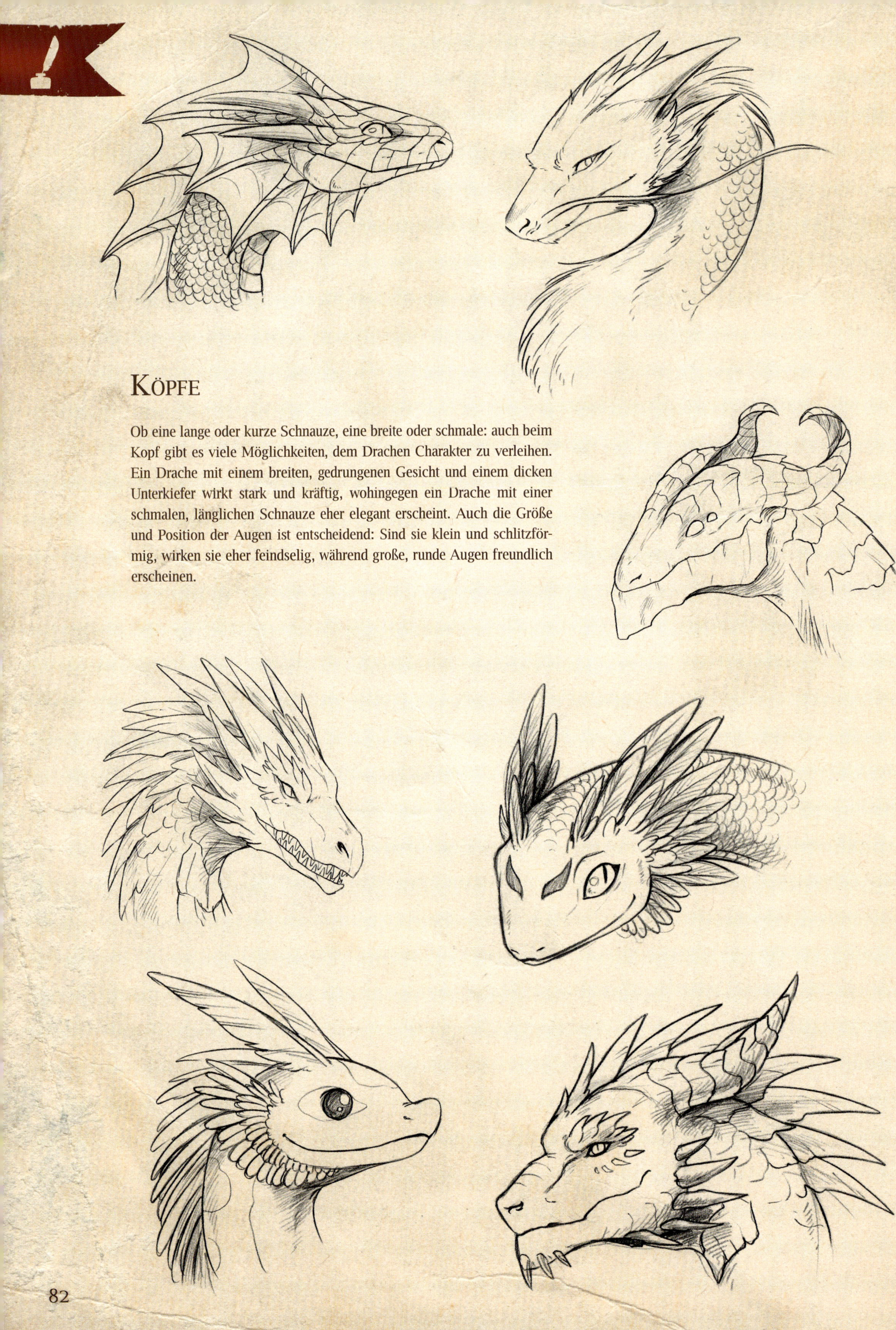

Köpfe

Ob eine lange oder kurze Schnauze, eine breite oder schmale: auch beim Kopf gibt es viele Möglichkeiten, dem Drachen Charakter zu verleihen. Ein Drache mit einem breiten, gedrungenen Gesicht und einem dicken Unterkiefer wirkt stark und kräftig, wohingegen ein Drache mit einer schmalen, länglichen Schnauze eher elegant erscheint. Auch die Größe und Position der Augen ist entscheidend: Sind sie klein und schlitzförmig, wirken sie eher feindselig, während große, runde Augen freundlich erscheinen.

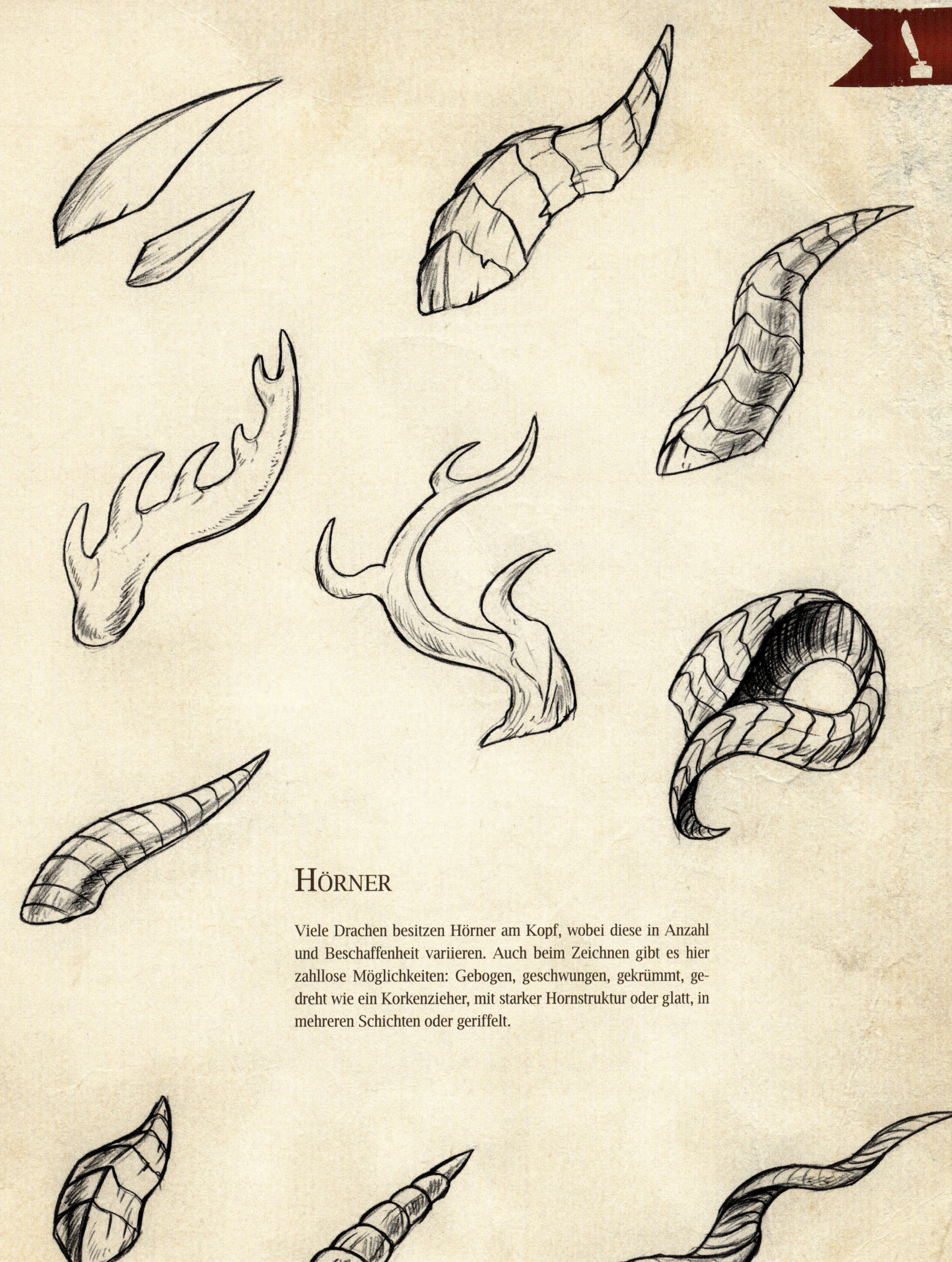

Hörner

Viele Drachen besitzen Hörner am Kopf, wobei diese in Anzahl und Beschaffenheit variieren. Auch beim Zeichnen gibt es hier zahllose Möglichkeiten: Gebogen, geschwungen, gekrümmt, gedreht wie ein Korkenzieher, mit starker Hornstruktur oder glatt, in mehreren Schichten oder geriffelt.

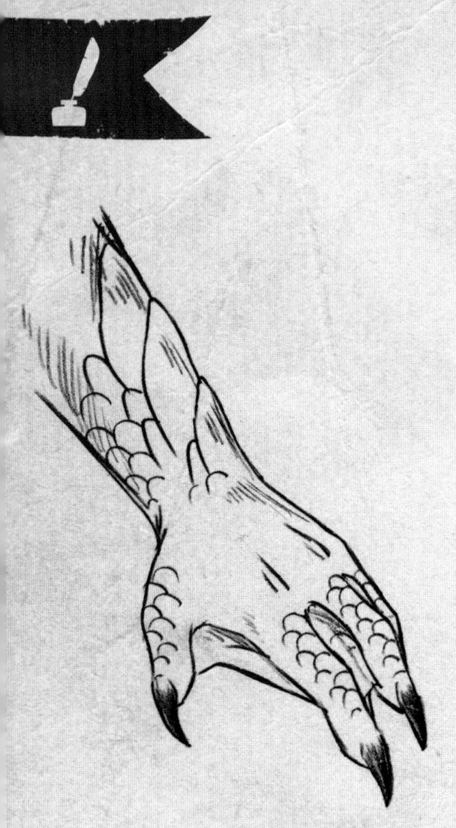

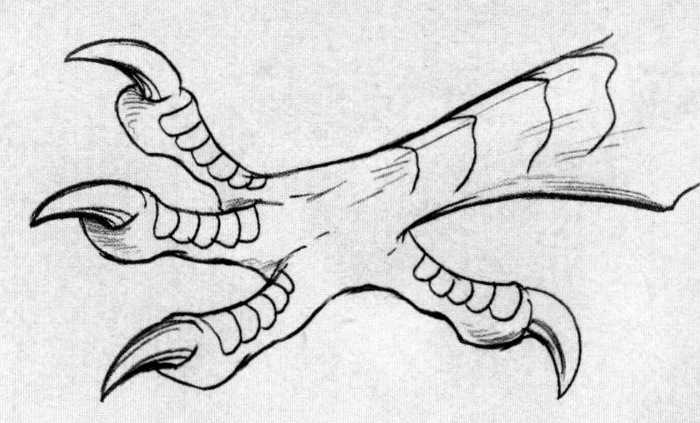

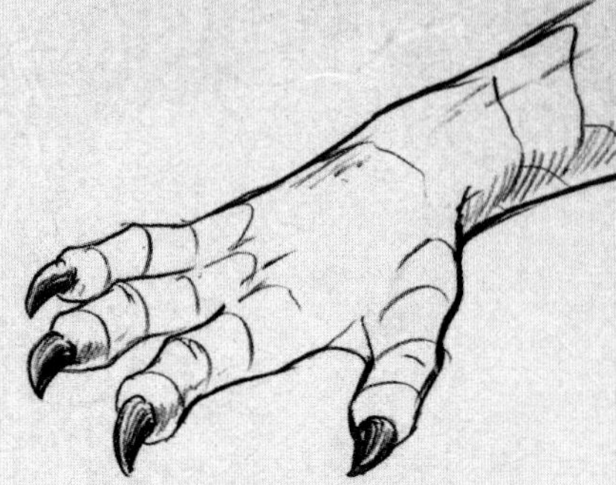

Beine und Krallen

Auf dieser Seite finden sich einige Beispiele für verschiedene Beine, Pfoten und Klauen. Soll der Drachen kräftige oder eher schlanke, elegante Beine bekommen? Sind sie lang oder kurz? Braucht er Klauen mit fünf Zehen oder nur drei? Hat er eher Pfoten oder lange Finger? Schwimmhäute? Dicke, kurze Krallen oder lange, dünne?

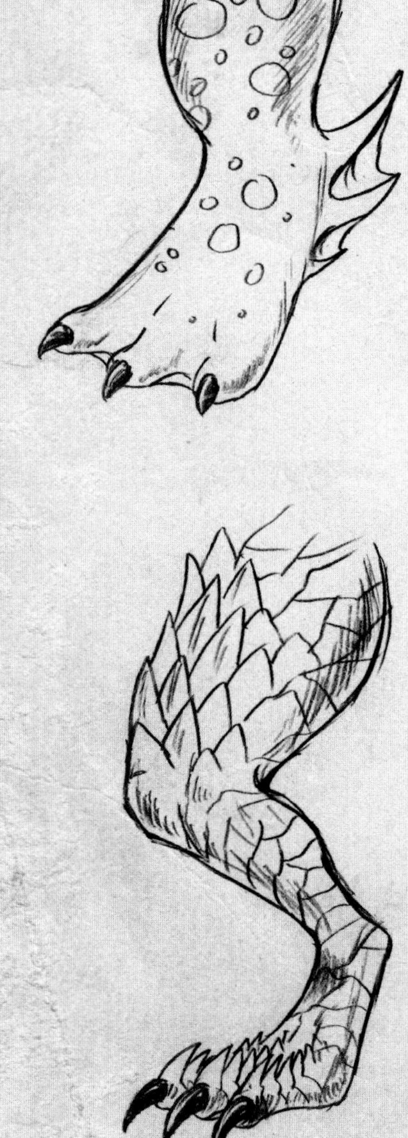

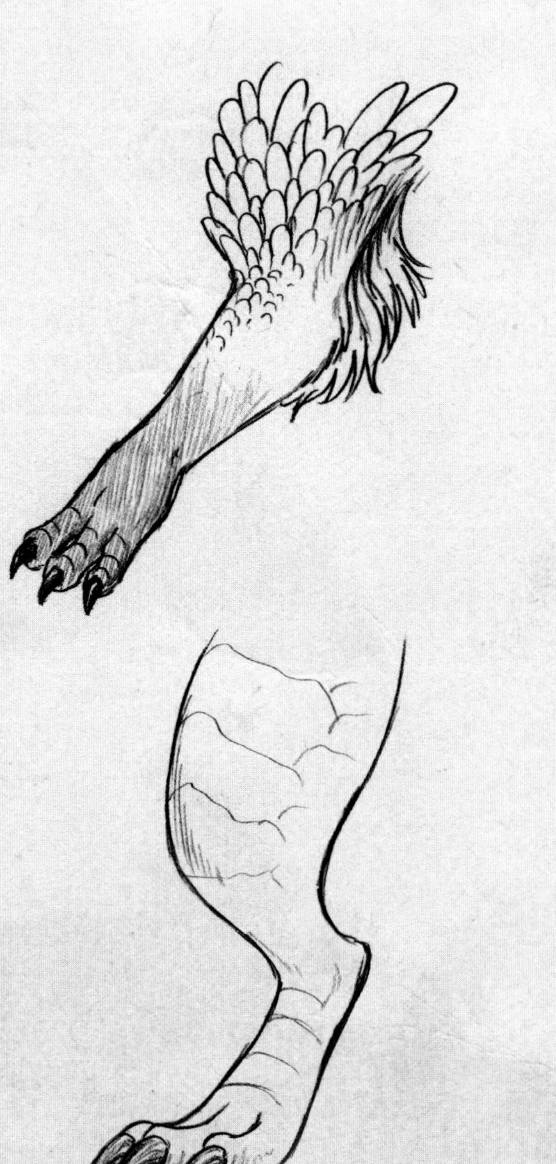

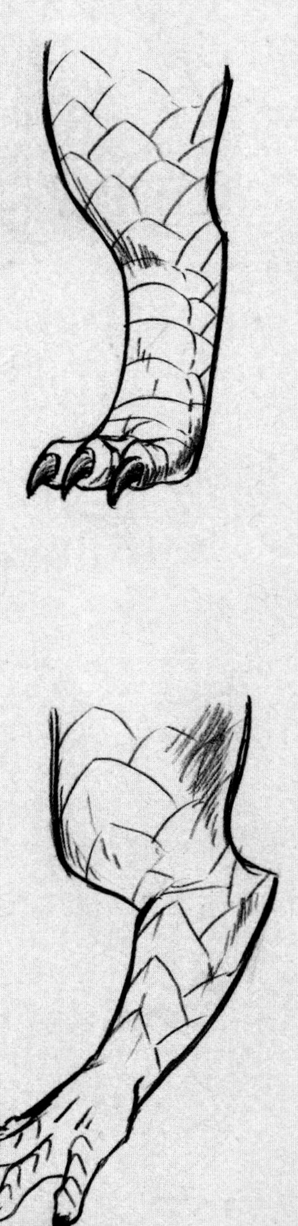

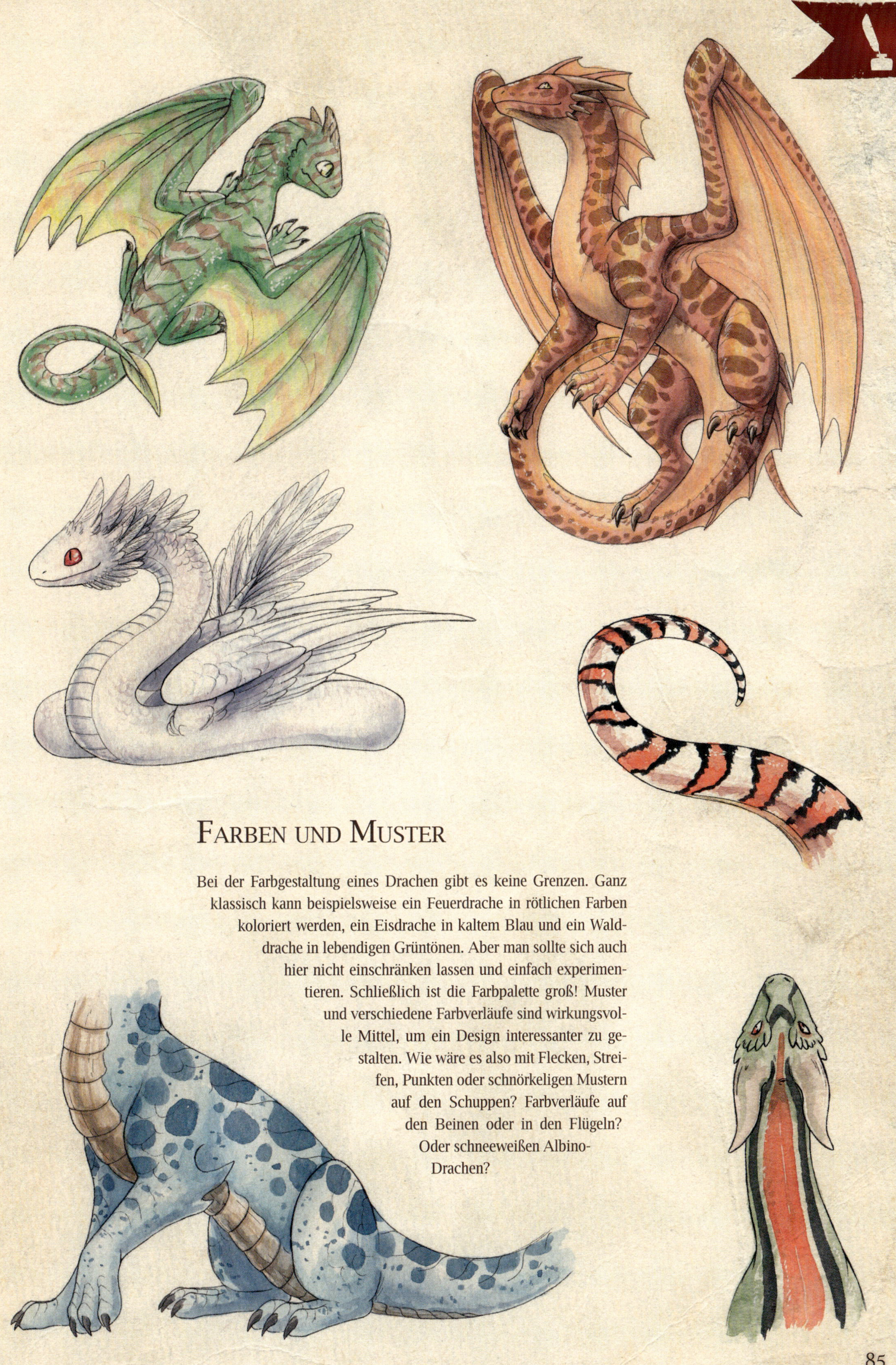

Farben und Muster

Bei der Farbgestaltung eines Drachen gibt es keine Grenzen. Ganz klassisch kann beispielsweise ein Feuerdrache in rötlichen Farben koloriert werden, ein Eisdrache in kaltem Blau und ein Walddrache in lebendigen Grüntönen. Aber man sollte sich auch hier nicht einschränken lassen und einfach experimentieren. Schließlich ist die Farbpalette groß! Muster und verschiedene Farbverläufe sind wirkungsvolle Mittel, um ein Design interessanter zu gestalten. Wie wäre es also mit Flecken, Streifen, Punkten oder schnörkeligen Mustern auf den Schuppen? Farbverläufe auf den Beinen oder in den Flügeln? Oder schneeweißen Albino-Drachen?

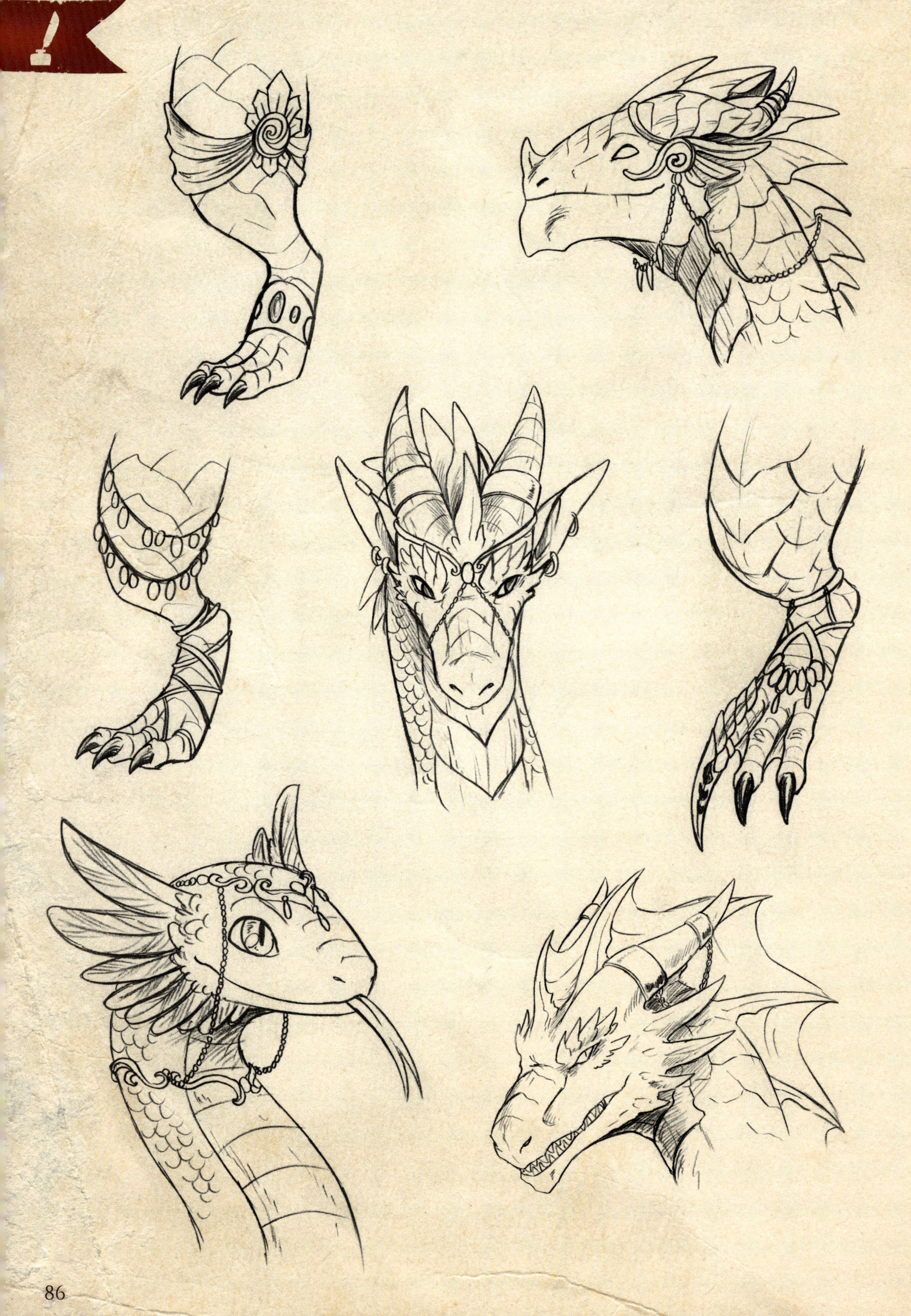

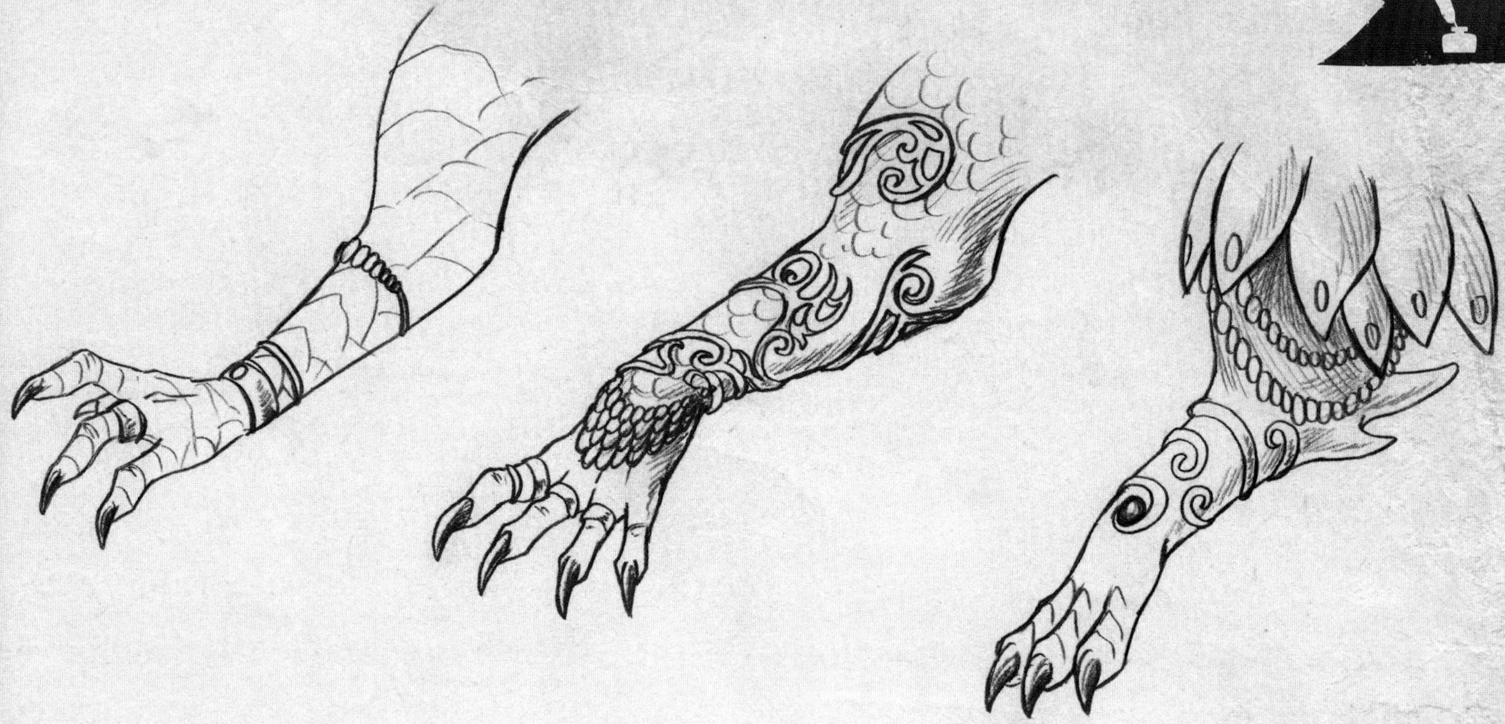

Accessoires und Schmuck für Drachen

Neben den zierenden Elementen am Körper, wie z.B. den Hörnern, Stacheln, Federn oder Mustern auf den Schuppen, können Drachen auch verschiedenen Schmuck tragen. Egal, ob sie diesen selbst anfertigen oder von Menschen angelegt bekommen: die Art des Schmucks kann so vielfältig sein wie die Drachenwelt selbst. Seien es Ketten, Ohrringe, Hornringe, Diademe oder gar Tattoos. Auf diesen Seiten finden sich einige erste Anregungen für Drachenschmuck, die gerne weiterentwickelt werden dürfen!

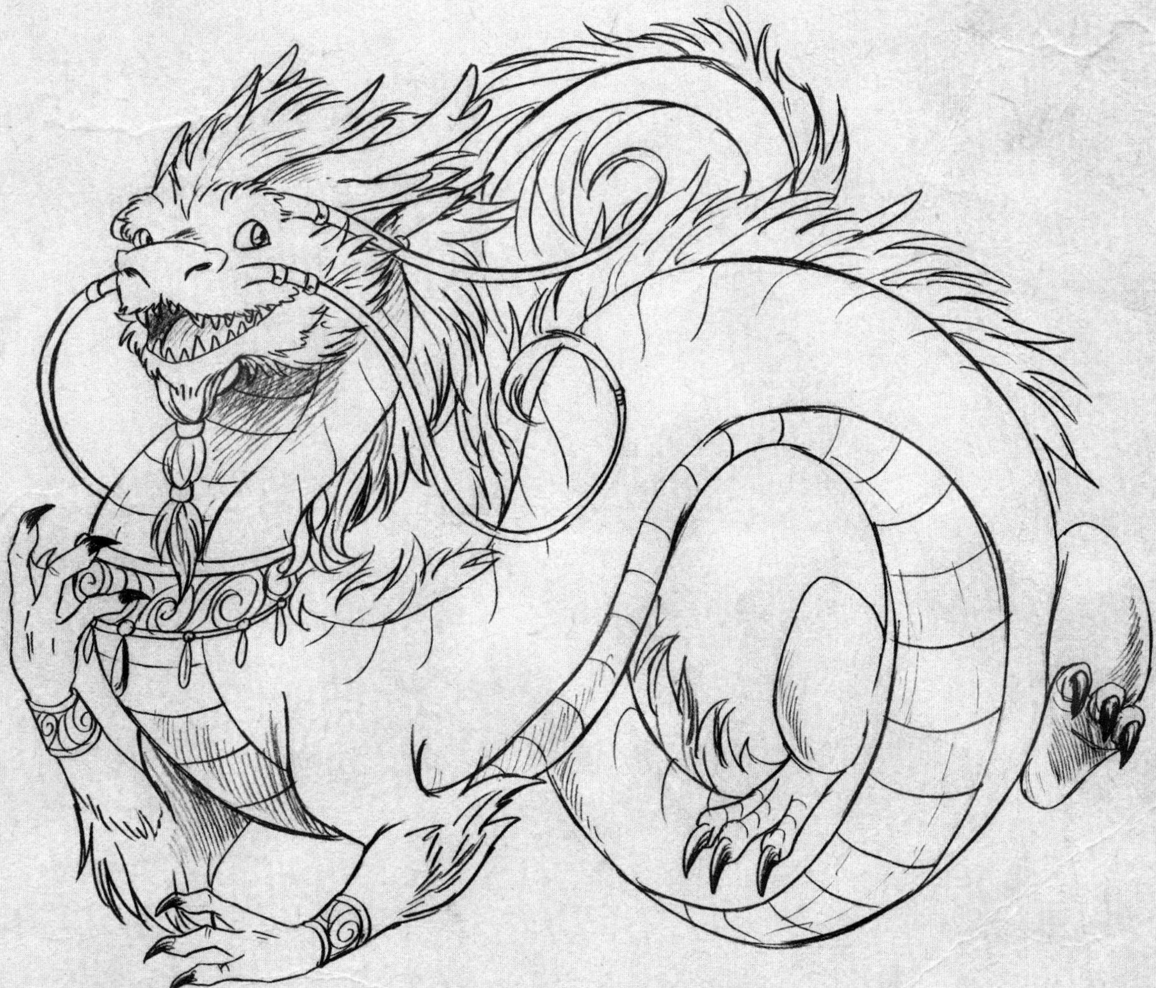

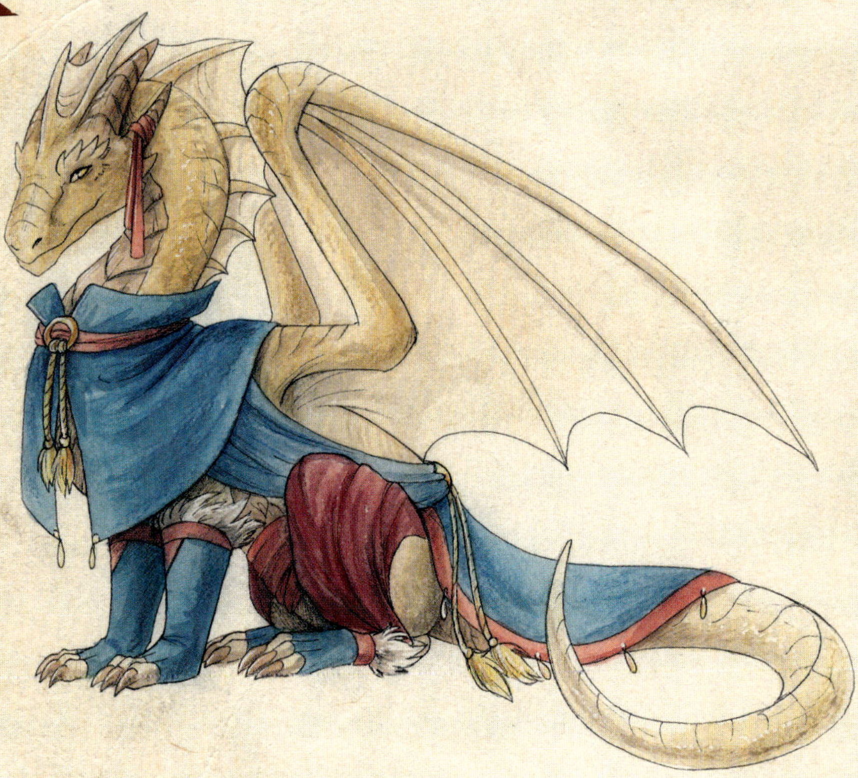

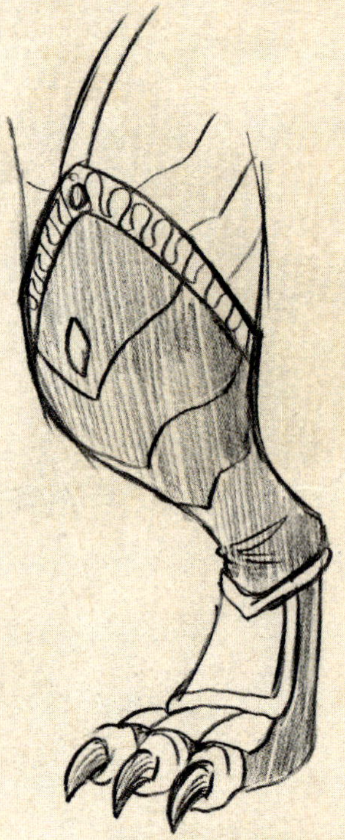

Rüstungen und Kleidung für Drachen

Viele Drachen sind meist schon durch ihre harten Schuppen und ihre Panzerung geschützt, doch das trifft nicht auf alle zu. Jeder Körper hat eine Schwachstelle, die ein Gegner im Kampf womöglich ausnutzen kann. Neben ihrer Schutzfunktion können Rüstungen jedoch auch eine Schmuckfunktion besitzen, wenn sie beispielsweise zu Zeremonien und Festen getragen werden. Ebenso ist es möglich, dass Drachen verschiedene Kleidungsstücke tragen. Ob ein Drache also mit seinem Reiter in den Kampf zieht oder sich einfach nur für einen Anlass kleiden möchte: die Möglichkeiten sind endlos.

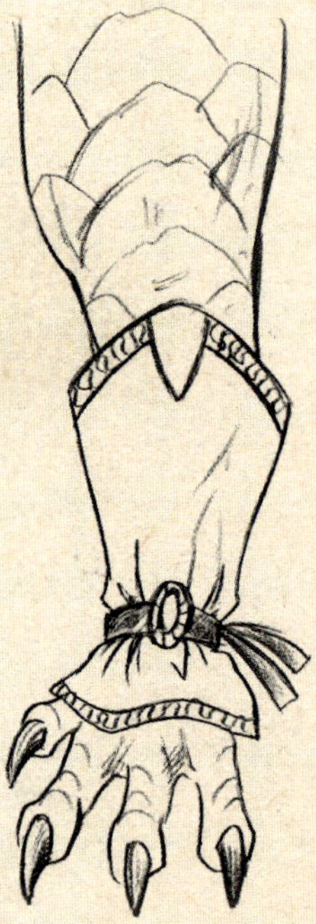

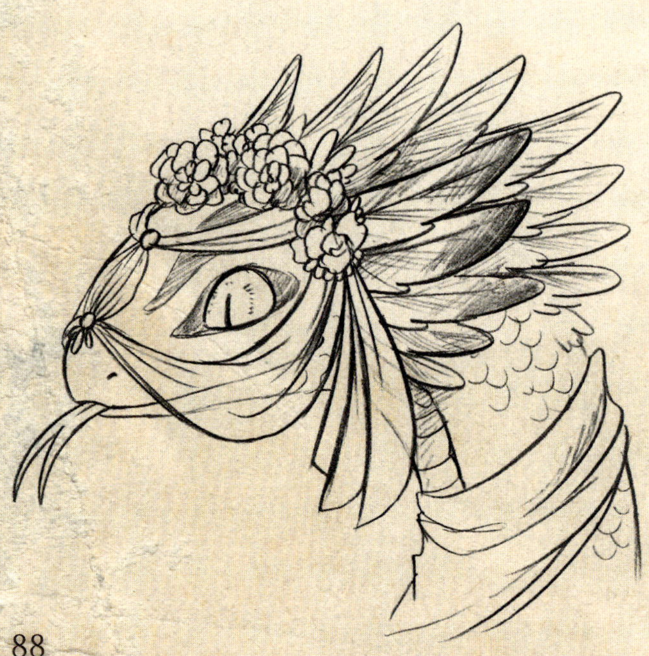

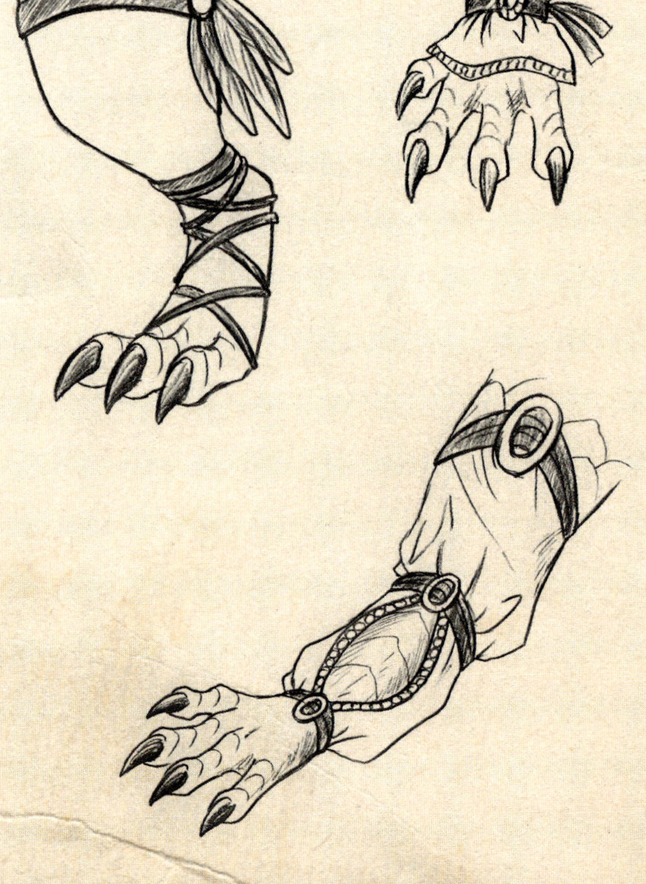

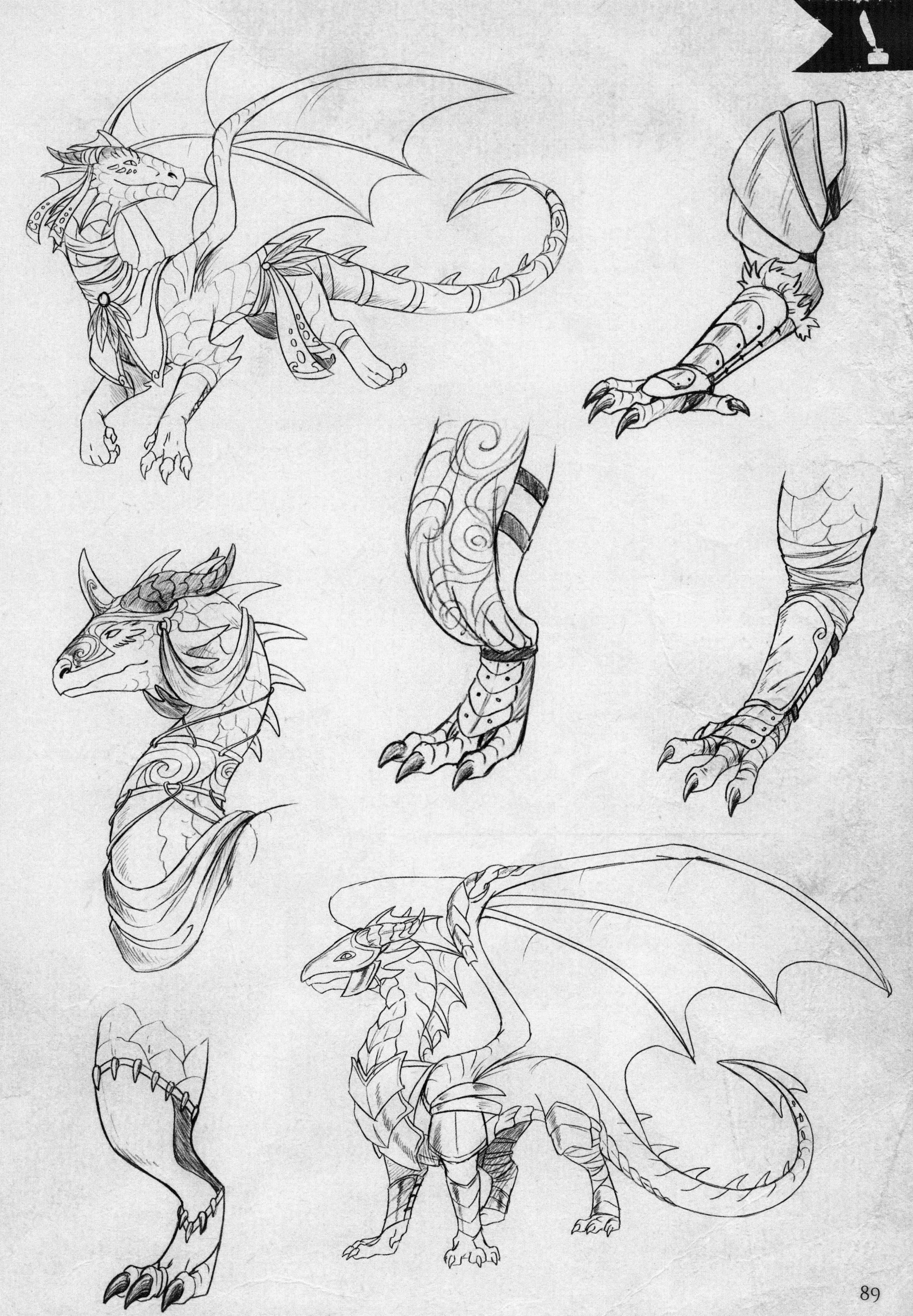

Nachwort...

Hier nun endet die dritte Reise durch die faszinierende Drachenwelt!

Wir hoffen, euch auf dieser Expedition viele Inspirationen und kreatives Rüstzeug an die Hand gegeben zu haben, damit ihr euer eigenes Schaffen wieder ein wenig weiterbringen konntet. Ob das Abenteuer weitergeht? Das muss erstmal noch ein Geheimnis bleiben...

Ideen, Feedback und Kritik zu diesem Buch könnt ihr uns gern über unsere Website oder unsere Social-Media-Kanäle zukommen lassen.

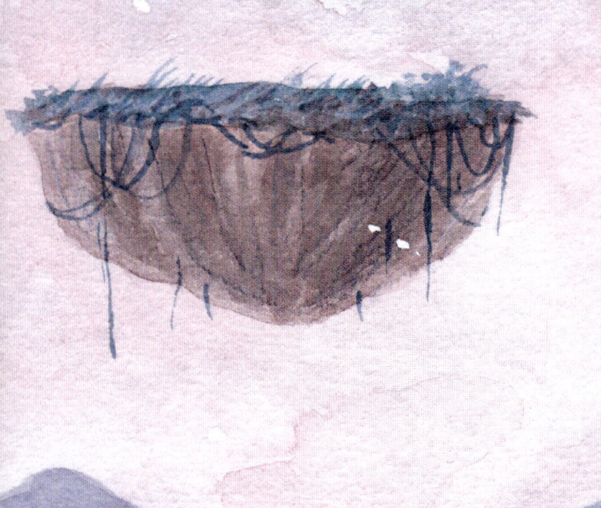

www.projekt-vielseitig.de projektvielseitig projekt_vielseitig

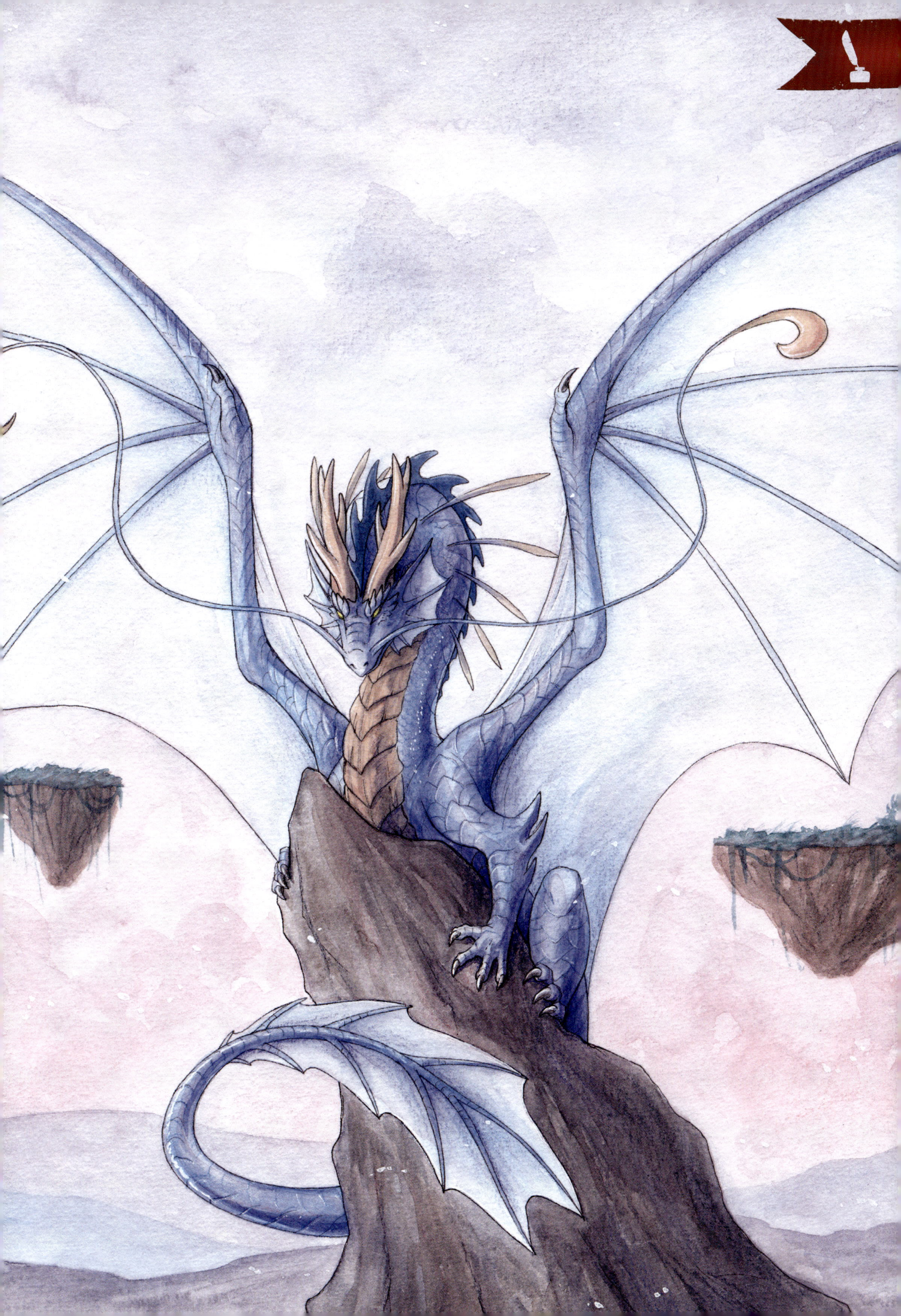

Jede Geschichte hat ihren Anfang...

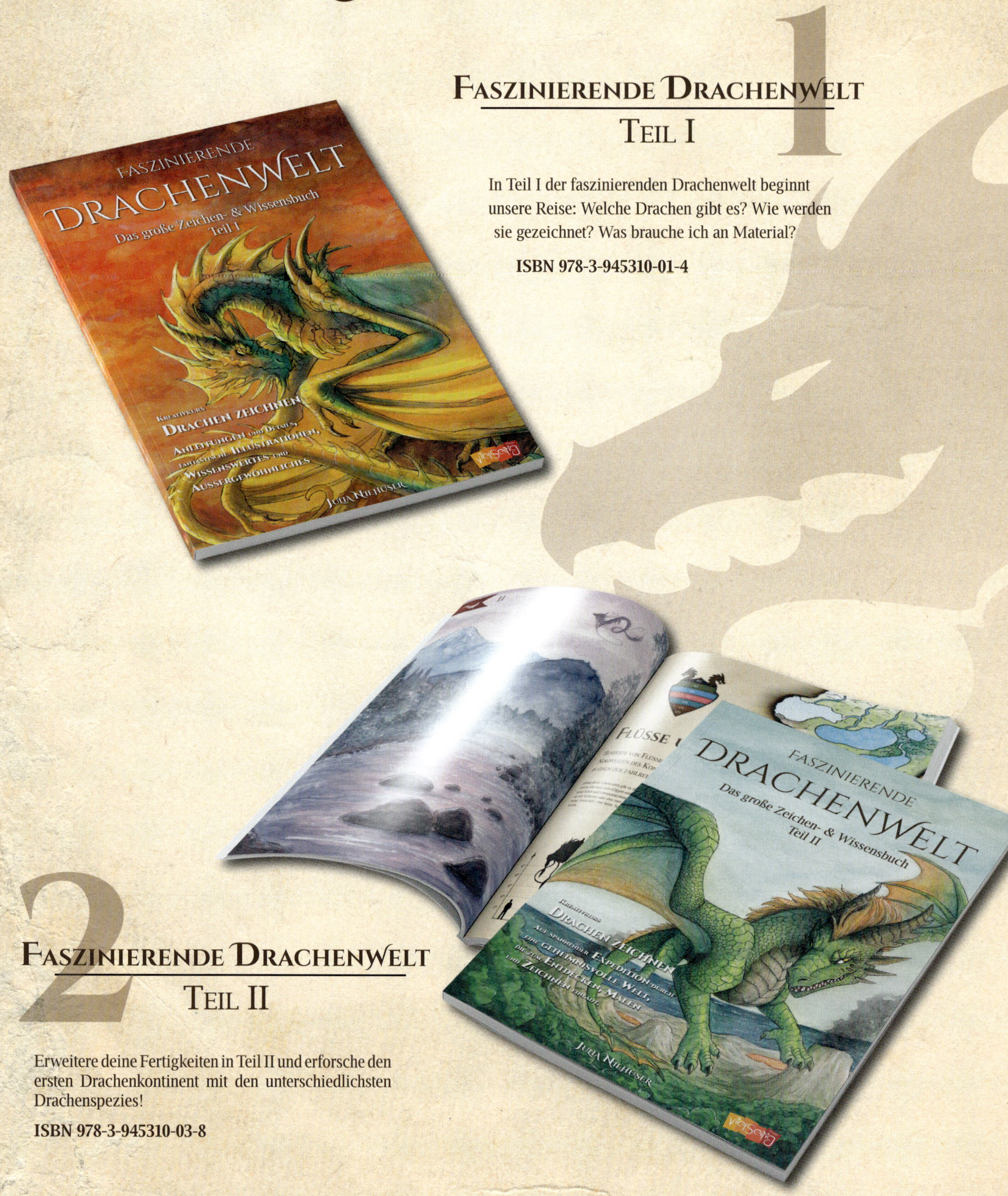

1 Faszinierende Drachenwelt Teil I

In Teil I der faszinierenden Drachenwelt beginnt unsere Reise: Welche Drachen gibt es? Wie werden sie gezeichnet? Was brauche ich an Material?

ISBN 978-3-945310-01-4

2 Faszinierende Drachenwelt Teil II

Erweitere deine Fertigkeiten in Teil II und erforsche den ersten Drachenkontinent mit den unterschiedlichsten Drachenspezies!

ISBN 978-3-945310-03-8

Inspiration
made in
Germany

BRANDS OF THE CENTURY
GERMAN STANDARDS

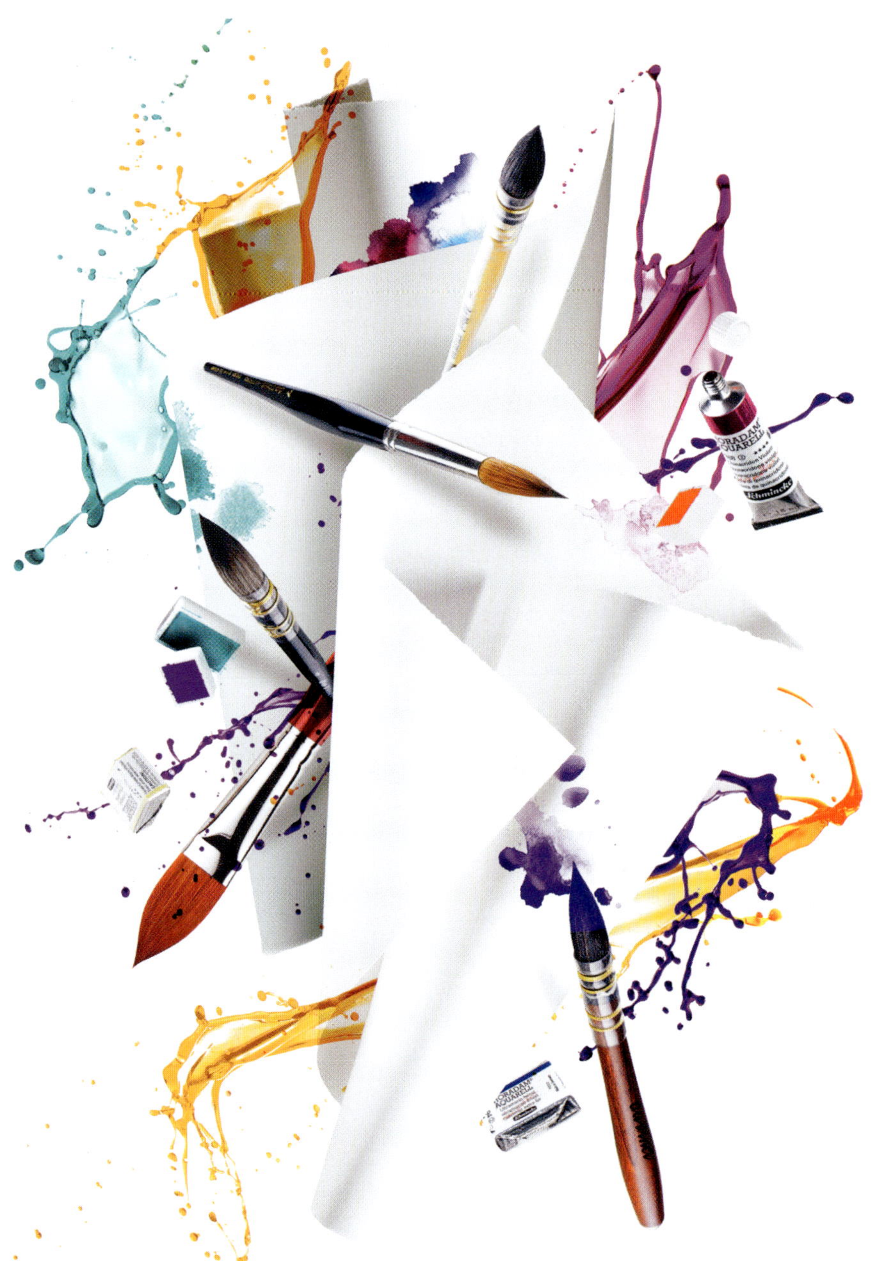

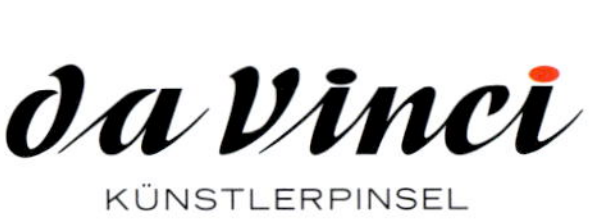

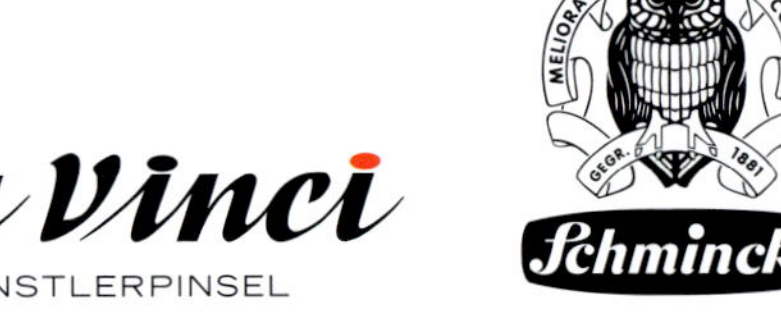

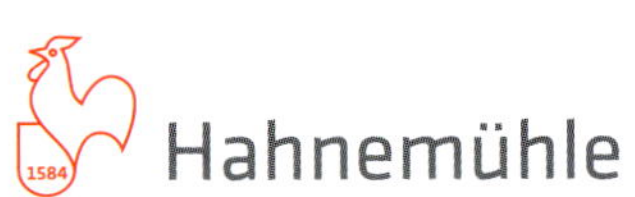

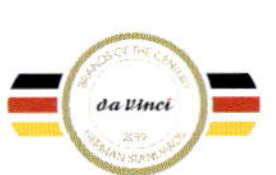

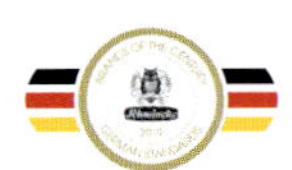

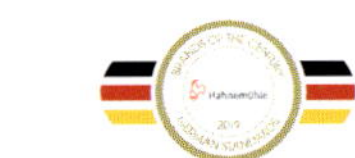